AMAZON

Universidade Estadual de Campinas

Reitor
Antonio José de Almeida Meirelles

Coordenadora Geral da Universidade
Maria Luiza Moretti

Conselho Editorial

Presidente
Edwiges Maria Morato

Carlos Raul Etulain – Cicero Romão Resende de Araujo
Frederico Augusto Garcia Fernandes – Iara Beleli
Marco Aurélio Cremasco – Maria Teresa Duarte Paes
Pedro Cunha de Holanda – Sávio Machado Cavalcante
Verónica Andrea González-López

ALESSANDRO DELFANTI

Amazon

Trabalhadores e robôs

Tradução
Bhuvi Libanio

FICHA CATALOGRÁFICA ELABORADA PELO
SISTEMA DE BIBLIOTECAS DA UNICAMP
DIVISÃO DE TRATAMENTO DA INFORMAÇÃO
BIBLIOTECÁRIA: MARIA LÚCIA NERY DUTRA DE CASTRO – CRB-8ª / 1724

D378a   Delfanti, Alessandro
           Amazon: trabalhadores e robôs / Alessandro Delfanti ; tradutora: Bhuvi Libanio. –
      Campinas : Editora da Unicamp, 2023.

           1. Amazon.com (Firma) 2. Trabalho. 3. Ciências sociais. 4. Tecnologia. 5. Sindicalismo. I. Libanio, Bhuvi. II. Título.

CDD – 381.142
– 331
– 300
– 600
– 331.88

ISBN 978-85-268-1604-6

Título original: *The Warehouse: Workers and Robots at Amazon*
Copyright © Alessandro Delfanti, 2021.
First published by Pluto Press, London.
www.plutobooks.com

Copyright © 2023 by Editora da Unicamp

As opiniões, hipóteses, conclusões e recomendações expressas
neste livro são de responsabilidade do autor e não
necessariamente refletem a visão da Editora da Unicamp.

Direitos reservados e protegidos pela lei 9.610 de 19.2.1998.
É proibida a reprodução total ou parcial sem autorização,
por escrito, dos detentores dos direitos.

Foi feito o depósito legal.

Direitos reservados a
Editora da Unicamp
Rua Sérgio Buarque de Holanda, 421 – 3º andar
Campus Unicamp
CEP 13083-859 – Campinas – SP – Brasil
Tel.: (19) 3521-7718 / 7728
www.editoraunicamp.com.br – vendas@editora.unicamp.br

SÉRIE
Discutindo o Brasil e o mundo

Esta Série pretende alinhavar, por meio de um conjunto de obras nacionais e traduzidas, discussões recentes em torno da crise da democracia no Brasil e os impactos da ascensão do fascismo no mundo, cujo centenário se rememorou em 2022. As obras versam sobre o avanço da direita autoritária, a crise do neoliberalismo e os rumos do capitalismo na era digital, o conflito na Ucrânia e o embaralhamento da política internacional.

Produtos de reflexões e pesquisas rigorosas e abrangentes, os títulos reunidos procuram, por meio de uma linguagem acessível, contribuir com a revitalização do debate em torno de temas de grande interesse contemporâneo e de alternativas que se colocam no âmbito das políticas públicas, sociais e educacionais.

Com a Série Discutindo o Brasil e o Mundo, a Editora da Unicamp reafirma seu compromisso com a dinamização da agenda científica, política e cultural do século XXI, cujos desafios passam pelo aumento da circulação do conhecimento e da informação qualificada, contribuindo, assim, com o debate sobre os rumos do Brasil e do mundo a partir da análise de situações políticas e socioculturais concretas.

AGRADECIMENTOS

Vários estudantes da University of Toronto apoiaram a pesquisa que gerou este livro. Sem Bronwyn Frey, Michelle Phan, Subhanya Sivajothy, Brendan Smith, Taylor Walker e Adam Zendel esta obra não existiria. Erika Biddle auxiliou na pesquisa, no desenvolvimento da teoria e de várias outras maneiras. Matt Goerzen, meu editor, ajudou-me a desenvolver e a expressar minhas ideias; sem ele, este livro nem mesmo teria um inglês inteligível. Algumas vezes, ele fez sessões extras de trabalho pelas quais lhe sou muito grato. Valentina Castellini deu prosseguimento a várias sessões dessas, ajudando-me a dar um formato, editar e finalizar o livro.

O grupo de leitura Bits, Bots, and Bytes, na McGill University, comandado por Gabriella Coleman, proporcionou-me avaliações inestimáveis para material que acabou por fazer parte deste trabalho. O McLuhan Centre, na University of Toronto, comandado por Sarah Sharma, organizou um *workshop* a partir de uma versão anterior do original, o que resultou em várias ideias geniais e me ajudou a consertar várias deficiências. Amigos e amigas, companheiros e companheiras e colegas se voluntariaram para ler partes do original ou ajudaram a melhorá-lo de várias outras maneiras, incluindo Greg Albo, Hiba Ali, Nick Allen, Carina Bolaños Lewen, Tiziano Bonini, Olga Bountali, Antonio Casilli, Lisa Dorigatti, Nick Dyer-Witheford, Emine Elcioglu, Alessandro Gandini, Sam Gindin, Dan Guadagnolo, Omer Hacker, o coletivo Into the Black Box, Tero Karppi, Anne Kaun, Tamara Kneese, Lilly Irani, Kira Lussier, Francesco Massimo, Rhonda McEwen, Massimo Mensi, Tanner Mirrlees, Fiorenzo Molinari, Andrea Muehlebach, Carlo Pallavicini, Julian Posada, Lilian Radovac, Nick Rudikoff, Liisa Schofield, Leslie Shade, Johan Söderberg, James Steinhoff e Paola Tubaro.

O Institute of Communication, Culture, Information and Technology da University of Toronto Mississauga proporcionou o ambiente intelectual e o apoio material que me permitiram escrever um livro. A pesquisa recebeu o apoio financeiro da Insight Development, do conselho de pesquisa Social Sciences and Humanities Research Council, do Canadá, e do fundo Research and Scholarly Activity Fund, também da UTM. O cargo de visitante no Departamento de Ciências Sociais e Políticas da Università degli Studi di Milano viabilizou a condução de parte da pesquisa de campo. Por fim, mas nem por isso menos importante, estudantes em minhas aulas expositivas me consentiram testar neles algumas de minhas ideias e, com frequência, ajudaram-me a criar outras – agora vocês sabem o porquê de todas as tarefas baseadas em pesquisas direcionadas à Amazon.

Minha amiga Barbara, que há muitos anos se mudou de nossa terra natal, Piacenza, para Seattle, lá me hospedando muitas vezes, acidentalmente me ajudou a enxergar a conexão entre as duas cidades. Meu tio Emilio me socorreu principalmente quando precisei compreender as questões econômicas – os números, na verdade. Uma conversa acidental com minha amiga Erica foi o impulso inicial para a pesquisa que resultou neste livro. O conhecimento e a vivência que ela possui em *e-commerce* me ajudaram a ligar vários pontos. Preciso agradecer também a meu velho camarada Frenchi por observar que Piacenza "inventou o capitalismo" e, consequentemente, deve estar condenada, e por proporcionar em sua misericórdia o vinho necessário para processar essa informação. David Shulman, da Pluto, apoiou meu trabalho desde o primeiro dia e me ajudou a transformá-lo em um livro, inclusive por pacientemente lidar com alguns atrasos.

Fiquei impressionado com o conhecimento produzido por milhares de trabalhadores e trabalhadoras da Amazon em todo o mundo; resta-me a esperança de que este livro será de alguma forma uma contribuição para a luta dessas pessoas. Sindicatos e coletivos que estão diretamente envolvidos na luta contra a Amazon me cederam seu precioso tempo e suas ideias, incluindo Filcams CGIL Piacenza, SI Cobas Piacenza, SI Cobas Pavia, Fisascat CISL Piacenza, Nidil Vercelli, Filt CGIL Roma e Lazio, Transnational Social Strike, Amazon Alliance and UNI Global Union, Warehouse Workers for Justice, Warehouse Workers Centre e Amazonians United. As assessorias de imprensa tanto da Amazon quanto da Zalando me ajudaram a visitar seus *fulfillment centers*.

E, o mais importante: sou profundamente grato a todas as pessoas trabalhadoras e ex-trabalhadoras na Amazon e além, que compartilharam experiências e ideias comigo, ainda que fosse desconfortável fazê-lo. Algumas se tornaram amigas. Várias discordarão de minhas ideias. Todas devem receber um exemplar gratuito do livro – se por algum motivo você não o receber de mim, espero que consiga ~~roubar~~ ler um no FC.

Bobbio, verão de 2021

Sumário

Lista de figuras 13
Uma observação sobre os métodos 15

1. Implacável 17
   Desencaixotando a Amazon 20
   A Amazon não para 23
   Posto avançado do capitalismo digital 30
   O mito da redenção 35
   Exército de reserva da Amazon 39
   O armazém é a nova fábrica 45

2. Trabalhe duro 51
   Siga a mercadoria 55
   Do caos à ordem 59
   O ritmo do algoritmo 64
   Os robôs estão chegando 72
   Fome de dados 76

3. Divirta-se 81
   O armazém como um *playground* 83
   Tudo isso por um chaveiro 91
   Você está sendo vigiado 95
   Gestão pelo estresse 102
   Sorria, você está sendo filmado 109

4. Obsessão pelo consumidor 117
   Em sincronia com o armazém.. 120
   Uma força de trabalho maleável... 124
   Obsolescência do trabalhador 128
   Aceite a oferta e caia fora 132
   Trabalhadores descartáveis... 138
   Flexível e precário 143

5. Reinvente o agora 149
   Propriedade e o futuro tecnológico 154
   Sobre humanos e máquinas.. 158
   Controlando trabalhadores, facilitando a execução....................... 161
   Sentir em proveito da tecnologia 167
   O projeto de redirecionamento do trabalhador 170
   Envio especulativo 176
   Futuro de quem.. 178

6. Faça história... 185
   Organização sindical no armazém 188
   Desacelerar e se demitir 193
   Subvertendo a Amazon 197
   Coda 201

Referências bibliográficas.. 203
Índice remissivo 217

Lista de figuras

Figura 1 – Um *fulfillment center* voador utiliza drones para entregar produtos 152

Figura 2 – Realidade aumentada pode ser utilizada para acelerar o trabalho, incorporando informação sobre a geografia da torre de coleta 164

Figura 3 – Este equipamento de realidade aumentada fornece aos supervisores informação em tempo real sobre o funcionário para quem estão olhando 166

Figura 4 – Este sistema automatiza a divisão das tarefas entre trabalhadores e robôs 173

Uma observação sobre os métodos

Este livro é baseado em entrevistas conduzidas entre 2017 e 2021 com pessoas que trabalham ou já trabalharam no armazém da Amazon em diferentes níveis (desde associado temporário até gerente) e em cargos relacionados à maioria dos principais processos e departamentos. Está do lado de trabalhadoras e trabalhadores que lutam contra a empresa, seja porque querem melhorar as condições de trabalho no armazém, seja porque querem ver o fim da Amazon, pelo menos da forma como é no presente. Minhas próprias política e aproximação ao movimento trabalhista, além do fato de Piacenza ser minha cidade natal, formataram minha abordagem neste livro. As entrevistas refletem esse posicionamento, apesar de também ter me encontrado com uma quantidade grande de pessoas que trabalhavam sem se envolver diretamente com política ou que tiveram uma experiência de trabalho positiva na Amazon. A maioria das entrevistas foi conduzida na Itália, mas também conversei com pessoas no Canadá, nos Estados Unidos, na Alemanha e na Espanha. Entrevistei ainda trabalhadores e trabalhadoras em armazéns de outras empresas de *e-commerce*. A fim de proteger a identidade de meus/minhas informantes, usei nomes fictícios, não revelei a agência de empregos para a qual trabalhavam, alterei outros detalhes que os pudessem identificar, tais como gênero, idade ou o trabalho, quando possível, e em alguns casos fundi mais de uma pessoa em uma única trabalhadora personagem do livro – ou fiz o contrário, ou seja, criei duas personagens a partir de uma única entrevista.

Além disso, baixei e analisei dezenas de milhares de comentários deixados por associados e associadas da Amazon em *websites* de acesso público, como o glassdoor.com ou o Reddit, assim como vídeos do YouTube e outros conteúdos produzidos por pessoas que trabalham em armazém. Esse material também ficou anônimo. Trabalhadores não foram as únicas fontes. Fiz várias visitas em armazéns e feiras corporativas em três países; participei de reuniões de sindicatos, tanto locais quanto globais (em alguns casos, entrevistei organizadores sindicais); conversei com integrantes de coletivos e alianças liderados por trabalhadores; analisei conteúdo corporativo disponível ao público, tais como material de treinamento, anúncio de emprego, patentes, cartas a acionistas e *websites*; e, finalmente, ainda que não tenha trabalhado na Amazon, passei pelo processo de seleção para um cargo de associado temporário e participei de eventos de recrutamento em dois países. Bronwyn Frey, minha assistente de pesquisa, conduziu observações etnográficas no re:MARS e em outros eventos corporativos.

1
IMPLACÁVEL

Gasto apenas 15 minutos para dirigir da minha cidade natal, Piacenza, até o mais antigo e maior armazém da Amazon na Itália. Seguindo a autoestrada A21 sentido oeste, o armazém estará à direita, um pouco antes da saída para a pequena cidade de Castel San Giovanni. De codinome MXP5, o prédio gigantesco é baixo, mas se estende por aproximadamente 400 metros. Retângulos em diferentes tons de cinza decoram o exterior com uma linha alaranjada próxima ao topo – o mesmo alaranjado usado na seta sorridente que sublinha a logomarca enorme da Amazon identificando o armazém para motoristas que passam por ali. Apenas um estacionamento para carros de funcionários e uma área designada para o contínuo fluxo de caminhões separam o complexo da movimentada autoestrada. Durante anos, dirigi por ali, indo para o trabalho em Stradella e voltando para casa, todos os dias. Isso antes de eu mudar de emprego e de país. Mas naquela época o armazém não existia. Ele apareceu durante uma explosão de crescimento, no início da década de 2010, quando um pedaço longo de terras nos campos do Vale do Pó foi reinventado como um extenso centro logístico – estrategicamente posicionado para servir a grandes mercados como Milão e Turim. Centenas de hectares de terras originalmente agrícolas hoje estão cobertos de armazéns: Ikea, H&M, FedEx, Zalando e provavelmente quase todas as outras grandes distribuidoras mundiais nas quais você consegue pensar. As instalações da Amazon abriram em 2011 e todos os anos empresas novas se avizinham, trazendo mais concreto, mais estradas, mais caminhões, mais trabalhadores e chamando mais atenção para a outrora esquecível Piacenza.

Se eu parar o carro e pegar o celular, demorarei meros segundos para abrir o *site* Amazon.it e fazer algum pedido. Aquele lugar cospe centenas de milhares de pedidos por dia, provavelmente chegando a um milhão de itens em horários de pico. Durante anos, o movimento ali foi padrão para os armazéns da Amazon por toda a Europa. Debaixo daquele teto, há mais de três mil trabalhadores no total, organizados em turnos, 24 horas por dia, todos os dias da semana. Entretanto, meu pedido não iria diretamente para eles. Correria na velocidade da luz do meu telefone para um dos *datacenters* da Amazon, talvez o situado na Irlanda, onde seria analisado pelos algoritmos da empresa, em seus servidores nas nuvens. Se eu pedisse algo para ser entregue em minha cidade natal, e o produto – digamos, um *notebook* – estivesse armazenado e disponível no MXP5, o algoritmo pediria aos funcionários do armazém para resgatar, empacotar e enviar meu pedido. Se eu fosse assinante do Prime, o item estaria em minha caixa de correio amanhã. A maioria das pessoas depara com a Amazon desse jeito, ou seja, como consumidora. O próprio nome que deram aos armazéns, *fulfillment centers* [centros de satisfação] ou FC, indica que o objetivo da empresa é satisfazer o desejo das pessoas, ou, ainda, criar desejos novos que podem ser atendidos pelo comércio eletrônico (*e-commerce*). Graças à habilidade para cuidar de tudo, desde o abastecimento de produtos até a entrega do centro de distribuição ao destino final (*last-mile delivery*), Amazon está se tornando sinônimo de mercado, bem semelhante à tentativa do Facebook de se tornar a internet. Compre mais coisa, mais rápido, de forma mais conveniente, mais barato, sem precisar procurar em outro lugar.

    De acordo com teorias do consumo, é o desejo que nos motiva a comprar mercadorias. Esse desejo pode ser visto como algo artificial, imposto pelas forças do *marketing*, ou como reflexo da necessidade de nos definirmos por meio do que compramos.[1] Sem falar nas necessidades mais mundanas: como ficou demonstrado durante a pandemia do coronavírus, não é possível prever o consumo de alimento, roupa ou produtos farmacêuticos. Nossa capacidade de consumo é contingente e depende de uma cadeia de suprimentos (*supply chain*) global complexa que pode entrar em colapso. Independentemente de onde vem nosso desejo por consumo, ele deve ser preenchido. Mas não é possível separar quem somos, como consumidores, da sociedade em que estamos imersos, uma sociedade na qual a Amazon trabalha para se posicionar como um monopólio para a satisfação global, para superar a distância entre seus 300 milhões de clientes e as mercadorias desejadas e das quais necessitam. A maioria desses clientes conheceu a Amazon como um modo seguro, conveniente e, em algumas áreas, até mesmo necessário de acessar mercadorias desejadas – sustentáculo do atual consumismo instantâneo com um clique.

Mas não foi assim que fui apresentado à empresa. Antes de jamais ter feito qualquer pedido na Amazon, li inúmeros artigos no *Libertà*, jornal local em Piacenza, ouvi histórias inéditas de pessoas que trabalham lá – inclusive de ex-colegas e amigos – e debati a questão *ad nauseam* em jantares informais e em reuniões políticas. A Amazon é uma presença constante nos arredores de seus armazéns, desde *outdoors* anunciando vagas de emprego e indicações direcionando motoristas de caminhão até reportagens locais sobre prefeitos que celebram a criação de empregos ou grupos ambientalistas que denunciam os efeitos poluentes do aumento do trânsito. Em Piacenza, a Amazon tornou-se presença imponente antes mesmo de a região ser elegível para entregas. Caixas saíam da MXP5 com destino à mais moderna e agitada metrópole, Milão, enquanto nós ficávamos com os empregos, com a piora nos salários e nas condições de trabalho e com a degradação ambiental. Depois de um tempo, acabamos por ter um pouco de atenção nacional e até mesmo internacional. Quem teria imaginado que uma greve em um armazém em Castel San Giovanni – nesse caso, qualquer outro acontecimento próximo a Piacenza – pudesse ser notícia no *The Washington Post*, um dos principais jornais estadunidenses, do próprio Jeff Bezos, fundador, antigo *CEO* e maior acionista da Amazon?

Foi exatamente o que aconteceu. Em 24 de novembro de 2017, centenas de funcionários do MXP5 fizeram greve. Apenas alguns meses antes disso, sindicatos entraram na empresa. Do ponto de vista de quem estava em Piacenza, parecia uma situação corriqueira – mais uma greve em um estabelecimento local de logística, uma atividade cujos trabalhadores estão em permanente estado de ebulição e, por vezes, irrompem em uma revolta explícita. Entretanto, de um ponto de vista mais amplo, isso era novidade. Os empregados do MXP5 foram um dos primeiros no mundo a atacar de frente o império da Amazon. Nesse ínterim, a organização e as greves, tanto na Europa quanto na América do Norte, cresceram e fizeram da empresa uma incubadora de lutas, um símbolo do poder desmedido do capital e da resistência trabalhista, simultaneamente. A primeira greve no MXP5 coincidiu com uma *Black Friday*, dia em que vários varejistas fazem liquidação e oferecem descontos, e um grande dia para a Amazon em vários países, inclusive na Itália. Nesse mesmo dia, a fortuna de Bezos escalou para 100 bilhões de dólares americanos, tornando-o a pessoa mais rica na face da Terra, pelo menos naquela ocasião. Foram vários motivos para Piacenza alcançar fama global momentânea.

Desencaixotando a Amazon

A primeira frase de *O capital* é famosa: "A riqueza das sociedades onde reina o modo de produção capitalista aparece como uma 'enorme coleção de mercadorias'".[2] Obviamente, no entanto, uma coleção de mercadorias é nada sem seu movimento desde a produção até o mercado. Com o armazém, é a imensa circulação de mercadorias que produz riqueza. Afinal, se no armazém as mercadorias se acumulam, elas precisam ser levadas a outros lugares, se for para satisfazer o desejo de consumidores. Precisam ser mantidas em um fluxo, inquietas. Se as coisas ficassem presas no armazém, seria a morte para as mercadorias e o valor delas.

Mas mercadorias não circulam sozinhas. Entre a entrega na sua casa e o objetivo final de Bezos encontra-se uma série de sistemas tecnológicos que organizam a força de trabalho gigantesca, dão velocidade às tarefas e contribuem para precarizar mais os empregos e torná-los instáveis. O trabalho humano é o que mantém as mercadorias em movimento, em consonância com uma infraestrutura complexa de *software* e maquinário e gerenciado por ela. Quando recebemos uma caixa da Amazon, nem sempre pensamos em todos os aviões e caminhões, todos os *datacenters* e todo o trabalho humano necessários para a entrega. Nem sempre pensamos em trabalhadores como Giulia. Quando conversei com ela pela primeira vez, Giulia fora recentemente dispensada do MXP5, depois de alguns meses como trabalhadora temporária. Contratada por uma empresa de RH, seu contrato terminou depois do pico de entregas do inverno e não foi renovado. Quando nos encontramos em uma cafeteria próxima ao armazém, ela começou a conversa explicando a desconexão entre o que sentia como cliente Amazon e como ex-funcionária de um FC. Assim como várias outras pessoas, ela se viu em ambos os papéis:

> Se pensar bem, as pessoas [que encomendam pela Amazon] não sabem quem está por trás, por trás do pacote que recebem em casa. A única vez que pedi algo pela Amazon, recebi uma das caixas que eu empacotava. Pendurei na parede e coloquei uma legenda: "para não me esquecer".

Giulia me contou uma história que eu poderia ter escutado de qualquer uma das dezenas de pessoas que trabalhavam na Amazon com quem conversei. O *e-commerce* da Amazon conta com aproximadamente 200 *fulfillment centers* no mundo inteiro. Cada um deles mede centenas de milhares de metros quadrados e emprega vários milhares de trabalhadores e trabalhadoras que, na linguagem corporativa, são denominados "associados" e, informalmente, conhecidos como *Amazonians* [amazonianos]. Essas "construções modestas", conforme um comercial da Amazon descreve os FCs, em geral estão bastante visíveis quando você passa por elas, dirigindo. Mas o que acontece em seu interior ou em seus arredores costuma ser menos evidente. As paredes dos armazéns não são transparentes, e o capital sempre se esforça para tornar trabalhadores, o lado humano das operações, invisíveis. A automação, por exemplo, permite às corporações apresentar o que fazem como se fosse um trabalho quase mágico das máquinas. No entanto, tirar das vistas do consumidor o trabalho realizado por humanos não o fez desaparecer. Em um livro sobre o lado obscuro da revolução digital, Roberto Ciccarelli, filósofo italiano, fez-nos lembrar que trabalho é "a faculdade que alimenta circuitos e automatismos [...], a capacidade que permite a produção de uma mercadoria e seu valor". Em outras palavras, apenas o trabalho permite a uma empresa como a Amazon existir.[3] Além disso, diferentemente de mercadorias e máquinas, trabalho é algo que nenhum capitalista pode ter por completo. É a força de trabalho de quem labuta o que pode ser comprado, controlado e disciplinado, mas somente a pessoa que trabalha pode possuir todo o seu potencial. A Amazon se esforça para comprar força de trabalho. Com 1,2 milhão de funcionários e funcionárias no início de 2021, é uma das maiores corporações privadas do mundo, ficando atrás somente do Walmart, com mais de 2 milhões de trabalhadores. Esse número é ainda mais impressionante quando você se dá conta de que apenas dez anos antes, em 2011, a Amazon empregava somente 30 mil pessoas, localizadas em todo o globo. Uma base em Seattle forma o centro de uma gigantesca rede de escritórios, *campi*, *datacenters* e armazéns – como o MXP5 – que se espalham pela América do Norte, pela Europa e pela Ásia.

Compreender a empresa é uma tarefa hercúlea, nada simples devido às suas proporções. Bezos costuma dizer que a Amazon "quer ser incompreendida". Isto é, a empresa não se importa se a concorrência, os investidores ou o público em geral são incapazes de compreender suas estratégias.[4] A Amazon tem a mesma política com trabalhadores, sindicatos e instituições públicas. Por exemplo, em uma estratégia sem precedentes, depois da greve de 2017, a gerência do MXP5 não compareceu a uma reunião convocada por representantes do governo nacional para debater um possível acordo entre os sindicatos e a empresa. Eles não ofereceram nenhuma explicação. "Não esperamos que nos compreendam" – foi o que disseram a representantes como justificativa para terem se esquivado da reunião. Talvez, então, devêssemos abordar os próprios trabalhadores e confiar no conhecimento dessas pessoas para nos ajudar a desempacotar a realidade por trás da logomarca de seta sorridente.

Associados e associadas do MXP5 não são mais do que uma pequena porção da força de trabalho mundial da empresa, que está espalhada por toda a rede de armazéns e outros centros de distribuição. O encontro entre colegas amazonianos de outros FCs acontece principalmente em reuniões sindicais nacionais e internacionais, ou, ainda, em fóruns *on-line* em que milhares de trabalhadores e trabalhadoras se juntam para falar de experiências, compartilhar dicas de sobrevivência e, com frequência, desabafar posicionamento contra a empresa. Ainda assim, a generalização das experiências pode não se aplicar a outras empresas. A Amazon é altamente centralizada no que tange ao projeto e às operações de seus armazéns; assim, o custo humano total resultante do acúmulo de riqueza e poder da empresa revela um sistema de exploração global tal, que pode ser encontrado em diferentes contextos locais, desde um subúrbio estadunidense até uma metrópole europeia desindustrializada. As diferenças locais são relevantes, mas quem trabalha em Castel San Giovanni encontra a mesma tecnologia, a mesma cultura de trabalho e as mesmas estratégias políticas enfrentadas por funcionários e funcionárias da Amazon em outros países e continentes. Essas pessoas lutam contra a mesma estrutura de poder e organização de trabalho. Em todos os lugares, quem trabalha em um FC baseia-se no uso da tecnologia inovadora da Amazon e, ao mesmo tempo, em formas arcaicas de despotismo que fazem lembrar as fábricas de outrora. A imagem corporativa atraente, familiar para consumidores, é, na verdade, apenas um lado da moeda. A Amazon incorpora o poder disruptivo da tecnologia e o excesso do consumismo moderno, ao mesmo tempo que sinaliza uma degradação nova do trabalho. O capitalismo da Amazon, como foi chamado o sistema econômico que sustenta a empresa, é um predador voraz de trabalhadores, de outros negócios e do meio ambiente.[5] E pode-se oferecer resistência a ele também.

A Amazon não para

A Amazon tem orgulho de ser implacável. Essa palavra [em inglês, *relentless*] é recorrente na história corporativa da empresa e aparece repetidas vezes nos discursos de Bezos e nas cartas anuais de investidores. Aliás, Bezos certa vez vislumbrou a possibilidade de nomear a empresa *Relentless*, e se você digitar relentless.com em seu *browser*, ele o redirecionará para amazon.com – a empresa ainda é dona desse domínio. A Amazon sustenta a ideia de que é implacável porque, nas palavras de Bezos, "ainda é o primeiro dia". Ou seja, uma das maiores corporações do mundo continua se enxergar como uma empresa *startup* que precisa se movimentar rapidamente e nunca aceitar o *status quo*. De fato, a cultura "24/7", sempre ligado, tempos de crise, com propensão à exaustão, que caracteriza as *startups* de tecnologia, é desenfreada em toda a empresa, até mesmo imposta a trabalhadores dos armazéns. As tecnologias, as técnicas de gerenciamento e os elementos culturais que exigem produtividade dos programadores nos *campi* de Silicon Valley são cada vez mais aplicados a diversos setores da força de trabalho. Bezos chamou atenção várias vezes para o fato de que mantém seu foco em fazer da Amazon uma influência duradoura na evolução do consumismo, mas ele raramente fala sobre sua empresa também influenciar amplamente a prática de trabalho em uma escala mais baixa. A Amazon tem habilidade para reformular nosso tecido social, redefinir o papel do poder corporativo e moldar o futuro do trabalho para a vantagem do capital.

A empresa expandiu-se drasticamente desde sua origem bastante modesta. Ela foi fundada em 1994 por Bezos para ser uma livraria *on-line*, aproveitando as novas oportunidades que surgiram com a internet comercial. As ambições que ele tinha para o comércio eletrônico eram amplas em escopo, mas livros seriam um teste perfeito: livrarias feitas de tijolo e cimento são restritas a um espaço e conseguem manter milhares de títulos, na melhor das hipóteses – apenas uma fração do que pode ser espremido em um armazém. Além disso, livros são homogêneos em formato e peso, portanto fáceis de ser armazenados, e já vêm com um sistema de codificação bem estabelecido. A princípio, a empresa funcionava em apenas um armazém, próximo a Seattle. Mas a ideia sempre foi muito maior. O plano de Bezos era digitalizar um modelo de negócios que já existia havia um tempo: catálogos de compra por correio, produto da modernidade do século XIX que criou empresas gigantescas como a Sears, nos EUA, a Postalmarket, na Itália, ou a Eaton Co., no Canadá. Em 1998, a Amazon já vendia música e DVDs, e logo acrescentou itens para o lar, brinquedos e *videogames*. No início dos anos 2000, ela aderiu a produtos de saúde e cuidados pessoais, alimentos *gourmet* e artigos esportivos e voltados a atividades ao ar livre. Em 2005, lançou a Amazon Prime, um programa de assinatura que dá acesso a serviços especiais, tais como entrega grátis em um dia – disponível hoje em centenas de cidades no mundo inteiro. Agora a Amazon vende de tudo, de biscoitos a eletrônicos, bicicletas e eletrodomésticos. Nos EUA, de acordo com pesquisas recentes, cresceu a ponto de tomar quase metade de todo o mercado de *e-commerce*, e, em países em que a empresa não tem concorrentes, a cota é ainda maior. Na Itália, por exemplo, a Amazon possui 60% do mercado.

Mas a Amazon tornou-se muito mais do que apenas uma empresa de *e-commerce* e nem é daí que vem seu lucro. Essa é uma realidade importante, quiçá difícil, de entender. De fato, o tamanho da Amazon e sua diversidade interna fazem com que seja difícil captá-la por completo. Amazon Web Services (AWS) é a maior plataforma de nuvem e de serviços de computação do mundo. Netflix, Pinterest, Airbnb e Uber, por exemplo, são administrados nesses servidores. A Amazon também desenvolve tecnologias de *software* comercial, tais como o serviço de pagamento *on-line* "1-clique". O serviço Amazon Mechanical Turk (AMT) proporciona a empresas a possibilidade de contratar remotamente *crowdworkers* para realizar tarefas que computadores não realizam sem intervenção humana; por exemplo, identificar o conteúdo de uma imagem, criar metadados ou limpar dados, ou, ainda, escrever uma descrição de produto. A plataforma divide as tarefas e as terceiriza com força de trabalho distribuída – qualquer pessoa com um computador conectado à internet pode se inscrever e trabalhar para a AMT.[6] Com seu programa de reconhecimento, a Amazon vende tecnologia de vigilância para governos. Produz equipamentos digitais, como o *e-reader* Kindle e o *tablet* Fire. O Echo, equipamento *smart-home*, tem o Alexa instalado, assistente virtual sustentado por algoritmos de processamento de linguagem natural. A Amazon também é proprietária de uma plataforma de *streaming*, a Prime Video, e se tornou grande produtora de filmes e séries para TV com o Amazon Studios. A empresa é dona de uma rede de lojas de conveniência automatizadas chamadas Amazon Go. As tantas outras subsidiárias vão da plataforma de jogos Twitch até a rede de supermercado orgânico Whole Foods.

A Amazon Web Services é a que verdadeiramente gera dinheiro. Cada dólar que a Amazon gasta operando a AWS gera dez vezes mais lucro do que um dólar gasto em seus outros empreendimentos. Ou seja, enquanto o FC e serviços como o Prime recebem mais dinheiro do que a AWS, esses serviços nem sempre são lucrativos. A AWS, por outro lado, gera um lucro maciço de dinheiro, possibilitando à empresa expandir a operação *e-commerce* de seu carro-chefe ao ser implacável na construção de armazéns ao redor do mundo, assegurando uma posição de quase monopólio em cada vez mais mercados nacionais. Somente as monstruosas empresas de *e-commerce* chinesas Alibaba e Tencent se aproximam do tamanho da Amazon.

A Amazon usa sua potência econômica concentrada também em mudança tecnológica. Esse fato corriqueiro significa que ela consegue influenciar profundamente o modo como trabalhamos. Não apenas em seus armazéns, mas também por todas as sociedades. O motivo é simples: da robotização de seus FCs ao uso de algoritmos para monitorar trabalhadores e obter dados importantes sobre o trabalho dessas pessoas, a Amazon é implacável no aumento da inovação tecnológica em seus armazéns. Isso significa que outras empresas adotam tecnologias semelhantes, na tentativa de alcançar a Amazon e tirar a empresa de sua posição de domínio no mercado. Tecnologias novas, mais sofisticadas, que se alastram mais. Mais trabalhadores e mais precariedade também.

Implacável é também a circulação de bilhões de mercadorias que atravessam o mundo e convergem no armazém, onde descansam por algumas horas ou semanas em estantes para, então, partir novamente e chegar a seu destino. É necessário que o movimento seja suave, rápido, eficiente. *Frictionless* [sem atrito], diriam os economistas. Trabalhadores são o fator mais problemático dessa equação; portanto, devem ser cuidadosamente controlados e governados, para que não gerem atrito e, assim, diminuam a velocidade ou até mesmo interrompam o movimento das mercadorias.[7] A Amazon está na vanguarda do capitalismo digital, o que comprova sua excelência no uso corporativo da tecnologia digital para maximizar o acúmulo privado de poder e dinheiro.

Entretanto, porque o papel de trabalhadores é crucial, a Amazon também está na vanguarda de uma ofensiva global contra o trabalho. Essa ofensiva é abastecida pela tecnologia que a empresa projeta e utiliza em seus armazéns – ela fez escolhas precisas, a fim de utilizar a tecnologia a serviço de sua obsessão por controle, velocidade e, obviamente, dinheiro. Sua infraestrutura tecnológica está voltada para a exploração e não para a emancipação de trabalhadoras e trabalhadores.

A realidade cruel do trabalho na Amazon não é mistério. Até mesmo a Anistia Internacional já fez um relatório sobre as condições precárias que as pessoas trabalhando em armazéns da Amazon encontram, concluindo que é chegada a hora de a empresa proteger os direitos dos trabalhadores; por exemplo, respeitando o direito de se reunirem em sindicatos.[8] A investigação secreta de um *fulfillment center* da Amazon praticamente se tornou, para jornalistas, um gênero em si, tanto na Europa quanto na América do Norte. E a Amazon parece ser o resumo do horror que é o trabalho contemporâneo em uma bela colcha de retalhos de memes da internet. Na Itália, *Lercio*, uma organização sarcástica de notícias um pouco parecida com a *The Beaverton*, no Canadá, ou a *The Onion*, nos EUA, certa vez intitulou um artigo "Funcionária da Amazon entra em uma caixa que ela mesma envia para a própria casa, a fim de ter alguns minutos de descanso". Essas piadas não são totalmente inventadas. O próprio Bezos já reconheceu várias vezes que "não é fácil trabalhar aqui",[9] chamando atenção para o fato de que sacrifício é parte do que é exigido de quem trabalha na Amazon, desde o armazém até o topo, nos elegantes escritórios executivos em Seattle.

Vários livros já foram escritos sobre a Amazon. Geralmente, trata-se de manuais de negócios que estão por toda parte, em livrarias de aeroportos, voltados para *CEOs* ou para quem sonha em ser um *CEO* – um deles traz uma página em branco no final de cada capítulo para anotar "Reflexões e ideias para levar em consideração em sua empresa".[10] Os autores, tipicamente jornalistas de negócios, consultores ou professores em faculdades de administração, costumam apresentar Bezos como herói contemporâneo do empreendedorismo e da inovação, ainda que não consigam evitar a menção a seu gênio difícil e a seu desdém para com trabalhadores e trabalhadoras. A força de trabalho de colarinho branco também está sujeita à ira dele, dizem. Brad Stone, jornalista de negócios e autor de um dos melhores livros sobre a Amazon, revelou que Bezos é conhecido por gritar com funcionários e funcionárias em público, ou, ainda, demiti-los dentro do elevador. Pessoas entrevistadas por Stone descreveram o ex-*CEO* da empresa como cruel e sem empatia, alguém que trata trabalhadores como recursos descartáveis.[11] Um artigo no *New York Times*, em 2015, também revelou uma cultura de trabalho competitiva e punitiva nos escritórios da Amazon, lugar onde é corriqueiro que funcionários chorem em sua mesa de trabalho e onde as estatísticas são usadas para avaliar as pessoas e colocá-las em competição umas com as outras. Amazonianos contaram ao jornalista que sentiram que precisavam sair da empresa devido a crise de saúde ou gravidez.[12] Saiba que essas histórias eram sobre engenheiros e executivos.

Agora, pense em pessoas trabalhando em armazéns. Elas trabalham em ritmos fisicamente pesados, determinados por algoritmos corporativos distantes, que organizam as tarefas. Um sistema de vigilância difuso monitora a produtividade em cada uma das etapas. A informação valiosa que o trabalho gera é capturada e monopolizada por sistemas de *software* da Amazon, para, então, alimentar as máquinas que gerenciam o armazém e organizam os processos de satisfação. A rotatividade é alta em virtude do próprio planejamento, já que o armazém rapidamente descarta e substitui trabalhadores exauridos pelo ritmo imposto. A precariedade é promovida e explorada pela gerência, propiciando um constante ajuste no tamanho da força de trabalho conforme a demanda sempre flutuante do mercado. As técnicas de gerenciamento da Amazon têm formatos explícitos e outros sutis. Supervisores interagem com trabalhadores do armazém tanto diretamente quanto por meio da tecnologia digital. Enquanto isso, a empresa cultiva uma cultura de trabalho que tem por intenção convencer os funcionários de que a atividade no armazém é especial e divertida. Uma combinação que pode ser inquietante. E isso é apenas um aquecimento, porque a Amazon tem planos para futuramente criar um FC ainda mais intenso em sua tecnologia, com um domínio sobre a força de trabalho ainda mais rígido; além disso, o processo das tarefas é cada vez mais automatizado.

A crise do coronavírus aumentou a visibilidade dessas dinâmicas conforme a Amazon aumentou sua força de trabalho, e o *e-commerce* cresceu rapidamente, tornando-se uma das áreas dominantes na indústria do varejo. Em certo sentido, isso não é novidade; afinal, corporações frequentemente se beneficiam de crises sistêmicas – Naomi Klein chamou isso de "capitalismo de desastre".[13] Mas poucos foram tão bem-sucedidos nisso quanto a Amazon. De fato, grande parte do sucesso da empresa se deve a manobras durante três crises globais. Primeiro, ela sobreviveu ao estouro da bolha PontoCom, em 2000, que levou vários concorrentes à falência e permitiu à Amazon sair de sua posição no mercado de nicho e assumir o centro da economia digital. A bolha fora criada por influxos maciços de capital de risco em empresas cujo foco era a internet. Várias eram empresas de *e-commerce* novas, como a Pets.com, varejista de produtos para animais de estimação. Enquanto outras faliram diante do estouro da bolha, a Amazon desabrochou, por ter conseguido assegurar um *pool* de investimentos capaz de fazê-la flutuar acima das ondas de falência e inadimplência. No quarto trimestre de 2001, quando centenas de empresas baseadas na internet acabavam, ela lucrou pela primeira vez e pagou aos proprietários um centavo por ação. Segundo, na esteira da grande recessão de 2008, a Amazon aumentou sua força de trabalho, abordando uma nova massa de trabalhadores precarizados devido ao desemprego, à dívida e ao desmoronamento dos direitos trabalhistas, consequência da crise na Europa e na América do Norte. Esse novo exército de reserva propiciou à empresa aumentar sua força de trabalho global de 20 mil, em 2008, para mais de 100 mil, em 2013, com taxa de crescimento acima de 30% ao ano e mais de 66% em 2011.

Finalmente, a pandemia do coronavírus, em 2020-2021, funcionou como a mais perfeita crise para a Amazon, porque teve o efeito duplo de incrementar o mercado de *e-commerce* e *web services*, ao mesmo tempo que jogou milhões de trabalhadores no desemprego. Para lidar com o aumento nas vendas causado pela pandemia, a Amazon contratou centenas de milhares de trabalhadores para os armazéns. No início de 2021, sua força de trabalho era 62% maior do que em 2019, e sua receita passou de 280 bilhões de dólares em 2019 para 380 bilhões em 2020. A riqueza pessoal de Bezos quando se demitiu do cargo de *CEO*, no início de 2021, era perto de 200 bilhões de dólares, uma das maiores fortunas jamais acumuladas por um só ser humano na história da civilização. A Amazon estava em uma posição perfeita para a realidade nova que o vírus trazia. O aumento acentuado no uso da internet por quem estava confinado em casa significou lucro para a Amazon, toda vez que a demanda aumentava para uma empresa que dependia dos servidores AWS. Por exemplo, a Zoom, empresa de videochamadas, cliente da AWS, teve seus usuários diários multiplicados quando escritórios e escolas passaram a adotar reuniões e aulas *on-line*. Mais importante, todos os *lockdowns* e o medo de contágio impulsionaram as compras *on-line* em todo o mundo, sobretudo em países onde a Amazon já dominava o mercado de *e-commerce*.

Da noite para o dia, pessoas que trabalhavam na empresa se tornaram essenciais. Em março de 2020, no pico da primeira onda da pandemia, no Norte da Itália assolada pela covid-19, um entregador filmou um vídeo em seu celular enquanto fazia uma entrega para a Amazon. Ele viralizou rapidamente no aplicativo de mensagens WhatsApp. "A Amazon não para", pode-se escutar o trabalhador falando através da máscara cirúrgica, "não se preocupe, você vai receber sua maldita capinha de celular da Hello Kitty pontualmente. Foda-se!".

A raiva que trabalhadores sentem de clientes da Amazon é compreensível nesse caso. Mas que tal a ira contra a empresa, propriamente dita? A receita da Amazon aumentou tanto ao longo de 2020 que, no final desse ano, Bezos poderia ter dado 100 mil dólares a cada funcionário e funcionária da empresa e ainda assim manter sua riqueza pessoal no nível em que estava antes da covid--19.[14] A pandemia afetou demais o MXP5, gerando mais problema, mais doença, mais medo para quem trabalhava lá. Piacenza foi um dos primeiros epicentros da pandemia global – registrou mil mortes em dois meses, uma província pequena com população menor do que 300 mil habitantes –, e o armazém não demorou a registrar casos de infecção pelo vírus. Entretanto, durante o primeiro *lockdown*, quando o som de ambulâncias percorrendo as ruas desertas era o principal contato que os cidadãos tinham com o mundo exterior, o MXP5 funcionava 24 horas por dia, todos os dias da semana, para atender à demanda que havia aumentado. Mas o ano recorde da Amazon não representou grandes melhorias para trabalhadores. Graças à presença do sindicato e à greve de 2017, pessoas contratadas para o MXP5 estão entre a pequena e sortuda parcela dos que trabalham em um FC da Amazon que conseguiu negociar melhorias – por exemplo, um acréscimo substancial no salário para o turno da noite. Durante a pandemia, assim como outras pessoas trabalhadoras da Amazon por todo o mundo, essas receberam um pequeno aumento de salário (ou, ainda, um "pagamento pandêmico") por alguns meses e um pequeno bônus em dinheiro. No entanto, na primavera de 2020, funcionários e funcionárias do MXP5 precisaram se mobilizar novamente; dessa vez, fazendo uma greve longa, para ganhar coisas básicas, como o fornecimento de equipamento de proteção pessoal.

Enquanto isso, a Amazon simplesmente ganhava mais dinheiro. No *videogame* "You are Jeff Bezos" ["Você é Jeff Bezos"], a tarefa dos jogadores é gastar a fortuna dele, o que não é fácil. Apenas 10% da riqueza de Bezos permitiria dobrar o salário de todas as pessoas empregadas pela Amazon. E os 90% restantes? Por exemplo, você poderia abrigar toda a população em situação de rua dos Estados Unidos (com apenas 20 bilhões de dólares), ou até mesmo pagar seus impostos pessoais (robustos 57,72 bilhões de dólares).[15] O capital acumulado da empresa é ainda mais incrível: avaliado em 1,65 trilhão de dólares, ele faz com que a Amazon valha mais do que o PIB de países ricos, como Austrália ou Canadá, e não está distante dos 2 trilhões da Itália. Ignorando a lei antitruste, a empresa foi projetada para crescer ainda mais. Essa besta "nunca sacia sua vontade cobiçosa;/ depois de alimentada tem mais fome ainda", para citar o *Inferno* de Dante.[16]

Posto avançado do capitalismo digital

Piacenza não aparece nesta história apenas por ser minha terra natal. A cidade de repente estava simultaneamente no centro e nas margens das redes globais de comércio. No fim do século XVI e início do XVII, Piacenza foi escolhida pelos poderosos banqueiros genoveses para sediar as feiras trimestrais. Não demorou, "o coração implacável [...] de toda a economia ocidental batia aqui em Piacenza", expressou Fernand Braudel, historiador francês da modernidade.[17] Essas feiras não eram festivais tumultuados de rua, mas sim encontros nos quais alguns homens de negócios de toda a Europa compartilhavam o que hoje chamaríamos de instrumento financeiro: cartas de crédito, débito e remessa. Esse foi um episódio importante para a fortuna de banqueiros genoveses que então financiavam os Habsburg, depois que a casa real faliu e no processo também levou à falência os Fugger, família alemã de banqueiros. Da mesma forma, foi um episódio marcante para a história do capitalismo, e o economista Giovanni Arrighi afirmou que o aumento do financiamento com os banqueiros genoveses foi "o primeiro ciclo sistêmico de acúmulo".[18] Piacenza foi escolhida como sede dessas feiras em virtude de sua localização conveniente, no cruzamento entre o rio Pó e a via Aemilia. Provavelmente também em virtude de sua "discrição", acrescentou Braudel.

A Amazon deve ter tido razões semelhantes em mente. Mais uma vez, movimentada, ainda que discreta e distante dos olhos do público, central, ainda que periférica, a Piacenza de hoje movimenta mercadorias em vez de cartas de crédito. O financeiro está distante – Milão, Londres e Nova York –, mas Piacenza ainda é o centro de uma rede de rodovias e ferrovias que se estende a centros urbanos no Norte da Itália e mais além. Hoje, trata-se de um grande centro logístico bem no meio do Vale do Pó, o coração implacável de um fluxo de mercadorias que se conecta com outros centros da economia global.[19] Piacenza faz o papel de primo mais novo de outras áreas nas quais a presença da Amazon é intensa, como Inland Empire, próxima a Los Angeles, a região de Peel na Grande Toronto, ou, ainda, El Prat de Llobregat, próximo a Barcelona. Essas regiões metropolitanas de interior, como diria Phil Neel para se referir à periferia desindustrializada em expansão, são locais de destaque graças aos complexos logísticos, às fábricas, às áreas residenciais suburbanas em expansão, ao espaço rural residual e às autoestradas.[20] Os armazéns, corações implacáveis do império *e-commerce* da Amazon, estão aqui, longe dos arranha-céus dos centros urbanos, onde mercadorias são projetadas ou comercializadas.

O MXP5 e vários dos demais armazéns da Amazon se beneficiam da proximidade com mercados urbanos ricos. No entanto, a localização é também uma estratégia para explorar força de trabalho barata, o que, por vezes, tem consequências assustadoras. Por exemplo, pessoas que trabalham em FCs na Polônia recebem apenas 3 euros por hora; ainda assim, os pacotes que enviam atendem a um mercado em que trabalhadores na mesma função recebem 11 euros por hora.[21] Em outros casos, FCs simplesmente são instalados onde há abundância de trabalhadores em potencial. Vários dos armazéns que servem à região metropolitana de Toronto estão localizados em Brampton, cidade em franco crescimento que possui uma comunidade grande de pessoas de origem sul-asiática. Assim, são essas pessoas racializadas que precisam lidar com o fardo do impacto ambiental resultante do trânsito intenso indo e voltando, nas redondezas do armazém, assim como foram obrigadas a lidar com os impactos humanos dos surtos de covid-19 nos FCs da Amazon na região: ambientes de trabalho lotados com acesso limitado a licença médica remunerada. A empresa explora e dissemina as injustiças que acompanham a geografia de nossas cidades e nossos países.

Da perspectiva das pessoas que trabalham no MXP5 e em outros FCs, a sede em Seattle parece distante e fora de alcance. Da mesma forma, os escritórios em Milão, que Peppino, um associado antigo, descreveu como "um prédio inexpugnável cheio de câmeras de segurança e guarda-costas", onde ternos pouco cientes do que acontece no armazém decidem sobre o futuro dos trabalhadores. "Não se pode nem mesmo chegar perto deles", ele concluiu. Ainda assim, Castel San Giovanni e Seattle estão ligadas por uma densa rede de conexões que permite a circulação de coisas, pessoas, dados e, obviamente, dinheiro. Devido à posição periférica, o armazém precisa de uma infraestrutura imensa. Não apenas uma sólida, de asfalto, concreto e fibra, mas também uma infraestrutura "suave", feita de códigos e dados. Associadas (a sólida e a suave), elas fazem o papel de "mídia logística", como Ned Rossiter denominou; ou seja, tecnologias que coordenam e controlam os movimentos globais nos quais a logística se baseia.[22] Funcionam como sistema operacional de logística que proporciona um movimento eficiente às mercadorias. O próprio Bezos disse que as duas não podem ser separadas. Nas palavras dele: "o *fulfillment by Amazon* é um API [interface de programação de aplicativo] para serviços que transforma o *fulfillment center* em um equipamento periférico gigantesco e sofisticado", conectado, por sua vez, a um sistema de logística mais amplo.[23]

Esse sistema de operação amplo está em constante expansão. Além de Seattle, a empresa tem sedes e *campi* importantes em outras cidades, inclusive em Luxemburgo, na Europa, e em Hyderabad, na Índia; escritórios e centros de dados em três continentes; além de uma complexa rede de milhares de armazéns na Europa, na América do Norte e na Ásia, com planejamento de expansão para a América do Sul. Os FCs que atuam como principais periféricos desses sistemas de operação em geral são armazéns suburbanos enormes com equipes que variam entre aproximadamente mil e cinco mil funcionários, dependendo do tamanho do FC, do nível de automação e da temporada. FCs recebem o nome do principal aeroporto internacional da região. Por exemplo, o nome do armazém em Castel San Giovanni é MXP5, porque MXP é o código do aeroporto em Malpensa, o principal acesso para a cidade de Milão. YYZ1, YYZ2, e assim por diante, são os FCs nas proximidades de Toronto, cujo aeroporto, Pearson, tem o código YYZ. SEA8 é próximo a Seattle, BCN1, próximo a Barcelona, ED1, perto de Edinburgh, e assim por diante. Os *fulfillment centers* recebem classificações adicionais conforme outros critérios. Os FCs "organizáveis" armazenam itens que podem ser manuseados por trabalhadores, algumas vezes com certo grau de robotização. FCs "não organizáveis" contêm mercadorias maiores, tais como bicicletas ou máquinas de lavar roupa, e precisam ser adequados com robôs específicos.

Fulfillment centers devem estar ao mesmo tempo próximos a regiões metropolitanas, onde o consumo é concentrado, e distantes o suficiente do centro da cidade, onde é mais fácil obter espaços amplos próximos a aeroportos e rodovias, favorecendo a movimentação das mercadorias. Esses centros são complementados por centenas de armazéns menores chamados centros de separação, centros de recebimento ou estações de expedição, localizados mais perto dos consumidores – em centros urbanos ou em pequenas cidades onde não há um FC. Guiados por algoritmos da Amazon, esses periféricos menores recebem inventário ou pacotes dos FCs e fazem a entrega para o consumidor final. A empresa não estabelece FCs novos somente a serviço da expansão geográfica. Sempre que cria um novo armazém ou depósito, a Amazon faz a rede ficar mais densa e mais flexível. MXP5, por exemplo, hoje tem conexão com uma rede de armazéns que inclui um FC "organizável" robotizado próximo a Roma (FCO1), um "não organizável" perto de Vercelli (MXP3) e dezenas de armazéns menores que atendem à maioria dos centros urbanos. Muitos outros estão em construção.

Os armazéns empregam a maior parte da força de trabalho global da Amazon, mas o envolvimento humano e robótico que movimenta as mercadorias nos FCs não é a única forma de trabalho que possibilita as operações de *e-commerce* da empresa. Várias tarefas são necessárias para que um consumidor receba uma mercadoria por encomenda *on-line* ou um pedido feito via Alexa. Milhares de engenheiros e programadores trabalham na sede da Amazon no centro de Seattle e em outros centros urbanos, inclusive em Toronto e Milão. E trabalham junto com centenas de funcionários focados em *marketing*, vendas, gerenciamento e administração. Além do programa que roda em uma rede global de centros de dados repleta de *racks* de processadores, o trabalho deles garante o funcionamento do *site* de internet e o processamento em armazéns do *e-commerce* da Amazon. E, então, vem a expedição, que, em vários países – como EUA, Reino Unido ou Canadá –, é terceirizada por motoristas contratados pelo aplicativo de empregos temporários da empresa, o Amazon Flex. Consumidores também fornecem trabalho, ainda que não pago, ao permitir que a empresa utilize os dados gerados para monitorar seu comportamento, por exemplo, quando Alexa grava conversas ou quando fazem um comentário sobre produtos no Amazon.com ou no Amazon.it.[24] É difícil detalhar a complexidade dessa divisão de trabalho. A própria Amazon conta com os algoritmos para coordenar essa corrente global, cujos elos são tão geograficamente dispersos quanto são interconectados por fluxos de dados, dinheiro e mercadorias.[25]

Ursula Huws, acadêmica, socióloga do trabalho, definiu essa divisão global do trabalho como "fraturada". Ela envolve não apenas trabalhadores essenciais contratados diretamente por uma empresa – trabalho que a autora identificou como "dentro do nó" –, como também quem chega por meio da terceirização, trabalhando a distância, além de várias pessoas que transitam entre essas duas categorias.[26] Enquanto Bezos descreve os FCs como periféricos, quando o assunto é trabalho, eles são mais precisamente reconhecidos como centro de toda a empresa. Quando pensamos em trabalho dentro do capitalismo digital, nossa tendência é imaginá-lo urbano e hiperconectado, independentemente de ser o de um programador em São Francisco, o de um entregador de comida em Berlim ou o de um moderador de conteúdo de mídia social em Deli. Piacenza nem faz parte desse mapa. Mas é exemplo de periferia suburbana na qual um cenário novo do trabalho está se formando. Isso está se desenvolvendo há algum tempo. Na década de 2000, participei de um coletivo trabalhista precarizado, que enxergava o *shopping center* como o mais novo posto avançado do capitalismo contemporâneo. Pensávamos que a mistura que acontecia nos *shoppings* entre o consumismo exacerbado de quem compra e a precariedade em tempo integral das pessoas que trabalham fazia deles um campo de batalhas crucial na ofensiva do capital contra as relações trabalhistas e, portanto, crucial como alvo político. Longe de ser o que o antropólogo Marc Augé denominou "não lugares", víamos o *shopping*, o aeroporto e o *call center* como os lugares-chave da nova modernidade.[27] Estaca zero na batalha pelas relações trabalhistas.

Conforme o *e-commerce* se torna a principal forma de consumo, o armazém supera o *shopping center* e, dessa maneira, torna-se a atual linha de frente do capitalismo contemporâneo, no concernente à ideologia, à organização e à política. A atual batalha para o futuro do trabalho acontece cada vez mais em armazéns suburbanos, sobretudo nos da Amazon.

O MITO DA REDENÇÃO

Além de empregos, caminhões e concreto, a Amazon levou até Piacenza – e às outras dezenas de áreas suburbanas que abrigam seus armazéns – um mito: a promessa de modernização, desenvolvimento econômico e até mesmo emancipação individual que surge com a natureza "disruptiva" de uma empresa amplamente baseada na aplicação de nova tecnologia direcionada tanto ao consumo quanto ao trabalho. É uma promessa que pressupõe que a sociedade em questão esteja disposta a confiar essas ambições às corporações multinacionais gigantescas que projetam, implementam e possuem a tecnologia.

Esse mito do capitalismo digital está baseado em vários elementos, inclusive em origens mágicas, heróis e histórias de redenção. Algumas delas hoje são conhecidas por todo o mundo: dois adolescentes fuçando coisas em uma garagem podem revolucionar ou criar do zero uma indústria inteira e, no processo, gerar bilhões. A garagem é um componente importante do mito. Aqui, não falamos de garagens nas quais pessoas que trabalham no MXP5 estacionam o carro depois de dez horas de trabalho no armazém, nem de garagens nas quais os entregadores da Amazon Flex armazenam pilhas de caixas a serem entregues. A garagem da inovação é o local onde indivíduos livres de hábitos antigos e financiados por capital de risco transformam ideias simples em mercadorias digitais comercializáveis. Em nenhum lugar esse mito vai mais fundo do que na Califórnia. A cabana no quintal de William Hewlett e David Packard em Palo Alto entrou para o Registro Nacional de Lugares Históricos dos Estados Unidos como "berço do Vale do Silício", e a garagem da casa dos pais de Steve Jobs (onde ele e Steve Wozniak construíram o primeiro lote dos computadores Apple) foi recentemente considerada "local histórico" pela cidade de Los Altos. Essas garagens até mesmo foram transformadas em museus informais e recebem milhares de visitantes por ano – alguns chegam de ônibus em excursões organizadas. Para Mario Biagioli, historiador californiano, a garagem tornou-se um dispositivo retórico importante nos discursos contemporâneos, ajudando a mitificar a origem de inovações contemporâneas. Sobretudo, inovações masculinas, uma vez que a garagem é um espaço restrito aos homens.[28] O próprio Bezos iniciou a Amazon em uma garagem; no entanto, não na Califórnia. Dessa forma, eis aqui o mito da Amazon: em 1994, ele abandonou seu lucrativo porém enfadonho emprego em

Wall Street, trabalhando com fundos de *hedge*, e criou um planejamento de negócio enquanto dirigia de uma costa a outra do país, de Nova York a Seattle, onde usou seu dinheiro e o da família para abrir a empresa.

O mito de redenção e sucesso do empreendedor heroico vai descendo até chegar no armazém, na medida em que a Amazon apresenta o trabalho a quem emprega usando um discurso de emancipação. A ideia de redenção por meio da labuta não é nova. Pelo contrário, é uma condenação comum à sociedade moderna. No início da década de 1960, Romano Alquati, sociólogo ativista, chamou atenção para o fato de que a cultura das indústrias italianas da metade do século XX incluía a construção de um "mito" ou "culto" de emancipação. Nesse caso, direcionado às massas de trabalhadores imigrantes que, depois da Segunda Guerra Mundial, se mudaram do Sul rural para o Norte do país, a fim de encontrar emprego nas fábricas de empresas líderes do *boom* econômico na Itália pós-guerra, como, por exemplo, Fiat ou Olivetti. Garantia-se a redenção do atraso da vida rural não apenas por meio de contracheques estáveis e da perspectiva de uma pensão no fim da linha, mas também da participação em processos de produção tecnologicamente avançados: a linha de montagem do capitalismo industrial. A Amazon simplesmente repete e atualiza essas promessas. Na Itália, por exemplo, ela se apresenta como uma empresa centrada nos funcionários, que resgatou a estabilidade de emprego em um mercado de trabalho precarizado – uma bênção em um mercado de trabalho atingido por crises financeiras, crescimento impreciso e falta de oportunidade de novos treinamentos e requalificação. Portanto, a Amazon dá continuidade à trajetória histórica do capitalismo italiano, mas importa para o contexto local características novas, emprestadas do modelo corporativo digital estadunidense.

De fato, o capitalismo digital atualiza a promessa de emancipação econômica e social do capitalismo industrial com alguns elementos novos próprios. Mais do que simplesmente trocar a linha de montagem pelo robô ou o algoritmo, a cultura do capitalismo digital mistura ideologia libertária com elementos do empreendedorismo. No cerne desse mito, há uma forma de individualismo. A combinação entre uma nova tecnologia da informação com dinâmicas de livre mercado capacita o empreendedor com um potencial emancipatório.[29] Além disso, empresas capitalistas digitais afirmam que existem para mudar o mundo, fazer pessoas felizes, criar valor para todas as pessoas e não apenas para investidores – é o otimismo tecnológico em seu grau máximo.[30] Afinal, como o resultado poderia ser ruim quando seu primeiro lema, que ficou famoso, é "não seja mau", o antigo *slogan* da Google?

A Amazon estende esse mito antigo a todos, trabalhadores e trabalhadoras. Nos documentos corporativos, a empresa chega a ponto de afirmar que todas as pessoas são "proprietárias" na Amazon. Enquanto isso é praticamente literal no caso de engenheiros e executivos que recebem ações da empresa, para quem trabalha nos armazéns a afirmação só pode ser compreendida como mito. Um compromisso em sentido figurativo ou espiritual com o destino da empresa. Técnicas de gerenciamento utilizadas no armazém contribuem para a construção desse mito ao pedir que associados divirtam-se no trabalho e ajudem a Amazon a "fazer história", conforme um dos *slogans* corporativos. O mito traz em si a ideia de que não há alternativa para o capitalismo digital, a não ser a cooptação ou o fracasso para quem não consegue acompanhar ou não se adapta nem se submete.

Mitos não são apenas histórias antigas ou crenças falsas. São ideias que nos ajudam a dar sentido ao mundo. O mito do capitalismo digital, propriamente dito, não é totalmente ficção; ele tem efeitos bastante concretos. Para as corporações *big techs*, esse mito projeta uma contribuição positiva com o mundo, ajudando a atrair trabalhadores e investimento, além de aumentar o valor corporativo nos mercados financeiros. Mas há outros efeitos concretos também. Em diferentes áreas do mundo e em diferentes comunidades, o mito da redenção a partir da participação na produção *high-tech* causou impacto em economias e culturas. Lisa Nakamura, acadêmica dedicada aos estudos de mídia e de gênero, relatou que, na década de 1970, fábricas de produtos eletrônicos que funcionavam em território navajo, no Novo México, justificavam o emprego de mulheres indígenas. O emprego na produção de microchips foi apresentado como empoderador para as habilidosas e doces mulheres navajo – características pressupostas a partir de estereótipos racistas.[31] A Itália é completamente diferente da Nação Navajo; ainda assim, a ideia de que uma versão importada do capitalismo digital estadunidense pode ser uma força para a modernização coletiva e a emancipação individual está viva, e muito bem viva, lá também. A crença nesse mito é comprovada de várias formas diferentes e até mesmo contrastantes. Alguns trazem recursos, como o fundo de capital de risco estatal de 1,5 bilhão de dólares lançado em 2020 pelo governo italiano para apoiar *startups*, na esperança de que promovam o crescimento econômico.

Outros vendem recursos, como quando prefeitos de pequenas cidades com alto índice de desemprego competem para atrair o próximo FC da Amazon, oferecendo à empresa terras agrícolas recém-abertas para desenvolvimento e uma força de trabalho local pronta para trabalhar no armazém. Ao longo dos anos, os prefeitos de Castel San Giovanni descreveram a presença do MXP5 como força de "desenvolvimento" e motivo de "orgulho" para a cidade. Isso não é incomum para a Itália. Prefeitos estadunidenses são bastante citados, celebrando a chegada de uma instalação nova da Amazon, referindo-se a ela como algo "maravilhoso" ou "monumental" para a cidade deles.[32]

Os *slogans* corporativos da Amazon também protegem o mito. No ponto central está a valorização da ruptura – a ideia de um empreendedor heroico derrotando os deuses do passado. Alguns dos *slogans* (os chamados Princípios de Liderança) são repetidos várias vezes e aparecem pintados nas paredes do armazém. Ainda que no Aboutamazon.com, *site* corporativo da empresa, eles sejam descritos como "mais do que frases motivacionais para pendurar na parede", isso é exatamente o que parecem ser. "Obsessão pelo consumidor" talvez seja a mais famosa, um *slogan* que captura o objetivo estratégico de manter o foco nas necessidades do cliente: o resto (lucro, poder) virá a reboque. Também demonstra que trabalhadores são, por definição, secundários. Outros lemas são ainda mais previsíveis, como: "Líderes estão certos, e muito" ou "Pensar grande".

O mito da Amazon escorre até chegar aos *fulfillment centers*, como o MXP5, de várias maneiras. A Amazon tem por rotina conduzir operações de *marketing* com o objetivo de encontrar novos trabalhadores, não consumidores. *Outdoors* mostrando o sorriso de funcionários do armazém, eventos de recrutamento e propagandas atraentes encomendadas por empresas de RH a jornais locais são visões comuns em Piacenza, assim como na área que circunda outros FCs. Mídias sociais multiplicam a mensagem. A Amazon incentiva seus funcionários a aderir ao time de "embaixadores" – trabalhadores que abarrotam as mídias sociais com histórias positivas sobre o emprego que têm ou vídeos nos quais dançam com alegria dentro do armazém. Assim como as paredes dos FCs, todas essas práticas transbordam de Princípios de Liderança. Em um evento de recrutamento, próximo a Toronto, lemas como "Promessa de satisfazer o consumidor" foram projetados, como uma apresentação, com a logomarca da seta sorridente e seguidos de detalhes mais mundanos, como a descrição do cargo ou dos benefícios. "Todo amazoniano que quer ser líder", disseram-nos, deveria concentrar-se na "obsessão pelo consumidor" e no "nunca se acomode", e não nos esqueçamos de que amazonianos "estão certos, e muito". O evento terminou com pizza grátis.

Exército de reserva da Amazon

Esses mitos que vão de cima para baixo como aqueles criados pela Amazon nem sempre são aceitos sem crítica. Mitos são maleáveis e plásticos e podem ser desafiados. A realidade, no chão de Piacenza e de outros lugares, levou várias pessoas a questionar as promessas de emancipação e modernização da Amazon. Por exemplo, Inland Empire, no Sul californiano. Hoje a Amazon emprega aproximadamente 20 mil pessoas nessa região, e, ainda que a taxa de desemprego tenha caído depois da chegada da empresa, a quantidade de gente vivendo em estado de pobreza aumentou. Nos Estados Unidos, jornalistas e acadêmicos relataram a quantidade de trabalhadores da Amazon que dependem de programa social de alimentação para dar conta das finanças, e, depois da inauguração de um *fulfillment center* novo, a renda familiar na área nos arredores tende a cair. Em 2018, um relatório do Economic Policy Institute intitulado "Unfulfilled promises" ["Promessas não cumpridas"] mostrou que a maioria dos FCs da Amazon cria empregos em armazéns, mas não contribui para um crescimento geral dos empregos no setor privado local, uma vez que se perdem vários dos outros empregos.[33] O armazém tende a monopolizar o emprego: "é a Amazon ou nada" é um sentimento comum expresso por pessoas que trabalham em FCs no mundo inteiro. Até mesmo a *The Economist*, baseada em dados relacionados aos EUA, alega que os armazéns da Amazon não aumentam os salários de trabalhadores da armazenagem. Conforme a revista sugere, a empresa pode pagar menos do que seus concorrentes, porque emprega pessoas jovens e inexperientes com um mínimo de qualificação.[34]

De volta a Castel San Giovanni, a influência do MXP5 é explícita. Ele se tornou, de longe, o maior empregador da cidade, quiçá de toda a província. As portas do armazém estão abertas a quaisquer pessoas que estiverem à procura de emprego e possuírem habilidades hoje comuns: Marx chamaria isso de "exército de reserva" do capital. No tempo dele, as indústrias precisavam de trabalhadores que conseguiam chegar pontualmente, seguir um cronograma e respeitar a propriedade do empregador – foi necessário matricular pessoas em massa nas escolas e treinar gerações de trabalhadores para seguirem os ritmos da fábrica em vez de seguirem os ciclos da agricultura. As habilidades básicas exigidas dos trabalhadores de hoje mudaram, tornaram-se muito mais sofisticadas. Mas a educação moderna exige. Huws descreve o exército de reserva da economia digital como "um suprimento abundante de trabalhadores alfabetizados em informática que podem ser contratados quando for preciso e descartados quando não forem mais necessários".[35] As escolas de ensino médio em Piacenza oferecem formação técnica em logística; entretanto, essas habilidades mais elevadas não são o que a massa dos associados precisa.

Quando participei do processo de seleção para trabalhador temporário através da empresa de RH local em Castel San Giovanni, pediram-me para fazer alguns testes simples, junto com outros participantes. As tarefas envolviam reconhecer cores e formas e decidir se compartilharia ou não informação com meus colegas – havia menos cópias das instruções do que pessoas na sala. Também passei por uma entrevista rápida com duas pessoas da equipe da empresa Adecco, mas em outros países o processo é ainda mais simples. Em Toronto, por exemplo, disseram que não haveria entrevista individual para o preenchimento de vagas. Bastava fazer um teste *on-line* de personalidade (vários anúncios de vagas em FCs mencionam "atitude positiva em relação ao trabalho" como uma vantagem), ter diploma de ensino médio e, obviamente, habilidade para levantar peso e ficar em pé pelo período de dez a doze horas por dia.

Uma das consequências da crise financeira de 2008 foi a facilidade da Amazon para encontrar uma abundância de pessoas dispostas a trabalhar em seu armazém recentemente inaugurado, o MXP1 – o MXP5, maior e mais avançado tecnologicamente, foi construído do outro lado da rodovia algum tempo depois. Essa crise gerou uma grande massa local de pessoas desempregadas dispostas a trabalhar por um salário mínimo. Foi quando alguns amigos meus começaram a trabalhar lá – pessoas na faixa de 30 ou 40 anos que haviam perdido o emprego durante a crise e certamente tinham uma postura otimista em relação ao trabalho em uma multinacional *big tech* que oferecia contratos de trabalho em tempo integral.

A crise resultou também em um relaxamento das leis trabalhistas, favorecendo a exploração pela Amazon. Aliás, nem todas as pessoas são empregadas na Amazon em termos iguais: talvez a maior diferença seja entre contratos por temporada, os temporários e os de tempo integral. Para atender às necessidades de um mercado que funciona conforme os ciclos anuais, a Amazon adota um modelo de emprego duplo em toda a rede global de FCs: há um grupo central de pessoas contratadas diretamente pela empresa e uma força de trabalho flexível fornecida por empresas de RH, que pode ser contratada em massa no outono [em setembro] e demitida em janeiro, depois que o principal pico de trabalho passou. O cargo de tempo integral como associado pode ser atraente, uma vez que é acompanhado da probabilidade de haver benefícios tentadores. Na Itália, por exemplo, os direitos trabalhistas conquistados na década de 1960 garantem que trabalhadores contratados diretamente pela Amazon tenham acesso a um contrato nacional que garante salário mínimo e contracheques estáveis, contribuição para o fundo nacional de pensão, seis semanas de férias por ano e um bônus em dezembro equivalente ao salário de um mês. Além disso, não podem ser demitidos sem causa. Em outros países, como, por exemplo, os Estados Unidos, alguns desses benefícios estão ausentes, há pouca proteção contra demissão e pode-se esquecer o salário extra de dezembro. Entretanto, a Amazon oferece benefícios como seguro-saúde, dois dias de folga remunerada e um salário-base de 15 dólares por hora.

Por outro lado, o cargo de trabalhador temporário é precário em um grau máximo, uma vez que são contratados para lidar com os picos na época do *Prime Day* ou próximo ao natal, quando os pedidos aumentam vertiginosamente. Esses trabalhadores têm pouca, quiçá nenhuma, segurança de emprego. No MXP5, a contratação de trabalhadores temporários é terceirizada, feita por grandes empresas de RH, como, por exemplo, Adecco e Manpower. Em alguns países, instituições públicas são envolvidas também – é o caso da Alemanha com o centro de empregos, o "Arbeitsamt".[36] O contrato desses trabalhadores pode durar muito pouco, algumas semanas apenas, e até mesmo a quantidade de horas trabalhadas é incerta. Na Itália, a precariedade resulta de escolhas políticas, como a introdução do contrato "MOG", *monte ore garantito* [quantidade total de horas garantidas], que estabelece um mínimo de horas de trabalho garantidas, por exemplo, dez semanais, por no mínimo um mês. Pode-se solicitar a funcionários e funcionárias que trabalhem mais horas, apenas conforme a determinação da empresa e com um aviso prévio de 24 horas. A própria Adecco divulga esse contrato como algo que "reduz custos com a habilidade de utilizar a força de trabalho somente quando necessária" e é "bastante elástico" – para as firmas, obviamente.[37]

Trabalhadores, independentemente do tipo de emprego, podem também fazer uma quantidade grande de horas extras, sobretudo durante temporadas de pico, quando o MXP5 está a todo vapor. Piacenza ainda é uma província rural, o que significa que pessoas contratadas por temporada historicamente acumularam mais horas trabalhando à noite em uma das fábricas de tomate enlatado, processando o produto que ainda chamamos de "ouro vermelho". O produto precisa ser processado 24 horas por dia, 7 dias por semana, em julho e em agosto, para acompanhar o processo de maturação. Isso torna abundante o trabalho por temporada. Hoje em dia, a logística superou o processamento de alimentos no que tange à quantidade de pessoas empregadas, mas exerce um papel semelhante. Vários jovens associados por temporada que conheci enquanto pesquisava para escrever este livro expressaram apreço pelo dinheiro que recebem pelas incontáveis horas extras feitas no MXP5, nas épocas de *Prime Day* e natal – e talvez ainda assim trabalhem enlatando tomate no verão.

Em ambas as indústrias, a composição da força de trabalho mudou dramaticamente desde o início da década de 2010. Logo que a Amazon chegou em Piacenza, a maioria dos trabalhadores era composta de pessoas como eu, italianas, brancas, nascidas e criadas na região. Mas o armazém de hoje emprega uma equipe altamente diversa. A Amazon não fez mais do que exaurir a população local, retirada da infinidade de pequenas cidades nos arredores de Piacenza e de Pavia e Lodi, províncias próximas. Conforme me disse Peppino, que morava em uma dessas cidades pequenas, "todo mundo por aqui já trabalhou na Amazon ou em um de seus armazéns. Todo mundo". Ainda assim, os *fulfillments* exigem corpos, um contínuo fluxo de corpos frescos. Durante os picos de produção, a empresa não pode contar com a força de trabalho local para manter os turnos que exigem até três mil trabalhadores, quase duas vezes mais do que o número de associados que trabalham no armazém em tempo integral o ano inteiro. Todos os anos, centenas de milhares de trabalhadores temporários são contratados em todo o mundo. A fim de atender à necessidade de flexibilização, a empresa alistou mais trabalhadores em seu exército de reserva ao procurar para além de Piacenza e incorporar a mão de obra migrante. Durante os picos sazonais, "ônibus da Amazon" sem identificação e gerenciados por agências temporárias levam dezenas de trabalhadores precarizados de cidades vizinhas, como Alessandria ou Parma, e de bairros suburbanos de classe trabalhadora em Milão (uma hora de distância do MXP5) para trabalhar nos turnos de pico.

No início, o capitalismo industrial e a manufatura dependiam do trabalho de massas de trabalhadores da linha de montagem. Ambos lidavam com máquinas e se envolviam em trabalho manual, assumindo processos que não podiam ser mecanizados. Nos EUA, fábricas na Costa Leste e no Centro-Oeste reabasteciam a força de trabalho com a constante abundância de migrantes vindos do Leste e do Sul europeus, e com a chegada dos negros libertos do Sul do país. Na Itália, fábricas no Norte se beneficiavam da migração interna de camponeses, por exemplo, de regiões sulistas, nas décadas de 1950 e 1960.

A composição da força de trabalho hoje é diferente, mas algumas dinâmicas são semelhantes às dos velhos tempos do capitalismo industrial. Por exemplo, a expansão rápida da Amazon significa que é necessário contratar massas de novos trabalhadores todos os anos. A tendência é, portanto, que funcionários e funcionárias sejam jovens. Dados do departamento de censo dos Estados Unidos sugerem que quase metade das pessoas empregadas nos armazéns estadunidenses tem menos de 35 anos. Essas pessoas mais jovens, trabalhadoras novas, em geral são de minorias racializadas. Dados da empresa mostram que, no fim de 2020, pessoas negras e latinas compunham uma maioria desproporcional da força de trabalho na Amazon, representando 26% e 22%, respectivamente, do total. Constituindo aproximadamente um terço do total, pessoas brancas são pouco representadas em toda a força de trabalho, mas o cenário é invertido quando se fala em gerenciamento. Segundo a Amazon, essas pessoas ocupam 56% dos cargos. Além disso, é mais comum que o poder esteja nas mãos de homens, que representam 70% dos gerentes da empresa no mundo inteiro.[38] Esses números condizem com a distribuição desigual de poder e dinheiro no capitalismo racial e patriarcal contemporâneo do qual a Amazon é baluarte.

A natureza racial do trabalho na Amazon também está visível em Piacenza. Basta passar pela filial da Adecco na região para ver jovens trabalhadores racializados na calçada, à espera de sua vez para se inscrever e concorrer a uma vaga de emprego no MXP5. Várias dessas pessoas estão migrando pela segunda ou terceira vez, mudando de outras partes do país para Piacenza por causa da

Amazon. Mais de uma vez, amigos do Sul ou do Centro da Itália, sabendo que eu estava escrevendo este livro, pediram-me ajuda para encontrar moradia para novos trabalhadores do MXP5 que estavam de mudança para a região. Por exemplo, alguém de Apulia, no Sul da Itália, me enviou mensagem de texto pedindo ajuda para encontrar casa "para um amigo do Senegal que está prestes a ser contratado pela Amazon em Castel San Giovanni. [...] Ele não conseguiu encontrar um emprego em Bari [...], passou alguns meses no Vêneto trabalhando em uma fazenda e agora conseguiu emprego na Amazon!". FCs da Amazon têm tanto poder de atração que se tornou comum ouvir histórias de trabalhadores que moram em um *trailer* no estacionamento do armazém durante os picos sazonais e são demitidos em janeiro, quando termina a temporada.[39]

Esse impulso demográfico tem consequências para a política local. Trabalhadoras migrantes do Magreb e mulheres jovens formam a espinha dorsal do SI Cobas, o sindicato militante que organiza a maioria dos armazéns do setor logístico local, com a notável exceção do MXP5. Mas, embora possa ser frutífera para alguns sindicatos, porque traz novos membros prontos para a luta, essa composição demográfica não é necessariamente um bom presságio para os habitantes brancos italianos. Castel San Giovanni tem uma das maiores populações migrantes da região e um dos eleitorados mais de direita. Aqui, nas eleições europeias de 2019, o Liga Norte, partido político de extrema direita xenofóbico, cuja retórica racista e anti-imigrante tem grande influência na classe média branca e precarizada de trabalhadores, teve mais de 50% dos votos. A cidade era significativamente mais progressista na época em que o Partido Comunista Italiano ainda era bastante presente na região de Emilia-Romagna, onde Piacenza está localizada. Antes da queda do Muro de Berlim, uma das músicas da lendária banda *punk/new wave* dos anos 1980 CCCP chamava Emilia de "província de dois impérios", porque o estilo de vida lá era influenciado pelos Estados Unidos, e a política e a economia eram conectadas à União Soviética. Agora, a Amazon é uma conexão entre a economia local e os EUA e ameaça dar o último golpe nos remanescentes da era passada, como os *megashoppings* Ipercoop associados a uma liga diferente, a Liga das Cooperativas.[40]

Afinal de contas, muitas coisas mudaram desde a queda do Muro. O superprecário contrato MOG, usado pelas empresas de RH do MXP5, foi introduzido em conjunto com um pacote de reformas que facilitou a demissão até mesmo de funcionários em tempo integral. Conhecida como Lei Jobs, a reforma foi patrocinada pelo governo antitrabalhista do primeiro-ministro Matteo Renzi, na época secretário do Partido Democrático de centro-esquerda, e pelo ministro do Trabalho Giuliano Poletti, ex-presidente da Liga das Cooperativas. Poderia ter sido pior: na Espanha e no Reino Unido, trabalhadores relataram ter sido admitidos com um contrato de zero hora, que demandava disponibilidade sem qualquer garantia de que teriam a oportunidade de trabalhar e receber um salário. A Amazon explora e força os limites das leis trabalhistas locais para alimentar seu sistema global de trabalho precário.

O ARMAZÉM É A NOVA FÁBRICA

A maioria dos trabalhadores que entram pelos portões do gigantesco *fulfillment center* todos os dias nunca trabalhou em uma fábrica. Ainda assim, vários comparam o MXP5 a trabalho análogo à escravidão e descrevem o trabalho como linha de montagem. A comparação com fábricas é o que me ocorreu primeiro também, quando me aventurei pelo estacionamento do MXP5 pela primeira vez. O fluxo de dezenas de pessoas jovens trabalhadoras entrando e saindo pelos portões do armazém entre turnos me remeteu imediatamente a uma massa de trabalhadores entrando em uma fábrica. Isso é simplesmente uma impressão pessoal, se bem que compartilhada por bastante gente. Mas isso está relacionado também a uma realidade maior: o armazém da Amazon de fato incorpora e renova algumas das dinâmicas do capitalismo industrial de outrora. Nesse sentido, a empresa dá seguimento e amplia um processo que foi iniciado com a revolução industrial. Mas, ainda que o armazém possa ser comparado a uma fábrica, ele é digital, fruto produzido pelo enxerto da lógica contemporânea no tronco do capitalismo industrial. Nessa tensão entre velho e novo, a Amazon acrescenta uma tecnologia futurística ao seu arsenal de ferramentas de organização do trabalho e ao mesmo tempo reproduz modos antigos de controlar a força de trabalho. Em certo sentido, é a versão digital do tumultuoso apogeu do capitalismo industrial inicial.

Para Moritz Altenried, sociólogo alemão, estamos testemunhando o surgimento de uma fábrica digital na qual novas formas de automação são responsáveis por inserir o trabalho humano em processos de produção baseados em máquinas e, obviamente, por extrair valor disso.[41] Na Amazon, a linha de montagem foi substituída pela organização algorítmica do processo de trabalho, mas ambas são utilizadas para padronizar tarefas, otimizar processos e reduzir o tempo necessário para treinar novos trabalhadores. Robôs e *software* intensificam o trabalho e o tornam mais perigoso, em vez de facilitá-lo. Como em uma fábrica, trabalhadores precisam estar convictos e motivados, e, para esse fim, a Amazon conta com um ambiente de trabalho despótico e paternalista. Amplia-se o gerenciamento por meio da vigilância digital, para monitorar as atividades e controlar o desempenho de trabalhadores e trabalhadoras, e das técnicas organizacionais elaboradas com base no mito do progresso oferecido pela corporação *high-tech*. Os mecanismos foram substituídos por algoritmos, mas quem trabalha ali ainda precisa se sincronizar com os ritmos do trabalho ditado pela máquina. Assim como foi no início do capitalismo industrial, a Amazon conta com uma força de trabalho altamente precarizada, que ela pode contratar e descartar a seu bel-prazer e, às vezes, transporta de ônibus. Entretanto, a empresa planeja a obsolescência com mais cuidado, uma vez que incentiva (ou força) quem trabalha a se demitir do armazém em ciclos cada vez mais rápidos. Em seus projetos para um armazém do futuro, a Amazon aspira a um ambiente de trabalho no qual essas tendências sejam incrementadas e o trabalho humano seja ainda mais subordinado a máquinas.

Em uma Itália muito diferente daquela onde a Amazon opera hoje – a Itália em expansão econômica do início dos anos 1960 –, teóricos italianos do operaísmo, tais como Romano Alquati, Mario Tronti e Raniero Panzieri, dispuseram-se a compreender as transformações do trabalho e as relações em evolução entre trabalhadores, capital e tecnologia.[42] Meu próprio trabalho depende dessa história. Quando comecei a pesquisar as relações trabalhistas em distritos logísticos próximos a Piacenza, notei várias semelhanças com o que esse pequeno grupo de intelectuais identificou em fábricas. Por exemplo, eles pensavam que o papel central da classe trabalhadora industrial na evolução do capitalismo estivesse sendo ignorado, por isso seu potencial revolucionário também. No centro de sua análise estava a luta do capital por controle. Pensavam que o capital deveria controlar a inquietação natural de trabalhadores e mitigar a recusa dessas pessoas a cooperar com os objetivos corporativos. Por esse motivo, o capital tinha um "plano", e a tecnologia era seu principal componente, ainda que os operaístas enxergassem trabalho, não capital, como o verdadeiro mecanismo de mudança. É uma tensão antiga que vem à tona de uma forma nova. Trabalhadores de armazém demandam mudanças políticas: redução da flexibilidade e dos ritmos de trabalho; um ambiente de trabalho justo, saudável e seguro; e uma redistribuição dos lucros imensos acumulados pela Amazon, entre outras coisas. A corporação oferece soluções tecnológicas, desde aplicativos voltados para o bem-estar até câmeras que controlam o distanciamento social por meio de inteligência artificial e técnicas de impedimento das atividades de sindicatos, para evitar a organização de trabalhadores.

A retórica sobre o potencial da tecnologia para estabelecer uma mudança radical, ou o mito do potencial disruptivo do capitalismo digital, não consegue reconhecer que mudanças em ambientes de trabalho são processos políticos. Nada disso seria possível sem as décadas de precarização, diminuição do poder das pessoas trabalhadoras, expansão dos processos de globalização e ascensão do mercado financeiro, que antes de tudo tornou possível o capitalismo digital. A teórica Ruha Benjamin diz que tecnologia é apenas um dos fatores que contribuem para a habilidade do capital para "inovar a desigualdade".[43] O desenvolvimento e a aplicação de tecnologia nova são parte de um projeto mais amplo, pelo menos em relações capitalistas de produção nas quais essa tecnologia é projetada e usada pelo próprio capital. O poder tecnológico da Amazon seria nada sem sua potência econômica e política – e sem sua implacável determinação para acumular capital. E está também em rota de colisão com trabalhadores e suas comunidades: quanto tempo levará para o império da Amazon ruir?

Talvez o MXP5 seja apenas uma pequena engrenagem na máquina de fazer dinheiro transnacional da empresa; ainda assim, como outros *fulfillment centers*, pode ser usado como uma lente para compreender a empresa e seu papel na evolução do capitalismo contemporâneo. A construção desse conhecimento só é possível em consonância com trabalhadores que, sozinhos, vivenciam a organização trabalhista na Amazon e imaginam formas de resistência a ela. Trabalham em um único armazém, mas estão conectados ao restante da força de trabalho da Amazon por meio de organizações trabalhistas nacionais e internacionais. Vivenciam processos padronizados e técnicas gerenciais importados dos Estados Unidos, já que a Amazon os replica em todos os lugares de sua rede global de armazéns. Encontram outros associados de todo o mundo em espaços *on-line*, nos quais é possível superar a distância criada pela natureza transnacional da empresa e pelo controle gerencial dentro de cada armazém. Assim como a fábrica, o armazém não está isolado da sociedade. É bem o oposto: sua lógica se amplia até outras esferas da vida, outros empregos e outras indústrias. Mas, a fim de compreender o impacto gerado pela Amazon no trabalho e imaginar uma alternativa a seu plano, primeiro precisamos entrar nela, nessa nova fábrica do capitalismo digital, passar por seus portões e conhecer quem trabalha no armazém.

Notas

[1] Warde, 2015, pp. 117-134. Veja também Graeber, 2011, pp. 489-502.
[2] Marx, 2011, p. 157.
[3] Ciccarelli, 2018, pp. 10-12.
[4] Citado em Stone, 2013, p. 286.
[5] Para uma análise da Amazon como nova forma de capitalismo, veja Alimahomed-Wilson & Reese, 2020.
[6] Bergvall-Kåreborn & Howcroft, 2014, pp. 213-223.
[7] Veja Cowen, 2014; e Orenstein, 2019.
[8] Amnesty International, 2020.
[9] Bezos, 1998.
[10] Charam & Yang, 2019. Veja também Galloway, 2017; Dumaine, 2020.
[11] Stone, 2013, pp. 176-177.
[12] Kantor & Streitfield, 2015.
[13] Klein, 2007.
[14] Goodwin, 2020.
[15] Ligman, 2018.
[16] Alighieri, 1982, Canto I, pp. 98-99. Esta citação foi retirada da tradução para o inglês feita por Allen Mandelbaum.
[17] Braudel, 1995, p. 379.
[18] Arrighi, 1994.
[19] Massimo, 2020.
[20] Heel, 2018.
[21] Apicella, 2020, pp. 1-14.
[22] Rossiter, 2017, p. 5.
[23] Um API, ou interface de programação de aplicativo, é um software de interface que conecta computadores ou programas em computadores. A citação foi retirada de Bezos, 2007.
[24] Jarrett, 2003, pp. 335-351.
[25] Crawford & Joler, 2018.
[26] Huws, 2014.
[27] ChainCrew, 2002. Sobre o "não lugar", veja Augé, 1992.

[28] Biagioli, 2014. Sobre a garagem como lugar de inovação, veja também Erlanger & Ortega Govela, 2018. Sobre sua natureza genderizada, veja Jen, 2015, pp. 125-141.
[29] Isso foi descrito como "ideologia californiana" pelos críticos culturais britânicos Barbrook & Cameron, 1996, pp. 44-72.
[30] Para uma análise de cartas escritas pelos fundadores das empresas Google, Groupon e Facebook, veja Dror, 2015, pp. 540-555. Ou, referente a Twitter e Yelp, veja Nam, 2020, pp. 420-436.
[31] Nakamura, 2014, pp. 919-941.
[32] Citado em Steinberg, 2012; e em Skebba, 2019.
[33] Jones & Zipperer, 2018.
[34] Anônimo, 2018a.
[35] Huws, 2014, p. 39.
[36] Apicella, 2020, pp. 1-14.
[37] Adecco, 2021.
[38] Veja Amazon, 2020.
[39] Por exemplo, no Vêneto. Veja Ferro, 2021.
[40] A Liga das Cooperativas, ou Legacoop, é uma organização nacional fundada no fim do século XIX. Ela reúne milhares de cooperativas, desde organizações pequenas lideradas por trabalhadores a uma grande rede de supermercados. É poderosa, sobretudo, na Emilia-Romagna. Historicamente ligada à esquerda comunista, é a federação "vermelha", em oposição à "branca", ou católica, Confcooperative.
[41] Altenried, 2020, pp. 145-158.
[42] Os primeiros operaístas formavam um grupo livre de italianos ativistas políticos e intelectuais pré-1968. Fundamentavam-se em publicações militantes, tais como *Quaderni rossi* e *Classe operaia*. Vários haviam deixado o Partido Comunista Italiano para estudar as formas novas do capitalismo industrial que surgiam nas áreas mais avançadas no Norte da Itália e as lutas de resistência dos trabalhadores. Sobre essa história, veja Wright, 2017.
[43] Benjamin, 2016, pp. 2.227-2.234.

2
Trabalhe duro

Trabalhe duro. Divirta-se. Faça história. Esse *slogan* adorna o interior de cada um dos *fulfillment centers* da Amazon. É a primeira coisa que você encontra quando passa pela porta principal que dá acesso ao MXP5: o *slogan* pintado na entrada, logo antes dos portões de segurança e dos escâneres corporais pelos quais todos os trabalhadores necessariamente transitam para entrar ou sair do armazém. E está em várias outras paredes do lado de dentro também. Para a primeira parte do *slogan*, "trabalhe duro", a maioria das pessoas certamente está preparada. Não é surpresa para ninguém que o trabalho na Amazon seja difícil, rápido e exigente. Tudo no armazém está a serviço da velocidade e da eficiência que a empresa promete aos consumidores, desde os algoritmos utilizados para registrar o inventário até o trabalho no turno da noite e as horas extras exigidas de trabalhadores e trabalhadoras. De fato, demanda muito trabalho duro estocar, resgatar, empacotar e enviar as centenas de milhares de itens que entram e saem do armazém todos os dias. Para quem o visita pela primeira vez, o tamanho de suas instalações em si já é surpreendente. Associados do MXP5 algumas vezes se referem ao local de trabalho como "a espaçonave", dada a semelhança com uma sala de máquinas de uma nave de ficção científica: um espaço gigante, sem janelas, iluminado por luzes de néon e com quilômetros de esteiras que o atravessam por todos os lados, levando itens e caixas de uma área a outra. O ambiente limpo e sanitizado é demarcado por linhas amarelas e azuis pintadas no chão, orientando os movimentos das pessoas. Escadas amarelas de metal sobem até o coração do armazém, uma área central com vários andares que a Amazon chama de "torre de coleta".

Até onde é visível, percebe-se que os andares empilhados na torre de coleta são cobertos por filas de milhares de prateleiras, cada uma dividida em compartimentos coloridos e gradeados, cheios dos produtos vendidos no *site* da Amazon. Foi lá que encontrei pela primeira vez um imenso acúmulo de mercadorias estocadas: livros, caixas de areia para gato, brinquedos, suprimentos para escritório – realmente, todo tipo de item que você pode esperar encontrar em um *shopping center* grande – estão apinhados dentro daquelas células. Assim como um contêiner de transporte é o objeto-padrão usado por cadeias logísticas globais para mover mercadorias pelo mundo, uma caixa de cor amarelo-brilhante é o objeto-padrão que a Amazon utiliza para mover mercadorias para dentro e para fora da torre de coleta. Centenas delas se movimentam em todas as direções, a qualquer momento, em carrinhos empurrados por trabalhadores e nas esteiras automatizadas que carregam coisas até os departamentos de embalagem e expedição. O ruído branco produzido pelas esteiras funciona como trilha sonora para essa cena, propagando-se em camadas, sob a música que explode de alto-falantes enormes em algumas áreas do armazém. Mas, na torre de coleta, assim como em uma biblioteca, o som predominante é o silêncio dos corredores escuros, pontuado pelos passos rápidos de trabalhadores a caminho da prateleira que contém o produto que foram designados a resgatar.

Assim como nas outras áreas do armazém, o trabalho realizado na torre de coleta é ditado pela tecnologia. Obviamente, a mera existência de *e-commerce* baseia-se em tecnologia digital: *sites*, computadores e telefones, sem os quais nenhum pedido poderia ser *on-line*. A tecnologia é utilizada também para sustentar a eficiência das operações em uma empresa: a cadeia de eventos que leva um pacote até a sua porta no dia seguinte ao pedido é possível graças a um sistema complexo de algoritmos que sabe onde uma mercadoria está armazenada e pode designar um trabalhador para resgatá-la, tudo isso enquanto orienta outros para embalar, enviar e entregar. A Amazon se refere a esse sistema como Sensei Mecânico. Há locais de trabalho mais avançados tecnologicamente por aí. Na verdade, o MXP5 nem é o ambiente de trabalho mais tecnológico em Piacenza: junto com Zalando, Ikea e outros armazéns do tipo dos da Amazon que compõem seu *hub* logístico, a província abriga uma indústria mecatrônica pequena, mas sofisticada. Mas, na Amazon, a tecnologia tem um papel especial. Como não teria, se ela se apresenta como uma empresa tecnológica? Sua tecnologia é o assunto de infindáveis autoelogios da empresa, de um bando de reportagens de jornal e do envolvimento entusiasmado dos consumidores. E, com frequência, imagina-se que seja um local de trabalho que em breve estará totalmente automatizado por robôs.

Essa fixação em tecnologia amiúde joga as pessoas trabalhadoras para segundo plano. Mas, por outro lado, elas sabem muito bem que o armazém precisa do trabalho vivo delas, e que elas são o verdadeiro motor por trás da Amazon. Como um gerente me disse, "a tecnologia codifica, compreende e gerencia, mas a verdadeira máquina é o humano – tudo é feito manualmente". As duas forças não podem ser separadas. A fim de manter a promessa de entrega cada vez mais rápida, a Amazon necessita usar a tecnologia para aumentar a produtividade dos trabalhadores, ou seja, acelerar o trabalho; transformar mercadorias em informações de forma a permitir que sejam gerenciadas por meio de sistemas de *software*; padronizar tarefas para que qualquer funcionário ou funcionária seja capaz de executá-las; facilitar a rotatividade de trabalhadores, em caso de diminuição de trabalho; e controlar com rigor as pessoas trabalhando, para reduzir-lhes a autonomia e dar mais poder à gerência. Em suma, a tecnologia possibilita executar e entregar – não apenas por facilitar a logística, mas também por permitir que a Amazon controle seus trabalhadores.

Ao usar informação para otimizar o trabalho, a empresa dá continuidade a uma tendência de longa data do capitalismo moderno. Nos anos 1880, Frederick Winslow Taylor, engenheiro estadunidense, utilizou uma abordagem científica na gestão de trabalhadores e máquinas no chão de fábrica. Sua "gestão científica" foi baseada na ideia de analisar cuidadosamente o processo das atividades laborais a fim de encontrar formas de diminuir o tempo gasto em tarefas. Na prática, isso significava haver supervisores andando pela fábrica, armados de cronômetro e caderno de anotações, registrando as atividades de trabalhadores para elaborar protocolos novos. Trabalhadores eram naturalmente preguiçosos, Taylor pensava – ideia compartilhada também por Jeff Bezos.[1] Sendo assim, a gestão poderia se beneficiar de sua "análise de tempo e movimento" para descobrir coisas como o movimento mais eficiente para executar uma tarefa específica – por exemplo, apertar uma porca – e, dessa maneira, acelerar o trabalho. O taylorismo, como ficou conhecido, logo cresceu para se tornar uma ferramenta comum de gerenciamento, influenciando fábricas no mundo inteiro. Uma excelente maneira de fazer pessoas trabalharem mais rápido e com mais afinco.

E o modelo ainda está presente, já que várias corporações utilizam tecnologia digital para renovar as técnicas de Taylor. Em sua pesquisa sobre o MXP5, Francesco Massimo, sociólogo, fala sobre "o fantasma do taylorismo" assombrando o armazém.[2] Na fábrica digital da Amazon, os cronômetros e cadernos de anotações de supervisores foram substituídos pela análise digital de dados gerados pela mão de obra humana. Essa análise é, então, aplicada até os últimos estágios a fim de otimizar e controlar a atividade laboral. O instrumento principal das análises e do controle é o leitor de código de barras, ao qual as pessoas que ali trabalham comumente se referem como "pistola". A maioria é escâner manual *wireless* – a mesma tecnologia utilizada em caixas de supermercados para escanear preços –, mas esses aparelhos também podem ser encontrados em munhequeiras usadas por trabalhadores ou presas a computadores em estações de trabalho. No início do turno, quem trabalha em um armazém pega um escâner em uma das estações de carregamento – paredes repletas de dezenas de escâneres colocados ali para recarregar. A primeira tarefa ao assumir um turno é escanear – ou *shoot* [atirar] – o código de barras do próprio crachá, para fazer *login* no sistema. Por meio do código de barras, trabalhadores são também transformados em informação, assim como os objetos com os quais trabalham. Esse fato não morre ali com eles. Uma veterana do MXP5 (os *fulfillment centers* também são codificados) chamada Maria chamou minha atenção para esse fato enquanto tomávamos café em Castel San Giovanni: "Somos um número; o que importa é nosso crachá, nosso código", ela me disse. "Você viu: tudo na Amazon se resume a um código de barras, e isso é o que nós somos também, e isso é triste." De fato, eu vi. A Amazon organiza visitas guiadas aos *fulfillment centers*, e todas as vezes que entrei em um deles, seja no MXP5 em Piacenza seja em algum outro que visitei em outro lugar da Itália e do Canadá, o funcionário encarregado de mostrar o espaço à pequena multidão descrevia o leitor de código de barras como o instrumento principal por meio do qual a Amazon se conecta com consumidores, mercadorias e trabalhadores.

Ao pegarem o escâner ou ao fazerem *login* na estação de trabalho designada, associados do FC são capturados em um modo de trabalho possibilitado pela infraestrutura tecnológica da Amazon. Esse leitor de código de barras passa a ser mediador entre essas pessoas e a gerência: o *software* que o opera quebra processos complexos em tarefas individuais que podem ser atribuídas a qualquer pessoa trabalhando na torre de coleta, comunica pedidos, além de monitorar e otimizar as atividades de trabalhadores, organizando as tarefas. A maioria das decisões é tomada pelos sistemas de *software* que destrincham dados sobre inventário e trabalhadores, e não por gerentes humanos no chão de fábrica. A automação faz parte do cenário de várias outras formas, pois há muito trabalho robótico sustentando as operações da Amazon. Observe, por exemplo, a assistente virtual Alexa e como os engenheiros construíram uma espécie precisa de *mulheridade* nela, para servir melhor aos donos: subserviente e sempre disponível para transformar pedidos em mercadorias entregues do armazém na casa de cada um.[3] Mas, ainda que a tecnologia seja importante, o árduo trabalho físico e repetitivo no armazém conta com uma massa de pessoas trabalhando. Sem elas, a Amazon rapidamente pararia – assim como no capitalismo industrial, a tecnologia utilizada no capitalismo digital não significa nada sem a mobilização de trabalho humano em grandes proporções. De várias formas, "a automação é muito limitada", como disse Maria. "A verdadeira automação, o verdadeiro adicional são os algoritmos, que organizam os pedidos de clientes, agrupam os itens conforme o que e quando foram pedidos e se estão disponíveis ou se precisam vir de outro FC, essa é a inteligência do sistema." Mas, ela destacou, esse tipo de automação conta com trabalhadores humanos: "Sabe qual é o recurso principal dentro do FC? Nós, labuta, nossos braços".

Siga a mercadoria

Ao passar pelo *fulfillment center*, cada uma das mercadorias vendidas pela Amazon passa por quatro processos principais: receber, armazenar, coletar e embalar. Todos envolvem trabalho tanto das máquinas quanto dos seres humanos. Consideremos a trajetória de uma caneca cor-de-rosa. Os dois processos pelos quais passará no armazém são parte do trabalho de *logística inbound*. Na estação de trabalho designada para receber, trabalhadores tiram caixas de mercadorias de paletes de entrada. Ao abrirem essas caixas, encontram nossa caneca junto com várias outras como ela, cada uma identificada por um código de barras específico. Ao escanearem esse código, registram a chegada da caneca no armazém. Em seguida, os produtos são colocados em uma esteira rolante, onde viajam até a área designada para armazenar. Trabalhadores nessa área agrupam as mercadorias em recipientes amarelos, que são colocados em carrinhos, prontos para a torre de coleta. Nesse ponto, trabalhadores apelidados de "estoquistas" pegam um carrinho, escaneiam os recipientes a fim de registrar que estão responsáveis por armazenar seu conteúdo nas prateleiras e caminham até a área que lhes foi designada na torre de coleta. Enquanto colocam as canecas nas prateleiras, utilizam o leitor de código de barras para escanear tanto o código da caneca quanto o da célula onde a colocaram. O sistema de inventário agora sabe a posição de cada exemplar da caneca na torre de coleta.

A partir desse momento, outros trabalhadores se envolvem em dois tipos de trabalho de *logística outbound*: "coletar" e "embalar". Digamos que você tenha encomendado a caneca cor-de-rosa na Amazon.it para ser entregue em Bolonha. O sistema de *software* faz uma pesquisa no inventário para saber qual *fulfillment center* dos que atendem à cidade possui um exemplar dessa caneca. É muito provável que seja o MXP5. O sistema, então, atribui a tarefa de coletá-la a trabalhadores apelidados de "coletores", fazendo com que o aparelho deles informe a localização do item. Eles, então, entram nas áreas de armazenamento, coletam os itens que lhes foram atribuídos pelo sistema de inventário e os levam até as estações de separação. A um coletor talvez sejam designadas diferentes mercadorias que serão enviadas a diferentes clientes. Além disso, se um pedido contiver vários itens (talvez junto com a caneca você tenha pedido um *pendrive* e algum tipo de delineador), eles serão coletados por diferentes pessoas. Quando os itens são deixados na estação para separação, outros trabalhadores os separam, escaneando-os e colocando-os em recipientes que correspondem a pedidos individuais. Esses recipientes são, então, colocados sobre a esteira e levados às estações de embalagem. Lá, o sistema diz a um trabalhador chamado "empacotador" o tamanho apropriado da caixa de papelão ou do envelope que deve utilizar para embrulhar o pedido. Em segundos, o empacotador transfere os itens do recipiente para a embalagem preparada, que então é selada e colocada sobre a esteira rolante, onde será escaneada pela máquina que, automaticamente, gera, imprime e cola na caixa uma etiqueta adesiva contendo o endereço do consumidor e um outro código de barras. Toda essa informação é legível apenas para a máquina – nenhum trabalhador vê quem encomendou aquilo. Ao se mover mais na esteira, o pacote passa debaixo de outro escâner que lê o código de barras do pedido e o envia automaticamente para um recipiente designado, onde será resgatado por uma transportadora específica, determinada por área de entrega geográfica ou prioridade de envio. Trabalhadores colocam os pedidos em paletes, em seguida em caminhões que esperam nas docas para então levar os pacotes a centros de distribuição: armazéns menores na cidade ou no bairro de destino, ou próximos à localização. De lá, seu pacote será designado a um motorista e, finalmente, entregue em sua casa.

Outras coisas acontecem no armazém além desses processos centrais. Por exemplo, trabalhadores da "logística reversa" lidam com pedidos que foram devolvidos por clientes (você, no fim das contas, decidiu que não precisa da caneca cor-de-rosa). Esses trabalhadores examinam e enviam essas mercadorias de volta para a torre de coleta ou as redirecionam para outros *fulfillment centers*. Em "controle de qualidade", trabalhadores verificam processos que foram executados por outros, assegurando que itens foram colocados corretamente nas prateleiras, por exemplo. Trabalhadores nas docas carregam e descarregam caminhões que todos os dias trazem itens para o armazém ou recolhem pedidos.

O que há de comum a todos esses processos é o uso da automação associada ao trabalho humano. Os algoritmos da Amazon tomam decisões que ativam os trabalhadores, movendo a caneca por todo o trajeto de um caminhão até a torre e finalmente até sua casa. De qual FC a caneca deve ser retirada? Os algoritmos decidem. Qual trabalhador deve ser responsável por coletar, reempacotar ou empacotar? Novamente, a decisão é do *software*. Essa automação de funções tradicionalmente atribuídas a gerentes humanos certamente não é característica singular da Amazon. Indústrias que vão de mídia social a aplicativos de carona baseiam-se em formas de tomada de decisão algorítmica. Seja um gerente de mídia social em uma redação de jornal trabalhando para aumentar o engajamento por meio de um artigo postado no *website* do periódico ou um motorista de Uber direcionado pelo aplicativo a um solicitante com ótima localização, processos algorítmicos baseados em dados controlam e moldam as atividades de trabalhadores.[4] A diferença é que, no armazém, é a tela do leitor de código de barras que faz a mediação entre essas decisões automatizadas e o trabalhador, em vez de um aplicativo de telefone ou uma janela no navegador.

O uso de sistemas de *software* para organizar trabalhos não é uma atividade neutra. A tecnologia no local de trabalho reflete e mantém relações de poder que sustentam as relações trabalhistas. Ou seja, o capital projeta e aplica tecnologia tendo em vista seus próprios objetivos: no caso da Amazon, atender a pedidos de forma rápida e ininterrupta e controlar trabalhadores. Aneesh Aneesh, sociólogo, criou o termo "algocracia" para chamar atenção para essas formas de organização assimétricas que os algoritmos permitem à gerência construir e controlar em seu benefício.[5] Por exemplo, o capital tem poder de monopolizar conhecimento sobre esses sistemas tecnológicos. Não é por acaso que o funcionamento interno dos algoritmos corporativos que sustentam os processos no armazém é opaco e, portanto, difícil de ser compreendido. Segredo industrial e acordos de confidencialidade fazem ser impossível acessar o código do *software* da Amazon. Mas essas tecnologias não são totalmente resistentes à interpretação. A automação é um sistema sociotecnológico que afeta pessoas e processos específicos – e é afetado por eles –, podendo, portanto, ser compreendida no contexto de utilização no ambiente de trabalho. Os próprios trabalhadores têm acesso limitado a esses sistemas de *software*. Entretanto, uma vez que vivenciam na pele os efeitos dos algoritmos nos processos de atendimento, o conhecimento desses indivíduos pode ser precioso.[6] Eles não só podem oferecer uma observação bem sustentada como também são capazes de sondar e testar na prática os procedimentos de extração e análise de dados que organizam o trabalho deles, por exemplo, na tentativa de descobrir uma forma de designar pedidos a um determinado "coletor" e como isso afeta a produtividade de alguém.

Portanto, a fim de compreender o uso da tecnologia digital na Amazon, precisamos olhar para os trabalhadores do armazém. Eles vivenciam algo que é inerente a todas as relações capitalistas de produção: a tendência a incorporar o trabalho em maquinário. Em uma era dominada pela máquina a vapor, trabalhadores se incumbiam de uma alimentação física, como, por exemplo, de matéria-prima em máquinas. Essa mesma dinâmica básica ainda ocorre hoje. Mas nem tudo se resume aos músculos dessas pessoas. Obviamente, os trabalhadores contribuem com trabalho físico na Amazon, por exemplo, ao mover as mercadorias pelo armazém, fechar caixas de pedidos ou descarregar caminhões. Eles também geram informação que sistemas de *software* capturam por meio de um leitor de código de barras e utilizam para gerenciar o inventário na torre. Sistemas de *software* transformam essas atividades humanas em dados, reenviando a informação para sistemas mecanizados complexos dominados por tecnologia algorítmica e robótica. Isso não é totalmente novo. Já no início dos anos 1960, Romano Alquati, sociólogo teórico do trabalho, disse que trabalhadores são produtores não apenas de mercadorias, mas também de informação – portanto, de valor – que o capital precisa expropriar e controlar.[7] Mas o ciclo de *feedback* que sistemas algorítmicos automatizados possibilitam é sem precedentes. A novidade em um armazém intensivamente digital como o da Amazon é que a informação gerada por trabalhadores é mastigada algoritmicamente para possibilitar e melhorar os processos mecânicos que sustentam o atendimento e controlam as atividades dos trabalhadores.[8] Armazenar e coletar são os dois processos que exemplificam melhor essa dinâmica. Quando trabalhadores armazenam mercadorias nas prateleiras, o resultado de uma atividade complexa que depende das escolhas individuais e da destreza de cada um transforma-se em dados digitais e é incorporado no maquinário. Uma vez digitalizada e capturada por seus sistemas de *software*, essa informação é utilizada pela Amazon para estritamente direcionar o trabalho de coletores, assegurando que trabalharão de forma eficiente e controlada nos processos de distribuição, enquanto são guiados por sistemas de *software* automatizados.

Do caos à ordem

Encontrei-me com Mark em um dia ensolarado de primavera, na varanda de um bar que vários jovens associados sazonais de Piacenza frequentam. Trabalhador temporário do MXP5, Mark já era estoquista havia alguns meses e vivia na pele a organização do inventário no armazém. Ele passava os dias andando pela torre, esvaziando com rapidez um carrinho depois do outro, colocando as mercadorias nas prateleiras. Era uma atividade monótona, ele me disse, mas não se importava muito. Não precisava se concentrar para executar a tarefa, mas também não retinha muita informação dela: "Como estoquista, não é possível controlar e ver onde você colocou determinado objeto", ele disse. "Você teria que realmente prestar atenção para se lembrar. Há tanta coisa diferente no armazém, e você precisa simplesmente descarregar os carrinhos." De fato, enquanto armazenam as coisas, os trabalhadores não têm uma visão geral de onde elas estão. Esse conhecimento é mantido nos sistemas de *software* que controlam o trabalho no armazém. A Amazon confia em um sistema de computador capaz de capturar as atividades de trabalhadores e inventariar cuidadosamente a localização de itens para posterior resgate conforme designado. Talvez um estoquista saiba, por um tempo, onde estão os itens que guardou. Mas esse conhecimento nunca permanece atualizado a longo prazo. O inventário na torre de coleta é baseado na chamada lógica da "desordem organizacional" ou do "armazenamento caótico". Em vez de armazenar itens por categoria em prateleiras específicas – capas de telefone aqui, rolo de papel higiênico ali –, a Amazon os armazena em localizações aparentemente aleatórias, e qualquer célula talvez contenha qualquer combinação de itens diferentes. Enquanto trabalhadores guardam mercadorias desse modo caótico, o trabalho dessas pessoas é imediatamente capturado por seu escâner, transformado em dado e utilizado para compreender o inventário quando algo precisa ser coletado. Somente o *software* pode reorganizar o caos. Para quem trabalha ali, seria impossível encontrar algo na torre de coleta sem a ajuda do leitor de código de barras e do *software* que opera nele.

Na prática, o armazenamento caótico funciona assim: recipientes contendo itens que recentemente chegaram são atribuídos a dezenas de trabalhadores. Em seguida, eles são enviados a uma seção específica da torre de coleta e guardam os itens conforme chegam e em qualquer lugar onde couberem. Além disso, o que é crucial, eles registram a localização do armazenamento com o leitor de código de barras. Dessa forma, o armazenamento de mercadorias fica a critério, pelo menos parcialmente, dos trabalhadores. Alguns tipos de produtos, como eletrônicos caros, têm prateleiras específicas ou áreas da torre de coleta nas quais ficam concentrados. Mas, na maioria dos casos, é aleatório. Por exemplo, não há área designada para um trabalhador armazenar brinquedos. Esses objetos são distribuídos por toda a torre. Estoquistas precisam seguir apenas dois princípios básicos enquanto fazem isso. Primeiro, não devem armazenar todos os exemplares de um determinado item em uma só área, mas, sim, distribuir duplicatas por toda a torre, em diferentes células. Essa prática aumenta a probabilidade de um exemplar de determinada mercadoria estar próximo de um coletor, reduzindo, assim, o tempo gasto andando. A intenção é também evitar gargalos, no caso de um surto de pedidos, reduzindo a probabilidade de que vários coletores procurando simultaneamente o mesmo item se encontrem na mesma célula ou no mesmo corredor. Segundo, podem colocar itens em qualquer célula que tenha espaço suficiente para contê-los, desde que nenhuma mercadoria similar já esteja armazenada ali e nenhuma mercadoria similar esteja presente em uma célula adjacente. Assim, um ursinho de pelúcia não deve ser armazenado em uma célula que contenha outro animal de pelúcia, mas pode ser colocado em uma que contenha uma capa de celular, vários exemplares de um livro didático e uma camiseta. Isso também tem por objetivo acelerar o trabalho futuro do coletor, que será guiado até uma localização que contenha um exemplar do urso de pelúcia, mas nenhum outro item similar, reduzindo, dessa forma, o tempo de decisão e a possibilidade de erros dispendiosos.

Em uma torre de coleta de vários milhares de metros quadrados, contendo centenas de prateleiras que guardam dezenas de milhares de células distribuídas em vários andares diferentes, esse processo de armazenamento gera um inventário que nenhum ser humano individual conseguiria percorrer sem a ajuda do algoritmo do sistema da Amazon. Mas, ainda assim, a agência humana continua sendo um componente crucial do sistema. Embora o armazenamento seja um processo simples de compreender, ele depende muito da destreza e da capacidade analítica dos trabalhadores. O gerente do FC com quem conversei expressou o quanto esse processo, aparentemente simples, pode ser complexo: "Você recebe sacolas misturadas que talvez contenham um exemplar de um item e um de outro. Em uma única sacola, você pode encontrar qualquer coisa, desde um CD até uma bola de futebol ou um livro. E existem células menores e maiores". As habilidades analíticas humanas são incomparáveis em sua capacidade de analisar rapidamente esses itens, principalmente quando o sistema de inventário está errado. Em alguns casos, o gerente me disse, os humanos precisam se adaptar rapidamente aos erros; por exemplo, quando "um item foi catalogado com o registro de um tamanho menor do que o seu real". Além disso, a criatividade humana é essencial para o armazenamento eficiente, facilitando a maximização do espaço de armazenamento disponível em um determinado local. Embora os algoritmos da Amazon possam ajudar os trabalhadores a evitar escolhas erradas, apenas o trabalho humano tem a flexibilidade e a velocidade para armazenar eficientemente – de maneira "caótica" – uma variedade de itens diferentes em forma, peso, volume, cor etc. O que os trabalhadores não têm, ou rapidamente entregam à máquina, é o conhecimento da posição das mercadorias que armazenaram. Essa falta de conhecimento é um dos fatores que os tornam facilmente substituíveis.

Os leitores de código de barras estão no cerne do armazenamento caótico. Como as mercadorias e as prateleiras são identificadas por códigos de barras, um estoquista usa um escâner para capturar tanto o urso de pelúcia quanto a célula em que o armazenou. Uma luz verde confirma que o sistema registrou a posição do item. Depois que esse processo é concluído, o algoritmo do sistema que gerencia o inventário pode enviar um coletor para buscar o urso de pelúcia, quando um pedido é feito. Obviamente, esse sistema pode ser facilmente subvertido. Mark se lembrou de ocasiões em que "estava com pressa, então capturava uma célula e só depois pegava o item e percebia que não caberia lá. Então simplesmente o colocava na célula acima". Quando perguntei a ele se colocar itens em lugares errados poderia ser uma forma de sabotagem, ele negou qualquer significado político nisso, mas sorriu ao acrescentar: "Sou apaixonado por HQs e às vezes encontro, digamos, uma história legal, pego, levo comigo, leio uma página aqui, outra ali, depois coloco de volta na prateleira, onde quer que eu esteja no momento". Mas Mark não registrava a posição nova, onde armazenara a mercadoria de novo: escondido à vista de todo mundo, o livro ficaria perdido para sempre.

A Amazon não inventou o armazenamento caótico. Estratégias baseadas nessa lógica remontam aos anos 1970, quando a logística foi informatizada.[9] Mas a Amazon certamente aperfeiçoou a técnica, que de fato parece especialmente adequada a depósitos nos quais se armazena uma infinidade de diferentes mercadorias e com frequência se atendem a pedidos compostos por apenas alguns itens – ou até mesmo um único item, como é usualmente o caso da Amazon. Armazenar coisas aleatoriamente é eficiente. Isso permite o melhor uso do espaço nas prateleiras, pois qualquer mercadoria pode ser colocada onde couber. Também é útil para atender à programação apertada de entregas a clientes, reduzindo o tempo necessário para recuperar um determinado item – mesmo que isso signifique mais pressões sobre os trabalhadores quanto ao tempo que devem levar desde a coleta até o envio a partir do exato momento em que um pedido chega. De fato, o armazenamento caótico aumenta a probabilidade de sempre haver alguns itens em qualquer área de prateleiras. Por sua vez, isso pode reduzir o "tempo improdutivo de caminhada" (para usar uma definição da literatura de gerenciamento) gasto pelos coletores que estão atendendo a um pedido.

Para o teórico da informação Philip Agre, tais formas de "captura de dados" têm por objetivo melhorar a organização racional da produção industrial e dos serviços por meio do rastreamento de pessoas e objetos.[10] Por exemplo, talvez um supermercado rastreie os padrões de compras de seus clientes por meio de cartões de fidelidade e câmeras na loja visando reorganizar a maneira como apresenta produtos em suas prateleiras. Ao capturar e controlar o movimento de pessoas e coisas no armazém, essa lógica taylorista aplicada ao modelo de fábrica digital tem por finalidade aumentar a eficiência do trabalho.[11] Também tem o efeito de deixar os trabalhadores perdidos diante da complexidade caótica do armazém e, portanto, completamente dependentes do *software* de inventário. Até a literatura técnica admite que o armazenamento caótico "torna impossível a orientação dos coletores sem um sistema de informação".[12] Essa é uma diferença fundamental em relação aos armazéns tradicionais em que alguns trabalhadores do MXP5 trabalhavam antes de ingressar na Amazon. Nos velhos tempos, mesmo um inventário cuidadosamente organizado dependia da memória e da familiaridade de uma força de trabalho estável para obter máxima eficiência. Paradoxalmente, os ambientes habitados por pessoas que hoje em dia trabalham em armazém são insondáveis para os humanos e conhecidos apenas pelo *software* que orquestra o trabalho e determina os caminhos pelas prateleiras.[13] Diante da impossibilidade de conhecer todo o inventário, os seres humanos devem terceirizar toda essa compreensão para a máquina, que, por sua vez, determina inteiramente a organização do processo de trabalho.[14] Os trabalhadores, em suma, acabam dependendo do armazém e de sua infraestrutura tecnológica, embora seu trabalho seja essencial para criar as próprias condições dessa dependência.

Vale ressaltar que a informação gerada pela datalicação e pela captura do trabalho de estoquistas é guardada e analisada em computadores que fazem parte do sistema global da Amazon. Talvez não estejam na Itália ou nem mesmo na Europa. Certamente não estão no armazém, e as pessoas que trabalham no MXP5 não têm influência sobre os dados nem os acessam.

Portanto, o armazenamento caótico e o monopólio que ele proporciona à Amazon sobre o controle da informação de inventário do armazém configuram uma forma de "desapropriação do trabalhador por máquina". Utilizo o termo "desapropriação" porque trabalhadores são imediatamente privados de uma característica crucial do trabalho em armazém como era no passado: a exigência de "estar lá" para construir o conhecimento sobre o armazém.[15] Uma exigência que faz com que as pessoas sejam valorizadas e até mesmo insubstituíveis às vezes. Associados do MXP5 que tiveram experiência de trabalho em armazéns tradicionais facilmente sentem a diferença. No emprego antigo, eram tratados como pessoas que tinham um conhecimento valioso – literalmente, o conhecimento do lugar das coisas –, essencial para uma operação eficiente no armazém. Dessa maneira, eram valorizados ao longo do tempo. Para trabalhadores e trabalhadoras, possuir tal conhecimento significava poder, e eles contavam com isso como garantia de segurança no emprego. A Amazon substitui esse arranjo por um processo complexo que envolve centenas de estoquistas gerando um inventário caótico, gerenciado por algoritmo que nenhum ser humano consegue conhecer em sua totalidade. Assim, o trabalho é mais descartável e mais fácil de ser explorado em processos subsequentes, como a coleta.

O ritmo do algoritmo

Uma vez que um item tenha sido armazenado de forma caótica, ele está pronto para ser coletado, o que significa poder ser resgatado quando um cliente o encomendar. De fato, todos os pedidos no *website* da Amazon disparam uma cascata de efeitos que, em um dado momento, chegarão à tela de um leitor de código de barras de um coletor, cargo de nível mais básico para a maioria dos associados temporários e também o que exige mais funcionários, até mesmo quando as vendas estão baixas. Além disso, é o mais monótono e o que exige mais esforço físico. Isso significa que, em geral, sobra para pessoas novatas no armazém – as mulheres mais jovens, racializadas, representam a maior porção da força de trabalho sazonal. Mas é também algo que vários trabalhadores e várias trabalhadoras em tempo integral fazem durante anos. Essas pessoas recebem seu pedido. Quando você compra aquela caneca cor-de-rosa, o sistema de inventário utiliza o escâner para designar um associado que coletará a mercadoria e a transferirá para ser embalada e enviada. A tarefa, propriamente dita, é relativamente simples: siga as instruções da pistola de leitura de código de barras, ande até o corredor correto da torre de coleta, resgate a mercadoria, escaneie-a e coloque-a em um recipiente amarelo. Repita. E repita. E depois, repita novamente durante as próximas oito horas ou dez ou mais, caso você esteja fazendo hora extra. Trabalhadores não são apontados aleatoriamente. Utilizando a informação capturada durante o armazenamento, o sistema de *software* da Amazon sabe onde cada exemplar da mercadoria encomendada está; portanto, tem por objetivo escolher o coletor cuja localização é mais favorável, conforme seus cálculos. O processo de armazenamento permitiu à máquina transformar mercadoria em informação, e essa informação é, então, utilizada para esmiuçar o processo de atendimento do pedido: nenhum trabalhador ou trabalhadora cuida de uma compra completa. Assim como em uma linha de montagem, o processo é transformado em uma série de tarefas padronizadas. Para os coletores, isso significa: ir para o corredor X, célula Y, pegar objeto Z.

Centenas de coletores caminham por entre as estantes da torre de coleta do MXP5, empurrando um carrinho que leva recipientes amarelos que precisam encher com sua "carga". Uma carga pode ser composta de 50 objetos diferentes, cada um provavelmente destinado a uma encomenda diferente. Os objetos podem ser camisetas, três livros, brinquedos sexuais ou uma capa de celular da Hello Kitty. Essas tarefas são comunicadas por meio do leitor de código de barras de trabalhadores. Ele mostra o nome do item ("garrafa vermelha para água" ou qualquer outra coisa) e uma imagem, além de informação referente à localização do item nas prateleiras e a hora-limite para o coletor ou a coletora concluir a tarefa – com frequência é em menos de um minuto. Zak, um ex--coletor sazonal, descreveu a atividade como corrida contra o tempo: "A pistola mostra uma contagem regressiva para cada peça individual. Por exemplo, um minuto e meio para buscar este item. É uma barra que vai diminuindo. E [a torre de coleta] é gigante. Você precisa andar por quatro minutos para chegar a qualquer lugar". Quando o trabalhador pega o item e escaneia o código de barras tanto da mercadoria quanto da localização na prateleira, o sistema registra e aprova o processo. Isso não é muito diferente de outras formas de controle algorítmico que ocorrem fora do armazém, em que o leitor de código de barras é substituído pelos aplicativos de telefone comumente usados para designar clientes a motoristas da Didi, em Pequim, ou restaurantes a entregadores da Deliveroo, em Londres.[16] Em todos esses exemplos, algumas funções tipicamente desempenhadas por gerentes humanos são terceirizadas para sistemas algorítmicos: atribuir tarefas, monitorar trabalhadores, agendar.

Na Amazon, essa forma de controle algorítmico é usada para acelerar o trabalho. Os coletores são obrigados a manter um ritmo rápido – o chamado "ritmo da Amazon". Isso não é uma corrida – por motivos de segurança. Mas é uma caminhada, a mais rápida possível. Seu ritmo é ditado pelo escâner, como Zak ressaltou:

> Enquanto você coloca um objeto no carrinho, o próximo aparece no escâner. Então, enquanto carrega seu carrinho, você já começa a se mover e enquanto está chegando já dá uma olhada no que deve pegar em seguida. Você não para. Depois olha na prateleira: é um livro ou alguma outra coisa? Em qual área da prateleira está?

De fato, a organização algorítmica do trabalho no armazém está direcionada para um objetivo central: produtividade. Trabalhe duro, lembra? Para cumprir sua promessa de consumo *on-line* rápido e barato – entrega em dois dias; 24 horas; duas horas –, a Amazon precisa extrair das pessoas o máximo de trabalho possível. Em certo sentido, isso é uma continuação de outra prática industrial: os métodos de produção *just-in-time* usados desde meados do século XX para tornar a fabricação mais flexível e responsiva à demanda do consumidor. Na Amazon, não se trata de produzir, mas de entregar mercadorias o mais rápido possível depois da encomenda de consumidores. Conforme aplica sua própria versão de *just-in-time* ao varejo, a empresa acelera uma tendência que está presente na logística há décadas: agilizar e tornar mais flexível o transporte de mercadorias pelo mundo, seu trânsito em armazéns e sua entrega aos clientes.[17]

Talvez essa seja a principal razão para os armazéns da Amazon terem se tornado o epítome de uma nova forma de degradação do trabalho.[18] Muitos associados do MXP5 descrevem o trabalho no FC como do tipo "ou tudo ou nada", não só fisicamente exigente e repetitivo, mas também não requerendo habilidades e sendo alienante. Isso é verdade não apenas no MXP5 em Piacenza, mas em toda a rede global de armazéns da Amazon. Uma análise *on-line* escrita por um associado britânico descreveu o trabalho na empresa como "uma atividade sem cérebro e ao mesmo tempo cansativa". E mais: "Imagine caminhar por dez horas e a única coisa que você faz é um leitor de código de barras apitar repetidas vezes, pegar itens aleatórios e andar até o próximo, limpar/repetir". Na fábrica digital, supervisores não andam mais com um cronômetro, medindo (com o objetivo de reduzir) o tempo que um trabalhador leva para puxar uma série de alavancas na linha de montagem.[19] A tirania dos relógios do passado foi substituída pela tirania dos algoritmos que ditam o ritmo de trabalho. Para o coletor, isso se materializa em um fluxo contínuo de tarefas, uma perseguição infinita ao próximo bipe na tela. Uma corrida cada vez mais rápida contra o tempo.

A Amazon não paga seus trabalhadores com base em sua produtividade: trabalho por peça é ilegal na maioria das jurisdições onde a empresa opera. No entanto, o principal dificultador do trabalho na empresa é a pressão administrativa para "atingir a meta", o que significa coletar um determinado número de itens por hora – digamos, 70 ou 100. Aos trabalhadores, sobretudo no precarizado regime temporário, cuja renovação de contrato está sempre por um fio, só resta fazer cara de paisagem e aguentar o tranco. Eles não têm alternativa ao imperativo de seguir o ritmo algorítmico. No MXP5 e em centenas de outros *fulfillment centers* da Amazon em todo o mundo, conhece-se muito bem o que um associado texano descreveu como constante "caminhada, levantamento, movimento, passo, torção e giro do corpo", querendo dizer que os trabalhadores estão "se movendo fisicamente sem parar desde o início do turno até a primeira pausa" para alcançar metas de produtividade. A combinação entre as metas e a natureza física do trabalho torna a atividade na Amazon "tanto emocional quanto fisicamente exaustiva", "cruel para o corpo", além de "mentalmente" difícil, gerando "dores permanentes" e "ansiedade" ou "fadiga e depressão", para usar uma mistura de expressões de pessoas que trabalham em FCs nos Estados Unidos. A maioria dos coletores identifica a agitação do trabalho diário na Amazon como uma das características mais emblemáticas do trabalho: agora aqui, agora lá, agora para baixo, agora para cima, sem esperança de descansar e de sentir menos dor. Os coletores geralmente usam palavras como "puxado" ou "corrido" para descrever a natureza fisicamente exigente da rotina diária. A pandemia de covid-19 agravou ainda mais o processo. Em entrevista a um jornal local, um associado do armazém, que também está envolvido em atividades de defesa dos trabalhadores em Toronto, descreveu os efeitos do distanciamento social em um local de trabalho em que o emprego depende do alcance de metas: "Nosso desempenho é avaliado com base na quantidade de pedidos que atendemos; ao mesmo tempo, nos orientam a evitar entrar no mesmo corredor do armazém como forma de manter o distanciamento social. Se o desempenho deixar a desejar, corremos o risco de perder o emprego".[20]

Veteranos, que viram gerações de colegas entrarem e saírem, sabem disso muito bem. Por exemplo, Peppino. Ele está cansado e irritado. Um homem na casa dos 50 anos, Peppino trabalhou em várias seções diferentes do armazém, mas a coleta é o processo que mais odeia: "Depois de um tempo, suas costas quebram, você desenvolve hérnias, túnel do carpo, psoríase induzida pelo estresse. Há pessoas de 20 anos lá dentro que parecem minha mãe de 80 anos". Isso pode parecer exagero e, de fato, a história vem de um trabalhador que se tornou amargo com os anos de trabalho, mas a própria Amazon tem conhecimento de que lesões são um grande problema em seus armazéns. Relatórios corporativos internos sobre segurança em armazéns nos EUA mostram um aumento de lesões entre 2016 e 2019. No último ano incluído nesses relatórios, a Amazon registrou 14 mil lesões graves, com uma taxa geral de 7,7 lesões graves a cada 100 funcionários. Isso é quase o dobro da média da indústria, como confirmado em um relatório de 2021 que culpa a "obsessão por velocidade" da empresa.[21] Os picos sazonais só pioram as coisas. De acordo com dados divulgados pela Amazon, a quantidade de lesões tende a aumentar em torno do *Prime Day* e da *Cyber Monday*.[22] Um relatório do American National Employment Law [um projeto estadunidense sobre questões trabalhistas] expôs que as lesões mais comuns envolvem "entorses, distensões e lacerações nos ombros, nas costas, nos joelhos, nos pulsos e nos pés", que "podem perdurar pelo resto da vida dos trabalhadores, levando a dor crônica e [...] incapacidade a longo prazo".[23] Peppino lembrou que a administração nem sempre gosta das paradas ocasionadas por lesões: "Você desmaia? Sente-se mal? Chefe, devemos chamar uma ambulância? Não, eles não gostam disso. Uma vez, uma colega desmaiou e não estava voltando", a administração não chamou uma ambulância, até que "o marido dela chegou, ele também trabalhava lá, e começou a quebrar cadeiras e arremessá-las, desesperado; só então chamaram uma ambulância".

Diante do crescente problema de lesões musculoesqueléticas causadas pela natureza repetitiva de tarefas como coletar e coletar, a Amazon busca por soluções paliativas e tecnológicas de antemão, em vez de repensar os ritmos de trabalho. Os trabalhadores até relataram que, em alguns FCs da Amazon, há máquinas de venda automática que comercializam comprimidos de ibuprofeno. Em sua carta aos acionistas de março de 2021, Jeff Bezos anunciou que, além do programa

WorkingWell da Amazon, que treina pequenos grupos de funcionários sobre segurança e mecânica corporal, a empresa está desenvolvendo "novos horários de trabalho automatizados que usam algoritmos sofisticados para fazer um rodízio de funcionários em tarefas que usam diferentes grupos musculares".[24] Em suma: um algoritmo definirá o momento em que você está colocando muita pressão em seu tornozelo direito e o moverá para um trabalho que, em vez disso, impactará seu pulso esquerdo. E os problemas vão além. A natureza repetitiva das tarefas atribuídas pelo leitor de código de barras pode acrescentar outro tipo de distensão que nenhum algoritmo conseguirá evitar. Como Peppino disse, uma vez que os trabalhadores adquirem os "reflexos condicionados" necessários à realização de sua tarefa, o trabalho se torna automático: "Você só precisa seguir o escâner, que lhe diz: 'Vá aqui, vá ali, pegue isso e pegue aquilo'. Você não precisa fazer mais nada, não precisa pensar. Oito horas podem durar 24 horas, porque você está em um limbo". Na verdade, Peppino e outros como ele percebem o controle algorítmico do trabalho como algo que tira sua autonomia, governando suas ações até o menor detalhe. Trabalhar no armazém também pode ser uma experiência solitária e alienante: todos os dias, coletores passam oito ou dez horas realizando centenas de viagens curtas ao longo dos corredores da torre de coleta enquanto tentam acompanhar a velocidade irracional exigida pela gerência. A falta de socialização não ajuda. Trabalhadores e trabalhadoras, sobretudo os precarizados, mal conseguem fazer pausas para ir ao banheiro e são desmotivados a parar para conversar com os colegas.

A Amazon chama seus associados de armazém de "coração e alma" de suas operações; contudo, em virtude da natureza padronizada e acelerada do trabalho e do fato de ele ser gerenciado por algoritmos, muitos trabalhadores se veem como meros apêndices da tecnologia. Um trabalhador da Amazon de Seattle resumiu perfeitamente a dinâmica resultante em um comentário postado no Glassdoor, um *website* no qual as pessoas avaliam seus empregadores: "Coletores e estoquistas como eu são tratados como engrenagens anônimas na máquina, apesar de que as engrenagens são o que faz o relógio funcionar suavemente". Quando se unem sob o *slogan* "Não somos robôs", como têm feito nos últimos anos, os trabalhadores da Amazon comunicam a sensação de que não apenas são tratados como robôs, mas estão se tornando robôs – sempre em movimento, prontos para obedecer a qualquer ordem enviada através do leitor de código de barras e nunca reclamando ou parando para uma pausa.

No MXP5, os ritmos de trabalho mudaram ao longo do tempo. Por um lado, as metas tendem a aumentar, acelerando o trabalho, mas, por outro, a sindicalização e a resistência dos trabalhadores têm o efeito oposto. Alguns anos após a primeira greve em 2017, trabalhadores em Piacenza relataram que cada vez mais empregados limitam sua aderência ao ritmo da Amazon. Os funcionários em tempo integral contam com a proteção legal contra a imposição gerencial de velocidade, mas mesmo alguns trabalhadores temporários desaceleraram, como Peppino me contou em 2021:

> Cada vez mais trabalhadores estão mais relaxados. Eles conseguem o emprego sabendo que só vão ficar aqui por um mês e, portanto, não se importam em correr muito. Eles sabem que a administração deve ser mais cuidadosa agora que há uma presença sindical estabelecida no armazém.

Trata-se, obviamente, de trabalhadores que não apostam muito na renovação de contrato, muito menos na mudança para um contrato em tempo integral. Mas, continuou Peppino, "todos conhecem alguém que já trabalhou aqui, conhecem o esquema e concluem que não vale a pena". Sem dúvida, há aqueles que defendem o trabalho ou que gostam dele, mesmo quando é intenso. Pelo menos no início. Em outro comentário *on-line*, um associado do FC de Virgínia chamou atenção para o fato de que

> [...] enquanto você é capaz, e está preparado para suar, é um ótimo trabalho com um bom salário inicial. Eu normalmente dou mais do que 14 mil passos no trabalho, todos os dias. Chamo isso de ser pago para fazer academia.

Esse tipo de reação tende a vir de trabalhadores jovens do sexo masculino, principalmente nos primeiros meses de trabalho. Para muitos outros, o ritmo da Amazon é menos atraente. Quando a entrevistei, Barbara tinha 40 e tantos anos e já havia desenvolvido hérnias trabalhando no MXP5. Ela observou: "Você vai deparar com o cara biônico que tem 20 anos e que a mãe cuida de tudo em casa. Para ele, 8 horas e 15 kg são como ir para a academia. Bom para ele". Barbara começou a trabalhar no MXP5 depois de perder seu emprego como *designer*. Sua história não é incomum na economia italiana lenta, nem seria estranha em outros lugares onde a classe média nunca se recuperou totalmente da crise de 2008 e das políticas de austeridade que se seguiram. Ela me contou que, no seu primeiro dia, o instrutor designado para o grupo de novas contratações no qual estava inserida "imediatamente nos mostrou o chamado ritmo da Amazon, ou seja, que você tem que ser rápido". Mas o corpo dela não dava conta de sustentar o ritmo exigido pela máquina e pelo uso preciso da análise de tempo e movimento no armazém. "Trabalho muito com a mão direita e [...] levei duas ou três broncas porque, em vez de pegar o item com a mão esquerda, eu o pegava com a direita, e ao fazer isso eu estava levando uma fração de segundo a mais", explicou.

A tecnologia nem sempre facilita as coisas. As instruções dadas a coletores são preparadas para ser simples e de fácil interpretação. Mas vários problemas podem impedir a conclusão de uma demanda em tempo e, portanto, o "bater a meta". Para a multidão de trabalhadores que utiliza leitor de código de barras 24 horas por dia e sete dias por semana, sobretudo durante as temporadas de pico, o escâner pode rapidamente passar de auxiliar a obsoleto. Barbara viu a Amazon substituir leitores de código de barras estragados aos montes. Mas, ela disse, às vezes eles permanecem em uso muito depois do auge.

> Muitos dos leitores de código de barras que usamos têm problemas, às vezes uma tela quebrada ou um problema com o sensor, então não escaneiam os códigos corretamente – talvez falhem na leitura de três a cada dez códigos de barras. E assim você continua repetindo o erro porque o sistema rejeita a coleta. Você não pode coletar, porque [o escâner] não lê o código de barras.

Isso, segundo ela, pode redundar na administração reatribuir outra cópia do item em uma área diferente da torre de coleta; nesse caso, você precisará ir até lá, o que levará tempo e resultará em atraso. Mesmo quando os leitores de código de barras estão funcionando, pode haver problemas com o próprio sistema de inventário – tudo isso afeta a probabilidade de alcançar a meta.

> Eles fornecem uma imagem para facilitar sua busca, talvez uma camiseta preta quando você, na verdade, está à procura de uma camiseta branca. Então, boa sorte! Você descarregou um caminhão com 1.500 camisetas brancas, mas a que está na imagem é preta. Isso parece trivial, mas você fica perdido nesses problemas.

Barbara também achou o escâner em si difícil de operar quando as coisas não corriam bem. Entre as peculiaridades funcionais, muitos comandos estão em inglês. "Meu filho aprenderia essas coisas em segundos", ela me disse e mostrou uma lista que ela fez da tradução de termos técnicos em inglês. Ela mantinha isso escondido da gerência, bem dobrado dentro do porta-crachá. "D+enter = artigo danificado"; "M+enter = artigo perdido"; "Q+enter = sair", que é o que você digita quando deseja sair do sistema. A lista é longa.

Outra característica da logística *outbound* ilustra como a organização algorítmica do trabalho no armazém fragmenta o processo de atendimento aos pedidos em tarefas simplificadas e padronizadas, a fim de manter total controle sobre ele. Conforme os coletores trabalham em lotes gerados pelo algoritmo do sistema, eles não estão necessariamente montando um único pedido para um único cliente. Novamente, o conhecimento sobre a composição final de um pedido específico reside nos algoritmos do sistema. Como Peppino me disse: "Qualquer um pode trabalhar em qualquer pedido. Você não fica sabendo em que está trabalhando". Quando você pediu a caneca de café, o delineador e o *pendrive*, os três itens podem ter sido selecionados por três trabalhadores diferentes como parte de três lotes diferentes. Assim, tanto a coleta quanto o inventário são caóticos. A tarefa de reorganização é deixada para um subconjunto menor de trabalhadores *outbound* que, eles mesmos guiados pela gestão algorítmica, recolocam em recipientes os lotes, ou seja, recompõem pedidos individuais específicos. Eles recebem carrinhos cheios de sacolas e devem escanear todos os itens que elas contêm. O sistema, então, emite instruções em uma tela de computador, orientando-os a colocar os itens em células de recolocação específicas aninhadas em uma prateleira amarela. Uma vez que sua caneca de café, seu *pendrive* e seu delineador tenham sido colocados na célula apropriada, o pedido está pronto para ser embalado e enviado. Os trabalhadores não cuidam de todo o processo, mas executam tarefas individuais estritamente ditadas por algoritmos.

Os robôs estão chegando

A Amazon introduz cada vez mais automação física para complementar seus algoritmos de gerenciamento. Mas quando os robôs entram em cena, eles não necessariamente tornam o trabalho no armazém mais fácil. Certamente o aceleram, aumentando a produtividade dos trabalhadores e também a incidência de lesões e os sentimentos de alienação. Embora muitas características do trabalho na Amazon sejam padronizadas em todas as instalações da empresa no mundo, alguns armazéns são mais automatizados do que outros. Em 2012, a Amazon comprou uma *startup* chamada Kiva e a renomeou Amazon Robotics. Uma minoria de *fulfillment centers* agora está equipada com o sistema de prateleiras robotizadas da empresa. Nessas instalações, os trabalhadores não entram em corredores para coletar, mas são atendidos por robôs que parecem irmãos mais velhos e teimosos do aspirador de pó Roomba.

Redondos, planos e, como era de prever, de cor laranja, esses robôs – popularmente chamados de "Kivas" – flutuam pelo chão do armazém carregando prateleiras amarelas altas equipadas com dezenas de células individuais. Algoritmos organizam seus movimentos, enviando os robôs para buscar a prateleira certa e levá-la diretamente ao estoquista ou coletor correto. Fotocélulas montadas na base dos robôs permitem que eles sigam caminhos especiais desenhados no chão. Associados ficam em estações de trabalho equipadas com escâneres e telas de computador. Conforme as prateleiras chegam, os trabalhadores estacionários coletam e escaneiam as mercadorias de acordo com as instruções recebidas pelo computador. Enquanto isso, outros robôs estão alinhados, prontos para assumir o lugar de seu antecessor assim que o coletor terminar de lidar com ele. Devido à velocidade e ao tamanho desses robôs, precauções especiais precisam ser tomadas. Em armazéns equipados com robôs, cercas metálicas dividem os trabalhadores da área onde centenas de robôs zanzam com suas prateleiras. Os robôs Kiva são usados em FCs que negociam mercadorias "organizáveis", itens pequenos que podem ser movidos à mão. As pequenas células cúbicas alinhando as prateleiras que eles carregam são projetadas para armazenar itens não maiores do que um livro escolar. Outro produto maior e mais novo da Amazon Robotics, chamado Hércules, é usado em FCs "não organizáveis". Estes são capazes de lidar com coisas maiores, como televisores e bicicletas. Outros robôs também estão sendo introduzidos: o Robostow é usado para levantar paletes ou caixas ao redor. O Pegasus é uma versão mais avançada do Kiva original.

A ideia de levar o trabalho até os trabalhadores em vez do contrário certamente não é nova. Gerentes dos matadouros americanos do século XIX desenvolveram o método, levando animais vivos até o estabelecimento para serem abatidos. As carcaças também eram levadas por diferentes áreas onde trabalhadores lidavam com diferentes aspectos da produção dos cortes finais de carne. Posteriormente, a Ford adotou esse processo de produção de fluxo contínuo em suas fábricas, dessa vez na montagem de carros, em vez de desmontagem de gado. Tanto nos matadouros quanto nas fábricas de automóveis, esse método aumentou a eficiência do processo de produção e dividiu as tarefas atribuídas a cada trabalhador individualmente: ao contrário dos artesãos, trabalhadores de uma linha de montagem só precisam cuidar de uma única etapa de um processo extremamente complexo. O mesmo vale para a Amazon: estações de trabalho robotizadas aceleram o trabalho e simplificam as tarefas. Eles também desapropriam ainda mais os trabalhadores. As estações Kiva, por exemplo, significam que os estoquistas e os coletores não precisam mais conhecer a geografia da torre de coleta.

Os robôs da Amazon não só possibilitam uma força de trabalho estacionária, mas também permitem que o armazém guarde mercadorias de maneira ainda mais eficiente, já que as prateleiras podem ser pressionadas umas contra as outras sem a necessidade de espaço no corredor: armazéns robotizados são capazes de armazenar o dobro do inventário por metro quadrado. Mas os robôs não podem dispensar os trabalhadores humanos. Pelo contrário, mesmo em locais de trabalho parcialmente automatizados, o trabalho de armazenar e coletar itens permanece manual e repetitivo, e obedece às mesmas lógicas caóticas que regem armazéns sem robôs Kiva. Aliás, a presença de robôs não significa necessariamente que um *fulfillment center* seja mais novo. A Amazon ainda está construindo instalações não robotizadas em áreas onde considerações comerciais e de logística locais fazem ser financeiramente prudente. Os robôs simplesmente mudam a natureza física do trabalho, já que os associados não são obrigados a caminhar por horas na torre de coleta.

Isso foi prontamente observado por Tina e Giorgio, dois associados jovens que trabalhavam havia dois anos no FCO1, um armazém robotizado perto de Roma, quando conversei com eles. Eu os conheci no centro da cidade, nos escritórios de um sindicato que estava organizando os associados do armazém. Eles gostavam do fato de os robôs Kiva eliminarem a necessidade de caminhar o dia todo. Mas, ao mesmo tempo, queixavam-se das semelhanças entre a estação de trabalho e uma gaiola, uma comparação feita não só por eles. "Uma vez, o gerente passou e me perguntou: 'você quer amendoim?'. Eles até zombam de você, sabe?", relatou Tina. "Quando você coleta, fica dentro de uma gaiola. Você é praticamente um macaco." Giorgio observou também a natureza extremamente repetitiva do trabalho. "Você continua fazendo as mesmas ações, para cima e para baixo, para cima e para baixo", ele disse. E, de fato, as estações de trabalho assemelham-se a gaiolas, cercadas por grades que isolam os trabalhadores uns dos outros e os protegem dos robôs.

As estações de trabalho Kiva são um tema comum de conversa no MXP5. Embora não seja automatizado dessa forma, alguns trabalhadores do MXP5 visitaram *fulfillment centers* robotizados. Em um raro lampejo de otimismo, pelo menos para ele, Peppino me disse que

> [...] quem esteve em Seattle viu o que provavelmente é o melhor FC. Muito automatizado; portanto, o esforço físico é reduzido em cerca de 50 ou 60%. Os piores trabalhos ainda estão lá, mas o humano é auxiliado pela máquina.

Muitos outros foram mais pessimistas. Maria reagiu fortemente a fotos que viu de armazéns Kiva e a histórias que ouviu de trabalhadores do FCO1. "Estamos preocupados, porque com esses robozinhos você fica em uma estação de trabalho [...] trancado em uma gaiola sozinho". O robô, ela continuou, "traz as prateleiras até você, um *tablet* lhe diz onde colocar as coisas, então você clica, armazena e coleta dessa estação de trabalho", sem contato com os colegas. O que Maria viu nos robôs foi um futuro de armazém ainda mais alienante: "Pode não haver esforço físico, mas, depois de uma semana nessa gaiola com um computador, eu estaria mentalmente esgotada", concluiu.

A alienação descrita por Maria é indubitavelmente ruim, mas a introdução de robôs cria também problemas materiais mais diretos: armazéns robotizados são significativamente mais perigosos. Como os robôs Kiva são usados para acelerar as tarefas, os trabalhadores acabam tendo de alcançar metas que chegam a ser quatro vezes maiores do que em um centro de distribuição não robotizado. Por exemplo, coletores relataram o aumento da meta de 100 para 400 itens por hora depois que os robôs foram introduzidos. Tina e Giorgio disseram que no FCO1 agora se espera que coletem 500 por hora. O resultado disso é que, em armazéns equipados com robôs Kiva, há uma incidência de lesões 50% maior do que naqueles sem robôs.[25]

Fome de dados

O uso de tecnologia não permite que a Amazon dispense seus trabalhadores. Pelo contrário, aumenta a necessidade do capital de ter "pessoas reais e corpos reais" que trabalhem no armazém, como Ursula Huws expressou.[26] Quando Marx disse que as máquinas criam "novos incentivos" que aguçam no capital a fome insaciável de trabalho alheio,[27] ele tinha em mente as fábricas do capitalismo industrial do século XIX. Mas o mesmo apetite permanece no capitalismo digital de hoje. Graças à sua capacidade de usar sistemas de *software* para controlar e direcionar os trabalhadores, a Amazon mobiliza massas de trabalhadores que são rapidamente colocados para trabalhar no armazém, onde executam tarefas físicas repetitivas por algumas semanas ou meses, e com a mesma rapidez podem perder o emprego. Mas a empresa também é diferente do capitalismo industrial do século XIX. A crescente preponderância de mecanismos digitais que se alimentam dos trabalhadores significa que o armazém anseia não apenas pelo trabalho, mas também pelos dados dos outros. Os sistemas de *software* que sustentam o inventário e o atendimento aos pedidos precisam continuamente transformar tudo o que os trabalhadores fazem em dados. Por sua vez, a informação gerada é processada por algoritmos distantes e posteriormente usada para esmiuçar, reorganizar e controlar rigorosamente o processo de trabalho. Na fábrica digital da Amazon, as tecnologias mudam, mas a dinâmica fundamental de monitorar o trabalho a serviço da eficiência, do controle e da possibilidade de troca de trabalhadores individuais não muda.

Essa estratégia capitalista não é nova e repetidas vezes é comentada por pessoas que estudam o trabalho no capitalismo industrial. Por exemplo, em seu estudo sobre o trabalho de fábrica nos anos 1970, o sociólogo Harry Braverman descreveu a capacidade da administração para reunir conhecimento e usar o monopólio sobre esse conhecimento para "controlar cada etapa do processo de trabalho e seu modo de execução".[28] O autor enxergava a automação como uma ferramenta para perpetuar e consolidar a estrutura autoritária da fábrica. Analisando o processo de trabalho na Fiat, nos anos 1960, operaístas chamaram atenção também para o fato de que a linha de montagem, ao permitir que as tarefas fossem divididas e padronizadas para que cada trabalhador tivesse que executar apenas uma ação repetitiva, funcionava a serviço da dominação do capital sobre o trabalho.[29]

No capitalismo digital contemporâneo, a prática disseminada de coleta de dados certamente não é singular aos armazéns da Amazon. Shoshana Zuboff, acadêmica estadunidense, descreveu uma forma crescente de "capitalismo de vigilância" baseado na abrangente coleta de dados de todos os usuários.[30] A autora dá um nome ao que agora todos sabemos muito bem: se possuímos um *smartphone*, tudo o que fazemos enquanto caminhamos, realizamos compras ou até mesmo conversamos em nossa sala é gravado, transformado em dados digitais, triturado por algoritmos e usado para nos vender coisas ou nos controlar. Outros, como os teóricos da mídia Nick Couldry e Ulises Mejias, propuseram que isso equivale a uma nova forma de relacionamento colonial: os dados são "extraídos" como recursos naturais em benefício de um punhado de corporações.[31] Tudo o que fazemos – Zuboff chama isso de "excedente comportamental" – pode gerar valor para empresas digitais como Google e Facebook, que se dedicam à captura generalizada de dados de usuários. A própria Amazon demonstra como os dados dos clientes são coletados por empresas de tecnologia. Conforme as pessoas compram nos *sites* de *e-commerce* da Amazon ou nos supermercados automatizados da Amazon Go, conversam com a Alexa ou assistem a um programa no Prime Video, suas atividades são registradas, analisadas e usadas para melhorar o serviço ou incentivar o consumo. Quase todos os comportamentos, até mesmo os mais incidentais, podem ser datados e valorizados pelas plataformas digitais.[32] Ficam disponíveis para o uso de corporações.

No local de trabalho, não é tão simples assim. Os trabalhadores não são apenas os objetos da vigilância; eles precisam ser pressionados a realizar processos específicos que geram dados valiosos a serem incorporados à máquina, uma vez que o processo de trabalho é integrado e executado por sistemas de coleta de dados que não funcionariam sem essa mão de obra. Em suma, os trabalhadores têm agência. No armazém, não é possível ocorrer a coleta de dados sem o trabalho físico constante dos coletores e estoquistas. Os operaístas viram essa dinâmica se desenvolver no trabalho de fábrica e apresentaram a vinculação entre trabalho e capital como uma relação em que o capital luta para controlar a fonte de seu valor, ou seja, os trabalhadores.

Como afirmou o teórico político Mario Tronti no início dos anos 1960, "não é possível conceber uma história da indústria como qualquer outra coisa senão uma história da organização capitalista do trabalho produtivo", pois "é o trabalho produtivo que produz capital". Consequentemente, ele argumenta, "a classe capitalista é, desde o nascimento, subordinada à classe trabalhadora. Daí a necessidade de exploração".[33] Em suma, o capital depende do trabalho e precisa controlar os trabalhadores e garantir a colaboração nos processos de produção diante de sua insubordinação. Ele não pode se dar o luxo de ter trabalhadores que resistam às regras e aos processos estabelecidos por máquinas, muito menos trabalhadores que diminuam a velocidade ou entrem em greve. No capitalismo industrial, isso significava que empregadores tinham que convencer trabalhadores a seguir os ritmos ditados pela linha de montagem. O capitalismo digital deve persuadir trabalhadores a obedecer aos comandos de um algoritmo e seguir um ritmo ditado. Em ambos os casos, trata-se de forçar os trabalhadores a se sincronizarem e a se calibrarem com as máquinas.[34] Para trabalhar duro.

A geração de dados a partir das atividades dos trabalhadores e de sua incorporação em sistemas de *software* não elimina a necessidade de controlar o trabalho.[35] Mas a necessidade de controlar mais rigidamente uma força de trabalho cresce com o aumento da natureza tecnológica do processo de trabalho. Em sua essência, isso é um fator puramente financeiro: do ponto de vista do capital, quanto mais cara for uma máquina, com mais eficiência ela deve ser usada, ou seu valor será desperdiçado. Quanto mais a Amazon depende da automação e do inventário capturado por algoritmo, mais ela precisa encontrar maneiras de pressionar seus trabalhadores a se tornarem robôs que obedecem perfeita e eficientemente aos ritmos impostos pela automação. E se eles se recusassem? A fim de minimizar esse risco, a Amazon emprega um conjunto único de técnicas gerenciais. A dataficação permite à gerência não apenas eliminar a necessidade de trabalhadores conhecerem o inventário, mas também vigiá-los, monitorar sua produtividade e, às vezes, discipliná-los. A Amazon inovou no uso da tecnologia no local de trabalho, mas ainda a utiliza para sustentar modos despóticos reminiscentes dos dias tumultuados do início do capitalismo industrial. Ao mesmo tempo, sua gestão se esforça para criar uma cultura no local de trabalho que garanta a colaboração de trabalhadores com as metas de atendimento.

Notas

1. Conforme relatado por um ex-executivo da Amazon. Ver Kantor; Weise & Ashford, 2021.
2. Sobre o taylorismo digital na Amazon, ver Massimo, 2019, pp. 85-102. Para uma teorização mais genérica, ver Altenried, 2020, pp. 145-158.
3. Walker, 2020, pp 1-16.
4. Sobre mídia social, ver Postigo, 2016, pp. 332-349; e Cohen, 2018, pp. 571-591. Sobre aplicativos de carona, ver Rosenblat & Stark, 2016, pp. 3.758-3.784; ou Chen, 2017, pp. 2.691-2.711. Sobre crowdwork, ver Bergvall-Kåreborn & Howcroft, 2014, pp. 213-223; ou Lee; Kusbit; Metsky & Dabbish, 2015, pp. 1.603-1.612.
5. Aneesh, 2009, pp. 347-370; ver também Danaher, 2015, pp. 245-268.
6. Para uma análise de métodos que podem ser usados para estudar algoritmos proprietários, ver Burrell, 2016; Kitchin, 2016, pp. 14-22; ou Seaver, 2017, pp. 1-12.
7. Alquati, 1975, pp. 114-117.
8. Sobre o papel de trabalhadores no treinamento e na manutenção de sistemas automatizados, ver Casilli, 2018.
9. Ver, por exemplo, Muralidhara & Vijai, 2016; ou Hausman; Schwarz & Graves, 1976, pp. 629-638.
10. Agre, 1994, pp. 101-127.
11. Sobre captura de dados em logística, ver Rossiter, 2017, pp. 4-5.
12. Weidinger, 2018, p. 1.412.
13. Conforme Jesse LeCavalier observou em seu livro sobre a organização do inventário em outra corporação gigantesca, o Walmart. LeCavalier descreveu os trabalhadores como prolongamento de sistemas de *software* ao assumirem tarefas que computadores não são capazes de executar e, ao mesmo tempo, gerarem informação que pode ser utilizada por computadores para gerenciar outras operações cruciais. Ver LeCavalier, 2016, p. 153.
14. Sobre esse processo, ver Danaher, 2015, pp. 245-268.
15. Isso é tema de todo um campo de pesquisa; mas, especificamente sobre estoque em armazém, ver Gertler, 2003, pp. 75-99.
16. Ver Chen, 2017, pp. 2.691-2.711; e Cant, 2019.
17. Sobre a história do armazém nesse ramo, ver Orenstein, 2019. Sobre a logística como lente para analisar o capitalismo contemporâneo, ver Benvegnù; Cuppini; Frapporti; Milesi & Pirone, 2019, pp. 9-14.
18. "Degradação do trabalho" é uma definição famosa cunhada pelo sociólogo Harry Braverman em seu livro sobre o trabalho em fábrica: Braverman, 1974. Para relatos escritos por trabalhadores de FCs, ver, por exemplo (entre tantos outros), *Amazon workers*, 2018, pp. 96-109; ou Anônimo, 2018b.
19. Para um relato histórico da tirania dos relógios, ver Thompson, 1967, pp. 56-97.
20. Brar; Daniel & Sra, 2020.
21. Strategic Organizing Center, 2021.
22. Evans, 2020.
23. Tung & Berkowitz, 2020; para obter um resumo do relatório, ver Evans, 2020.
24. Bezos, 2021.
25. Evans, 2020.
26. Huws, 2014.
27. Marx, 1976, p. 526.
28. Braverman, 1974, p. 82
29. Panzieri, 1961, p. 74.

30 Zuboff, 2019.
31 Couldry & Mejias, 2019; ver também Sadowski, 2019, pp. 1-12.
32 Para uma análise inicial da mercantilização da vigilância do consumidor, ver Cohen, 2008, pp. 5-22.
33 Tronti, 1980, pp. 29-32.
34 Wajcman, 2014.
35 Beniger, 1986.

3
DIVIRTA-SE

O leitor de código de barras não é apenas a ferramenta principal usada para organizar o trabalho em armazéns. Está também no centro das técnicas gerenciais que a Amazon utiliza para monitorar os funcionários e persuadi-los a alinhar seu trabalho com os ritmos rápidos do armazém. Ao fazer *login* no sistema, os trabalhadores se tornam completamente visíveis para a gerência, sujeitos a um sistema de controle invasivo.[1] Esse escâner que atribui tarefas ("pegue o urso de pelúcia na célula X, corredor Y") também monitora todos os seus movimentos, registrando informação que os supervisores podem usar para averiguar a velocidade do trabalho e a frequência de uso do banheiro. Essa informação pode gerar uma mensagem do tipo *pop-up* na tela do escâner de um trabalhador: "Encontre o líder da equipe para uma sessão de *feedback*", enquanto gerentes e supervisores (chamados "líderes" na Amazon) agem com base nos dados para disciplinar e demitir. Em outras ocasiões, a pistola de código de barras entrega perguntas e enquetes: "Como você se sente trabalhando na Amazon?". O escâner funciona como um prenúncio de controle ideológico, não apenas físico.

As técnicas possibilitadas pelo escâner, juntamente com outras ferramentas gerenciais utilizadas pela Amazon para monitorar e persuadir seus trabalhadores e gerenciar seus corpos e suas mentes, são essenciais para administrar o armazém. A verdade é que nossa tendência é enxergar trabalhadores como pessoas dependentes de seu empregador, mas a necessidade que o capital tem de mão de obra é muito maior. A mistura de controle e consentimento usada pela Amazon para atender a essa necessidade é, claro, uma característica comum nas relações capitalistas de produção, já que os empregadores precisam combater a tendência dos trabalhadores a resistir aos comandos que lhes são ditados. Afinal, o interesse dos trabalhadores é diferente do interesse do capital: este tem por objetivo final lucrar com o trabalho daqueles. Mas, na Amazon, a gerência depende de uma mistura única de ações disciplinares brutais e conspícuas, além de tentativas mais sutis de motivar a autodisciplina do trabalhador por meio de jogos, incentivos psicológicos e a promessa de felicidade. Dessa forma, trabalhadores no armazém são simultaneamente gerenciados por diversão e estresse.

A empresa é famosa por seu sistema de vigilância digital profundamente invasivo. O leitor de código de barras é um dos componentes desse sistema. Trabalhadores são rastreados por meio de várias câmeras espalhadas, escâneres corporais e monitoramento das páginas de mídia social que usam para se organizar. Tudo isso ajuda a empresa a criar um clima de despotismo mediado pela tecnologia, mas reforçado pelos supervisores e gerentes do armazém. Em última análise, são esses supervisores os responsáveis por repreender trabalhadores se não forem rápidos o suficiente, por implementar táticas agressivas antissindicais e por disciplinar funcionários, que estão constantemente sob a ameaça de demissão ou de não renovação de contrato. Mas essas não são suas únicas responsabilidades. De fato, focar estritamente medidas punitivas não captura a natureza verdadeiramente radical da cultura gerencial da Amazon. Embora medo e estresse certamente façam parte da equação, os demais elementos são informalidade e uma cultura de diversão planejada. Gerentes e supervisores são encarregados de transformar o armazém em um ambiente de trabalho atraente e informal: a Amazon utiliza técnicas de recursos humanos projetadas para direcionar de forma mais sutil a participação e o engajamento dos trabalhadores em benefício da empresa. Isso significa que quem trabalha na Amazon faz seu horário de almoço em refeitórios equipados com sofás coloridos, mesas de pebolim e jogos de fliperama. Eles são incentivados a cantar e fazer alongamento em reuniões diárias. Talvez usem colar de flores no dia havaiano. A tela do computador em seu posto de trabalho às vezes pede para "enviar energia amorosa" enquanto lidam com a cápsula robótica que traz os produtos que devem coletar.

Essa informalidade artificial parece conflitar com a dura realidade de outros aspectos do trabalho no armazém. Como conciliar a vigilância invasiva e, às vezes, o despotismo explícito dos corredores escuros da torre de coleta com as salas de descanso superiluminadas e coloridas, por meio das quais a administração se esforça para apresentar o armazém como um local de trabalho especial e divertido? Essa contradição gera dissonância entre as expectativas dos trabalhadores e a realidade do trabalho. Conforme disse um ex-trabalhador do armazém de New Jersey, em comentário *on-line*: "As apresentações [e] a orientação no primeiro dia foram do tipo 'bom demais para ser verdade'. Um paraíso utópico do trabalhador foi prometido pela equipe de contratação e pela equipe de gerenciamento". No entanto – a pessoa continuou o comentário – acabavam "empregados como coletor do armazém, uma tarefa entediante, emburrecedora, além de árdua e pouco valorizada". Na verdade, o imperativo de se divertir, como o *slogan* do local de trabalho da empresa diz, é suspenso quando necessário. É realmente um daqueles sistemas da cenoura presa à ponta de um bastão, implantados para garantir que os trabalhadores acompanharão os níveis de produtividade, a flexibilidade e a fisicalidade do trabalho; enfim, para controlá-los. Se olharmos para o armazém dessa maneira, a coexistência de um sistema de vigilância invasivo e o domínio da gerência, por um lado, e, por outro, uma cultura de diversão e participação ensaiada, aparentemente se tratará apenas de um contraste. Talvez, para trabalhadores, a experiência seja estranha e paradoxal. Mas, para a firma, não há contradição. Da perspectiva da Amazon, tanto a diversão quanto o estresse são eficazes.

O ARMAZÉM COMO UM *PLAYGROUND*

"Um, dois, três e... Já!" No início de cada turno e no fim de cada intervalo de almoço, todos os trabalhadores são obrigados a participar do *briefing* (ou, nos EUA, *standup*) liderado pela gerência. Esses rituais obrigatórios de cinco minutos são utilizados para impor práticas participativas na cultura de trabalho da Amazon. Por exemplo, talvez peçam que trabalhadores levantem a mão e sugiram uma "história de sucesso" diante do restante da equipe – e o mérito de trazer uma pronta pode ser recompensado com uma salva de palmas. Espera-se que trabalhadores aplaudam, cantem ou até mesmo dancem. Com frequência, os gerentes comentam sobre o desempenho da equipe, e fica implícita a exigência de que os trabalhadores comemorem.

Zak havia trabalhado no MXP5 somente durante um pico sazonal, mas ainda se lembrava dos *briefings* motivacionais, durante os quais gerentes diziam coisas como "ontem alcançamos uma taxa de produtividade insana!", e eram aplaudidos. Em outra circunstância – ele me contou – "um gerente tinha voltado de uma temporada em outro armazém, e nós o aplaudimos também". Esse exercício ganhou destaque durante a pandemia do coronavírus, em 2020, quando supervisores usavam os *briefings* para motivar e dar segurança a trabalhadores preocupados com o surto da doença. Aliás, talvez o *briefing* seja o elemento de mais visibilidade entre as tentativas da Amazon de construir uma cultura de informalidade alegre no armazém. É uma marca registrada da empresa a imposição hierárquica, no local de trabalho, de uma cultura que celebra a atividade no armazém, e a Amazon a divulga como descolada e participativa. Uma pessoa só pode ser feliz trabalhando na Amazon.

Alguns trabalhadores gostam desses *briefings*. Elisa, uma trabalhadora temporária que conheci, no início ficou intrigada com essa prática, considerando-a estranha. Entretanto, descreveu uma mudança de comportamento alguns meses depois de ter começado a trabalhar no MXP5, porque se deu conta de que o *briefing* era o único espaço onde encontrava uma dimensão coletiva para contrastar com a solidão da torre de coleta:

> Aos poucos, acostuma-se àquilo, e psicologicamente é útil, porque, de fato, é quando você enxerga [...] muitas pessoas, pessoas de diferentes contextos étnicos e diferentes caminhos na vida, e, ainda assim, tudo é sorriso. Eles [a Amazon] criam isso, eles criam esse ambiente, e funciona.

Para ilustrar, ela me deu o exemplo de gerentes que conhecem o apelido de alguns trabalhadores e os chamam por ele – a mesma proximidade artificial que vivenciamos quando um barista da Starbucks nos chama pelo nome que escolhemos quando nosso *latte* com leite de soja está pronto. Em minhas visitas a FCs, testemunhei outros mecanismos que contribuem com essa informalidade estudada. Por exemplo, no MXP5, somente mecânicos, motoristas de caminhão e outros funcionários que executam tarefas de base no armazém são chamados de trabalhadores. A massa composta por coletores e estoquistas são "meninos" e "meninas".

Ainda assim, embora alguns trabalhadores gostem dessas práticas, outros associados ficam desiludidos com os *briefings* e com outras atividades direcionadas à promoção da cultura do armazém, sobretudo quando são obviamente ligadas à necessidade de alcançar produtividade. Por exemplo, não é difícil ouvir trabalhadores se referindo aos *briefings* com ironia, dizendo ser um "desfile de cães e pôneis", ou, ainda, uma "reunião do AAA", quando descrevem as falhas na cultura de diversão do armazém. Nem todo mundo consegue ser tão cínico, mesmo querendo. Os funcionários em tempo integral contam com mais proteção das leis trabalhistas do que os temporários – cuja renovação de contrato pode depender da produtividade e da habilidade – que demonstram adesão à cultura de diversão. No entanto, os trabalhadores com quem conversei expressaram uma série de receios. Emma, coletora temporária na faixa dos 50 anos, disse que pedem aos trabalhadores que se exercitem e façam alongamento em preparação para o trabalho físico que executarão na torre de coleta. Em geral, a escolha de quem comandará os exercícios é baseada em gênero. Emma disse que "sempre chamam garotas jovens para alongar" diante de todo mundo. Afinal, "líderes e gerentes, quase todos, são homens", ela ressaltou.

Trabalhadores "comuns" amiúde expressaram aversão enquanto contavam sobre os *briefings*. Luca, trabalhador externo, disse que os *briefings* "são motivacionais: dizem, 'até agora só coletamos xis coisas, então até o fim do turno você precisa fazer mais'". Ele se animou ao compartilhar sua reação: "Tentam incitá-lo dizendo: 'Pessoal, temos 200 mil objetos para hoje, vamos conseguir?'. Tudo bobagem que dizem só para fazer você correr mais ainda, para te exaltar". Ele estava obviamente de saco cheio dos *briefings* dos quais foi obrigado a participar duas vezes por turno nos três anos de trabalho no MXP5. Ele ainda relatou que a gerência nunca dizia aos trabalhadores quando a meta era de fato alcançada e a equipe podia, finalmente, desacelerar.

Quem trabalha lá em geral encontra essa cultura paternalista mesmo antes de entrar no armazém; afinal, a vaga de emprego é divulgada e descrita em termos morais desde o início. Em um evento de recrutamento, em Toronto, o representante da Amazon disse a candidatos que o trabalho na empresa era totalmente voltado para os clientes e suas necessidades. O recrutador ilustrou isso contando uma história: um consumidor havia comprado um presente de Natal para o filho. Por algum motivo, a encomenda não fora entregue no prazo prometido. Mas o Natal estava chegando, e algo deveria ser feito. Assim, o representante contou, um empregado foi pessoalmente entregar o pacote, dirigindo do armazém até a casa da pessoa. "A história verdadeira [...] aconteceu em algum lugar dos Estados Unidos", ele concluiu. Alguns trabalhadores descrevem a própria reação a essas tentativas de moralização em termos explícitos. "A gerência talvez te enrole dizendo coisas do tipo 'pense nisto, galera, graças a vocês, hoje muitas crianças vão sorrir, você levou alegria ao lar de milhares de famílias'. Nesse momento, tenho vontade de dar uma cabeçada nessa pessoa", Luca expressou, amargurado. Talvez Luca pudesse mudar de comportamento participando do AmaZen, o programa de meditação introduzido nos armazéns dos EUA, em 2021, que "orienta funcionários por meio de práticas de *mindfulness* em quiosques individuais instalados nos prédios [...], o que inclui meditações guiadas, elogios, cenários com sons tranquilizantes e mais", de acordo com um *press release* corporativo.[2] Zen ou não, ambivalência e até mesmo cinismo diante dessa pressão normativa para ser otimista não são raros entre trabalhadores. Cinismo, especificamente, pode ser uma forma de desidentificação que permite a trabalhadores resgatar sua agência na construção da própria identidade. E também é natural. Afinal, há uma dissonância notória entre a promessa de um ambiente de trabalho feliz e a realidade diária das atividades em um FC. Conforme um trabalhador desiludido em Indiana descreveu em um comentário *on-line*, "não há tempo suficiente nos intervalos para realmente se importar com os jogos eletrônicos na sala de recreação".

Não há fliperama nos MXP5, em Piacenza, mas, como em todos os *fulfillment centers* da Amazon, a sala de recreação reforça a ambição de ser um armazém divertido e informal. Sofás vermelhos, amarelos, verdes se espalham por entre mesas de pebolim e de pingue-pongue e uma TV de tela grande. Há nas paredes cartazes divulgando a próxima atividade em grupo ou a noite da pizza. Quando eu caminhava pelo refeitório, em outro *fulfillment center*, foi inevitável pensar no Googleplex, em Mountain View, o *campus* colorido no qual engenheiros da Google trabalham rodeados por gigantescos esqueletos de dinossauros ou réplicas de espaçonaves e se alimentam em refeitórios chiques. No MXP5 há dias especiais, aleatórios, preparados para aumentar o sentimento de comunidade. Dia havaiano, dia do chocolate, dia dos anos 1990, e assim por diante. Isso não é só lá. No PDX9, um armazém em Portland, um grupo de pessoas dedicadas prepara esculturas em balão para expor no FC, e, no teto, há robôs Kiva alaranjados pendurados. Assim como o Googleplex, o armazém é construído para parecer um *playground*: um ambiente de trabalho informal e divertido. A imagem de uma *startup* equipada com brinquedos, cadeiras que são pufes, salas de soneca com isolamento acústico e murais grafitados tornou-se tendência, cultura, símbolo de um espírito tecnológico de inovação e da construção de fortunas pessoais.[3] *Stay foolish* [continue sendo tolo], para usar o famoso mote de Steve Jobs. A Amazon está ansiosa para se beneficiar desse apelo cultural, e não há onde isso fique mais evidente do que na arquitetura dos refeitórios e das salas de recreação do armazém.

E não se trata apenas da mobília. Durante minha primeira visita ao MXP5, fiquei surpreso ao ouvir música tocando em alto volume em uma das áreas de separação. Enquanto isso, a trabalhadora que fazia as vezes de embaixadora e nos conduzia em um *tour* naquele dia ressaltou o relaxamento do código de vestimenta na Amazon. "*Piercings, shorts* e cabelos coloridos são bem-vindos aqui", ela disse – uma política que começou no primeiro armazém da Amazon, em Seattle. Talvez esse código de vestimenta não seja tão diferente do de vários outros locais de trabalho. Mas, ao participar de uma visita guiada a um FC ou ao ler *on-line* o testemunho de trabalhadores, não é difícil notar o quanto se menciona ali o código de vestimenta. Aparentemente, a Amazon dá importância a isso como um símbolo da benevolência da empresa. Muitas vezes, o código de vestimenta é uma das características mais citadas do *ethos* de diversão. Um comentário *on-line* de um dos trabalhadores dava conta de que, durante a orientação a funcionários novatos, estes haviam observado que se repisava muito o fato de que, em dias especiais, eles poderiam ir trabalhar usando pijamas, inclusive pijama-macacão. A pessoa que fez o comentário relatou que a guia que conduzia a orientação disse: "Não sabia que tinha um chefe que usa pijama de pé do Bob Esponja", e notou que ela "fez essa piada em um tom que dava a entender que já falara aquilo milhares de vezes".[4] Trabalhadores precisam aprender também a falar em "amazoniano", uma linguagem composta por motes corporativos, tais como "entregar resultado". O jargão está tão enraizado na cultura do FC que muitos o levam para casa. Poucos meses depois de começar a trabalhar no MXP5, uma trabalhadora me contou que parara de "limpar o apartamento" – agora ela "fazia a otimização da área", conforme o jargão amazoniano.

Esse comportamento divertido, o jargão, os repetidos *briefings* motivacionais, a arquitetura da sala de recreação e todas as demais ferramentas utilizadas para garantir a adesão dos trabalhadores à cultura corporativa, nada disso foi inventado pela Amazon. A felicidade dos funcionários é o tópico de todo um gênero da literatura na área de administração, e *briefings* diários tornaram-se um dispositivo de várias grandes corporações que dependem do trabalho em equipe. Talvez não em outros locais de trabalho em Piacenza, mas *briefings* como esses são comuns até mesmo nas fabricações avançadas; por exemplo, atualmente, na fábrica de automóveis da Fiat, na Itália. De certa maneira, a Amazon segue um roteiro que é defendido por gurus do gerenciamento, que incentivam a criação de um local de trabalho fundamentado em um ambiente do tipo "trabalhe duro/divirta-se muito". Código de vestimenta informal, festas da empresa, jogos e humor, tudo isso é apresentado como a marca de um bom gerenciamento, que deve aumentar a motivação e a criatividade dos trabalhadores e, simultaneamente, combater os sentimentos de oposição à gerência e o estresse. Peter Fleming, teórico dos estudos organizacionais, chama isso de "cultura da diversão forjada", com o objetivo final de retratar até mesmo trabalhos subalternos como um chamado.[5] Tudo isso para dizer: a cultura da Amazon não emergiu de interações sociais, mas foi planejada de cima para baixo, ou seja, líderes de equipe e gerentes têm a tarefa de reforçá-la continuamente.

Entretanto, alguns trabalhadores oferecem resistência a essas propostas e encontram formas de driblar a cultura da diversão forjada para construir os próprios espaços de socialização – seja na sala de recreação, em encontros rápidos nos corredores da torre de coleta ou fora do armazém. Nem sempre é fácil. Aliás, ainda que trabalhadores possam (fora do turno de trabalho) relaxar e socializar-se no refeitório e em outros espaços em comum, vários descrevem a experiência de trabalho como ocorrendo em um espaço onde "desestimulam, desincentivam as interações humanas, quiçá punindo-as explicitamente", Zak me contou, como coletor sazonal do MXP5. "No fim das contas, até mesmo no refeitório tem sempre um líder ou um gerente."

Os esforços para alinhar os trabalhadores com a cultura corporativa com frequência começam durante o processo de contratação.[6] Elisa ainda se lembra do teste que a agência de empregos temporários que a contratou aplicou:

> Até mesmo o teste de aptidão é composto por perguntas peculiares: "Você se sente positiva? Você tem mais sorte do que outras pessoas? Você se sente feliz todos os dias?". Isso é peculiar: o que responder para a pergunta "você se sente pronta?".

Pronta para quê? E ainda assim você precisa responder, porque você já sabe que eles querem uma pessoa positiva que se sente sortuda e pronta.

Enquanto os testes de personalidade são uma ferramenta comum para contratação em várias indústrias, na Amazon esse tipo de exame não se resume ao recrutamento. Ele continua no armazém, onde diariamente os *briefings* são suplementados por um contínuo segmento de perguntas feitas através do leitor de código de barras.

O que se testa é a submissão do trabalhador ao sistema de diversão obrigatória da Amazon – empurrando a pessoa a se alinhar. Mas a Amazon, em vez disso, diz que os testes são ferramentas de empoderamento do trabalhador e descreve o programa chamado "Conexões" como

> [...] um mecanismo de *feedback* para o empregado em tempo real, em toda a empresa, elaborado para escutar a quantidade maior possível de funcionários e aprender com eles, a fim de melhorar a experiência de trabalho. Todos os dias, perguntas do Conexões são enviadas para todos os trabalhadores da Amazon em um computador, um equipamento da estação de trabalho ou o escâner de mão.[7]

Em 2020, a Amazon alegou receber mais de meio milhão de respostas por dia, em 21 línguas, de funcionários de mais de 50 países. O Conexões, ainda segundo a empresa, "analisa dados de respostas e proporciona *insights* para gerentes e líderes reverem e tomarem atitudes conforme descobrem problemas ou enxergam oportunidades de melhora".

O exemplo seguinte, de uma história postada por um associado estadunidense em um *blog*, em 2017, ilustra como funciona o Conexões:

> [...] meu turno acabou de começar. Carrego comigo um pequeno equipamento chamado escâner. Ele me pergunta:
> Como você se sente trabalhando na Amazon?
> (1) Ótimo!
> (2) Ótimo! Tenho orgulho de trabalhar na Amazon!
> Estou prestes a seleciona (2), como sempre, mas recentemente descobri que é possível rolar a tela para baixo (envolve um botão alaranjado e o número 8, caso tenha curiosidade). Isso revela mais duas respostas:
> (3) Gostaria de estar desenvolvendo um trabalho que utiliza outras habilidades.

(4) Prefiro não responder.
"Ah! Isso é engraçado", penso. "Imagino quantas pessoas nunca se deram conta de que havia mais respostas". De qualquer jeito, a resposta certa não mudou, então a seleciono [...]
Meu escâner tem outra pergunta para mim:
Como você se sente em relação a esta afirmação?
"A Amazon me oferece todo o treinamento do qual preciso para desempenhar bem meu trabalho."
(A) concordo totalmente
(B) concordo
(C) não concordo nem discordo
Estou prestes a responder, mas, consciente de minha experiência anterior, eu me dou conta de que deve haver respostas adicionais escondidas. Rolo para baixo e – quem diria – há mais duas opções:
(D) discordo
(E) discordo totalmente
Como de costume, a resposta correta estava no primeiro conjunto. Eu a seleciono e retomo meu trabalho.
Para interromper a rotina, vou para o único lugar no armazém onde não há câmeras à mostra: o banheiro. Lá dentro, um novo factoide está preso à parede, acima do urinol. Está escrito:
"Quando lhes foi perguntado se tinham todas as ferramentas necessárias para executar o trabalho corretamente, 82% concordaram ou concordaram totalmente! Se você, em qualquer momento, sentir que não tem treinamento adequado, por favor, contate o RH".
Fiquei em choque. 18% das pessoas não deram uma resposta positiva para uma questão obviamente falaciosa que pode ameaçar o futuro delas na empresa? Você responde à questão depois de *logar* no sistema, então não há chance de não saberem quem você é.[8]

Trabalhadores relatam que sentem esses questionários como uma forma de controle ideológico. Sem acreditar que a resposta permanecerá anônima, temem que os testes sejam utilizados pela gerência para discipliná-los individualmente, ainda que a Amazon afirme que "funcionários podem optar por responder ou não a qualquer pergunta, e respostas individuais serão agrupadas e compartilhadas com gerentes da equipe, a fim de manter a confidencialidade".[9] Os funcionários também não acreditam em outras práticas gerenciais hierárquicas que tenham por objetivo envolver trabalhadores em uma espécie de caricatura de democracia em local de trabalho e decisões participativas. Por exemplo, a gerência oferece quadros brancos chamados de "A voz do associado", que foram projetados para

> [...] proporcionar aos funcionários um fórum onde possam expressar preocupações, oferecer sugestões e fazer perguntas aos líderes diariamente. As equipes de liderança respondem às perguntas diretamente, promovendo diálogo e uma solução eficiente para os problemas.[10]

Durante uma de minhas visitas, a pessoa que nos guiava falou sobre a empresa ter mudado no passado processos de trabalho ou solucionado problemas com base em informação coletada nesses quadros. Um exemplo famoso, disseram-nos, foi a colocação de caixas para armazenar inventário nas prateleiras mais baixas. Os trabalhadores podem puxá-las como se fossem gavetas, permitindo que armazenem ou coletem uma mercadoria sem precisar ficar de joelhos.

Os trabalhadores com frequência mostram o outro lado da moeda: vários já disseram que comentários negativos são amplamente ignorados. No MXP5, e em outros *fulfillment centers*, várias pessoas me contaram sobre momentos em que afirmações como "precisamos de um sindicato" e perguntas como "por que não recebemos o pagamento adicional da pandemia?" ou "por que dizem que somos trabalhadores essenciais mas vocês nos enxergam como descartáveis?" foram postadas em um dos quadros "A voz do associado" e sumiram imediatamente. Parece que a gerência não achou essas ideias suficientemente inovadoras para considerá-las. Mas a Amazon parece estar inovando sua abordagem aos funcionários. Em vários FCs, inclusive em Piacenza, os quadros brancos foram retirados e substituídos por computadores. Agora os trabalhadores precisam *logar* no sistema para deixar um comentário. Assim, a gerência pode escolher quais mensagens serão mostradas e identificar os trabalhadores que deixam comentários. Problema resolvido.

Tudo isso por um chaveiro

Nenhum *playground* estaria completo sem jogos, nem mesmo um que fosse projetado para garantir relacionamentos suaves, produtivos e, em última instância, efêmeros entre os trabalhadores e as máquinas. Assim, não é de surpreender que a *gamificação* seja um elemento de destaque na cultura de diversão obrigatória da Amazon. A gamificação é o processo de mesclar aspectos agradáveis do jogo com atividades produtivas. Ou, ainda, conforme uma definição da teoria da gestão, é o uso de um "jogo imposto pelo empregador em um ambiente de trabalho, com os objetivos do jogo sendo projetados para reforçar os objetivos e o propósito do empregador".[11] Vai além da presença de mesas de pebolim ou consoles de fliperama na sala de recreação e tem como objetivo influenciar diretamente o trabalho em si. Disfarçada de brincadeira entre trabalhadores, não só contribui para a cultura de diversão obrigatória, como também introduz elementos competitivos que podem ter um efeito acelerador. A gamificação no armazém assume várias formas. A própria pistola leitora de código de barras está repleta de elementos de jogo: os selecionadores precisam se apressar para captar o próximo ponto na tela e pegar a próxima mercadoria, antes que a barra desapareça da tela – 90 segundos, 60 segundos, 45 segundos, você vai atingir a meta? Mas, em um número crescente de centros de distribuição estadunidenses, a Amazon usa jogos eletrônicos, propriamente ditos, para colocar os funcionários em uma competição divertida uns com os outros. O sistema de computador traduz as ações físicas dos trabalhadores, como a seleção de itens, em movimentos virtuais de um jogo. Portanto, quanto mais rápido alguém coleta itens e os coloca em uma caixa, por exemplo, mais rápido o carro dessa pessoa se moverá em uma pista virtual. Esses jogos simples, que têm nomes como PicksInSpace, Mission Racer ou CastleCrafter, são exibidos aos trabalhadores em *tablets* posicionados nas estações de trabalho onde armazenam ou selecionam itens dos robôs Kiva. Em alguns casos, os trabalhadores ganham dinheiro virtual que pode ser trocado por recompensa material, como produtos da marca Amazon.

Esses não são os únicos jogos em prol de metas de maior produtividade. Os gerentes também podem lançar "horas potentes" – competições com duração de uma hora durante as quais todos os trabalhadores de uma equipe são obrigados a trabalhar o mais rápido possível. Ou seja, coletar ainda mais itens por hora do que durante os já apressados turnos regulares. As horas potentes sugam resultados elevados dos associados, que, em troca, podem novamente receber prêmios insignificantes, como chaveiros da marca ou ingressos para o cinema, além de reconhecimento público diante da equipe – com direito a uma rodada de aplausos tépidos.

Tina e Giorgio, dois trabalhadores do FCO1 perto de Roma, explicaram-me que "talvez eles te digam, amanhã tanto o turno da manhã quanto o da noite terão uma hora potente, e depois será escolhida a melhor equipe. Se você vencer, eles te dão brindes da Amazon, uma garrafa para água, uma camiseta". Nem toda a equipe recebe prêmios, mas, como Tina disse, "a pessoa que fez mais peças na linha de montagem" recebe. Giorgio achou "legal" que os prêmios fossem individuais, ao que Tina respondeu: "Sim, mas não se preocupe, sempre haverá uma hora potente. Mais cedo ou mais tarde, será sua vez". De fato, durante a temporada de pico, que requer esforços de produtividade contínuos, as horas potentes se tornam mais frequentes, e os supervisores ficam mais nervosos com elas, porque deixam de ser um exercício motivacional e tornam-se momentos-chave para acompanhar o fluxo de pedidos. No entanto, muitos trabalhadores não se impressionam. Funcionários em tempo integral muitas vezes relaxam durante as horas potentes ou até mesmo diminuem a velocidade de propósito. São os trabalhadores temporários, cuja renovação de contrato está constantemente pendente, que devem fingir participar e se divertir. Afinal, eles estão tão focados em alcançar a meta que "nem vão ao banheiro", disse Tina. "Tudo isso por um chaveiro", suspirou.

Essas práticas estão presentes em toda a rede global de armazéns da Amazon. Como disse um trabalhador de Illinois em comentário *on-line*:

> As recompensas da hora potente geralmente são *muito* ruins, o primeiro lugar recebe US$ 10. Ou seja, menos do que você ganha regularmente em uma hora para se esgotar. E é na forma de vale para uma das máquinas automáticas de venda. E provavelmente esqueceram que você ganhou ou anunciaram uma semana depois, e você não recebe nada. Parabéns.

Técnicas semelhantes há muito tempo são comuns na economia de serviços, sendo um dispositivo nos *call centers*. Mas elas foram rapidamente adotadas pelo capitalismo digital: entre muitas outras, a empresa de trabalhos temporários Lyft organiza desafios semanais, "Bônus para Motoristas Potentes", que exigem dos motoristas o cumprimento de um número definido de viagens regulares.[12]

Jogos no local de trabalho não são um fenômeno novo. Enquanto algumas técnicas de gamificação descritas acima são explicitamente enquadradas como brincadeira, há muito tempo gerentes incentivam outras mais sutis. Um dos exemplos mais famosos está no livro sobre o trabalho industrial nos Estados Unidos publicado pelo sociólogo Michael Burawoy nos anos 1970. Os trabalhadores na fábrica analisada engajavam-se no processo de "dar um jeitinho", ou seja, cortar caminhos e *hackear* o uso das ferramentas mecânicas para acelerar a produção. Ao transformarem o processo de trabalho em um jogo e competirem entre si, os trabalhadores empregados por meio de um sistema de pagamento por peça conseguiram melhorar a produção e, assim, ganhar mais dinheiro. Michael Burawoy descreveu como essa prática de "dar um jeitinho" surgiu inicialmente por parte dos próprios trabalhadores, já que controlavam o processo de trabalho para o próprio interesse, por exemplo, acelerando tarefas a fim de fazerem logo uma pausa. Mas, no fim das contas, esse jeitinho gerava mais valor para o empregador do que para os trabalhadores, e, no processo, também servia para canalizar o descontentamento dos funcionários, direcionando-o para a competição com os colegas em vez de voltá-lo para a gestão. Ao fazerem isso, diminuíam a possibilidade de haver oposição ao sistema de pagamento por peça.[13]

As técnicas mais recentes de gamificação introduzidas pela teoria de gerenciamento de recursos humanos servem às metas das empresas de forma ainda mais óbvia. A gamificação é uma forma de controle "suave" que força trabalhadores a aumentar o ritmo de trabalho em momentos específicos e de modo também específico expressamente determinados pela gerência. Os aplicativos de trabalho temporário, como Uber ou Foodora, ficaram famosos por incorporar recursos técnicos emprestados dos cassinos. Tecnologias como essas fazem mais do que apenas tornar o trabalho "divertido". A etnografia de jogadores de caça-níqueis em Las Vegas, desenvolvida por Natasha Dow Schüll, demonstrou que a implementação de escalas de recompensa na tecnologia do jogo de apostas não apenas explora a predisposição dos apostadores, mas, na verdade, é desenvolvida para criar, cultivar e reforçar o vício por jogo. Por exemplo, os caça-níqueis podem legalmente criar resultados artificiais, como mostrar uma fileira de cerejas nas linhas de cima e, abaixo, o que realmente importa, para que o jogador seja levado a acreditar que quase ganhou e sinta-se incentivado a inserir mais uma moeda.[14] Modos de gerenciamento algorítmico baseado em técnicas como essa também motivam comportamentos específicos, por exemplo, ao aumentar o preço para estrategicamente convencer motoristas da Uber a se concentrarem em um determinado bairro.[15] A gamificação facilita a necessidade do capital de controlar os ritmos do trabalho e se opõe à tendência natural de trabalhadores a desacelerar e relaxar. Isso é algo que interessou ao próprio Frederick Taylor, e a gamificação moderna amplia as técnicas dele não apenas provando serem eficazes na diminuição da resistência de trabalhadores, mas indo além, motivando trabalhadores e acelerando o trabalho que desempenham.

Portanto, a Amazon gamifica o trabalho como estratégia para animá-lo, torná-lo mais divertido e sugar cada pingo de energia possível do corpo cansado de cada trabalhador. Ela se esforça para que a gamificação e o controle proveniente dela não pareçam autoritários. Ainda assim, os jogos no armazém são bem diferentes das brincadeiras espontâneas e subversivas que podem surgir em um ambiente de trabalho, ou seja, as brincadeiras que as pessoas fazem por gosto e não por obrigação.[16] O filósofo Byung-Chulo Han escreveu sobre o caráter amigável do poder contemporâneo: uma forma de dominação que invoca emoções positivas e as explora, apresentando-se como liberdade. Ainda segundo Han, nessa nova forma de dominação, gerentes se esforçam para ser iguais aos *coaches* motivacionais capazes de se conectar com trabalhadores no nível das emoções.[17] O armazém é, em vários aspectos, um estudo de caso das manifestações desse tipo de poder amigável. No entanto, a cultura de diversão forjada da Amazon é apenas um dos elementos de um regime de gerenciamento ainda muito mais complexo. As relações de poder vivenciadas por trabalhadores do armazém nem sempre se apresentam como amigáveis.

Você está sendo vigiado

No armazém, os trabalhadores ficam sujeitos a um sistema de vigilância total. A empresa implanta um dos sistemas mais intrusivos e sofisticados de monitoramento de funcionários que o mundo já viu. Autores do mais recente relatório de políticas da Amazon não foram ambíguos na escolha do título: *Eyes everywhere* [literalmente, "olhos em todos os lugares"].[18] Ainda assim, um comentário *on-line* todo escrito em letras maiúsculas por um coletor estadunidense de Virgínia conseguiu ser ainda mais direto: "EM CADA UMA DAS COISAS QUE VOCÊ FAZ, VOCÊ ESTÁ SENDO VIGIADO!". De fato, os onipresentes leitores de código de barras, que trabalhadores sempre carregam consigo, registram todas as atividades executadas, acompanhando as saídas e os intervalos, deixando a informação pronta e disponível para gerentes e supervisores. Há ainda outras formas de vigilância. Centenas de câmeras de segurança por toda parte gravam imagens do prédio inteiro, e supervisores e espiões têm a tarefa de identificar organizações coletivas e atividades sindicais. Esses dados podem ser utilizados para disciplinar. Passar muito tempo distante da tarefa – "TOT" *time off task* –, por exemplo, no banheiro, pode resultar em advertências ou até mesmo demissão. Em vários *fulfillment centers*, a organização política já redundou em muitas demissões.[19]

Em seu livro *Vigiar e punir*, de 1975, o filósofo francês Michel Foucault usou o conceito "panóptico" para representar as técnicas novas de controle que surgiam com a modernidade. Originalmente concebido como uma espécie de prisão, o panóptico foi inventado no fim do século XVIII pelo filósofo e reformista social Jeremy Bentham. No desenho que ele fez, o panóptico era uma prisão circular com as celas construídas ao redor de uma torre de vigilância central. Essa arquitetura permitia que um único guarda na torre monitorasse todas as celas, sem ser visto pelos detentos. Além disso, os prisioneiros não conseguiriam perceber quando estavam sendo vigiados, nem mesmo se estavam. Segundo Foucault, o prisioneiro de um panóptico somente conseguiria pressupor que estava sendo observado nesse sistema assimétrico de vigilância: "É visto, mas não vê; é objeto de uma informação, nunca sujeito em uma comunicação. Como consequência, o detento mesmo se policia por medo da punição". Para Foucault, a modernidade expandiu o panóptico para a vida diária, conforme regimes de vigilância e modos de disciplina institucional foram cada vez mais aplicados à população geral. Nesse sentido, a Amazon está desenvolvendo e implementando tecnologia digital que estende e aprofunda o panóptico de Bentham ainda mais – no armazém, mas também nos carros e nas vans que entregam pacotes da Amazon, os trabalhadores são constantemente vigiados, gravados, o trabalho mensurado e as atividades monitoradas.

Obviamente, a vigilância invasiva não é peculiar à Amazon. Castel San Giovanni, onde o MXP5 está localizado, é uma cidade pequena e tranquila na qual nada acontece; ainda assim, centenas de câmeras de segurança vigiam pessoas enquanto caminham, fazem compras, dirigem e até mesmo quando vão à escola. Em 2018, a cidade gastou 50 mil euros em câmeras de segurança que monitoram a entrada de prédios escolares, desde creches até escolas de ensino médio. Portanto, em certo sentido, o armazém é apenas mais um lugar onde trabalhadores encontram vigilância digital ubíqua. Mas o relacionamento dessas pessoas com a tecnologia de vigilância é ainda mais complicado, porque é impossível para os trabalhadores executar suas tarefas sem tecnologias como o leitor de código de barra, que os torna dependentes da própria ferramenta que os monitora.

O monitoramento que a Amazon faz dos trabalhadores começa na porta do armazém. Funcionários são obrigados a deixar todos os pertences pessoais do lado de fora, quando iniciam o turno. Na maioria dos casos, só podem levar para o interior da torre de coleta uma garrafa de água. Quando saem do armazém, mesmo somente para almoçar, eles passam por raios-x de corpo inteiro, para garantir que não estejam roubando quaisquer das mercadorias com as quais lidam. A partir do momento em que se conectam no escâner, ou em outra ferramenta digital como os *tablets* ou computadores que utilizam em algumas das estações de trabalho, eles são vigiados por sistemas de *software* utilizados pela gerência para controlar o processo do trabalho. Entre os mais importantes, está o Associate Development and Performance Tracker (Adapt) [rastreador de desenvolvimento e desempenho do associado], um *software* que rastreia a produtividade dos trabalhadores e estabelece a velocidade com que executam as tarefas designadas, tais como localizar, escanear ou empacotar. Adapt indica se os trabalhadores estão alcançando a meta (a quantidade de tarefas que devem executar por hora). Essas cotas são apenas um exemplo dos KPIs, ou seja, indicadores-chave de desempenho, que estão presentes em todo o armazém e na indústria de logística como um todo. A consequência desses métodos para quantificar e melhorar o resultado de um trabalhador, uma equipe ou um processo é o intenso microgerenciamento do trabalho.

Por exemplo, ultrapassar certo limite de horas de folga gera pontos "TOT". Trabalhadores que acumulam muitos desses pontos ficam sujeitos a advertências, e – sobretudo para os temporários – a renovação do contrato pode ser prejudicada. As metas pessoais padronizadas ignoram necessidades específicas de cada trabalhador ou trabalhadora. Uma gestante, por exemplo, é prejudicada por um sistema que conta TOTs conforme a quantidade de pausas para ir ao banheiro.[20] Os trabalhadores criticaram o escasso tempo de intervalo – por exemplo, um período de 30 minutos durante um turno extenuante de oito horas, incluindo o tempo necessário para atravessar o imenso depósito e chegar à sala de descanso. Embora, na maioria dos casos, a administração seja responsável por decidir qual trabalhador temporário terá seu contrato renovado ou quem será demitido, principalmente em países com poucas proteções trabalhistas, trabalhadores nos Estados Unidos testemunharam demissões totalmente terceirizadas para o sistema de *software*. Imagine descobrir que você foi demitido através de uma mensagem enviada automaticamente para o seu leitor de código de barras. Os trabalhadores relatam que isso resultou em demissões injustas. A vigilância não resulta apenas em ações disciplinares hierárquicas. Trabalhadores nos Estados Unidos também afirmam que a administração às vezes divulga pontuações TOT personalizadas para todo o depósito saber, destacando, assim, os trabalhadores e criando pressão dos colegas para trabalhar mais rápido.

A pandemia de covid-19 levou essa vigilância ainda mais longe, para dentro do corpo dos trabalhadores, uma vez que a Amazon utilizou da tecnologia para conter a propagação do vírus entre seus funcionários. Semanas após o início da crise, os *fulfillment centers* nos Estados Unidos começaram a usar secretamente câmeras térmicas para escanear os funcionários e saber se alguém tinha febre.[21] Além disso, um sistema de câmera com inteligência artificial, chamado pela Amazon de Assistente de Distância, foi implantado para garantir o distanciamento social. Trata-se de um sistema que analisa a posição dos trabalhadores que passam por ele; se um trabalhador não estiver mantendo a distância adequada dos colegas, aparece em um monitor público com um círculo vermelho intermitente ao redor de sua imagem, sinalizando que deve se afastar dos demais. Outro sistema de câmera chamado Panorama, que a Amazon vende para empresas como Cargill e Fender, automatizou a vigilância de outras infrações relacionadas à covid-19, como flagrar aqueles que não estavam usando máscaras faciais. Os modelos de visão computacional que esses sistemas utilizam podem ser treinados para monitorar as imagens de vídeo em busca de qualquer atividade "incomum".[22] A Amazon afirmou que estava trabalhando com tecnólogos especializados no aprendizado de máquinas para melhorar tais sistemas, aproveitando uma crise de saúde para se colocar na vanguarda de técnicas que um dia poderiam ser usadas para aumentar ainda mais o poder gerencial.

O sistema de vigilância da Amazon não está restrito ao armazém, mas pode-se dizer que ele é o laboratório no qual novas tecnologias de vigilância são introduzidas e testadas antes de ser implantadas em outros trabalhadores, em uma corrida para "amazonizar" cada vez mais locais de trabalho. Os equivocadamente chamados "autônomos", que fazem entregas para a empresa por meio do aplicativo de trabalhos temporários Amazon Flex, por exemplo, são rastreados com um *software* de navegação que monitora suas rotas. Sua produtividade, como o tempo que gastam para cada entrega, também é medida. E, obviamente, eles também estão sujeitos à gamificação, com o aplicativo às vezes colocando os motoristas uns contra os outros. Em 2021, solicitaram aos entregadores que instalassem no espelho retrovisor do carro uma câmera alimentada por IA chamada Driveri. Essa câmera é ativada assim que eles ligam o motor e grava continuamente a estrada à frente e o interior do carro. Depois de adquirir o gigante Whole Foods, rede de supermercados de produtos orgânicos, a Amazon expandiu a vigilância para os trabalhadores desse mercado. Um "mapa de calor" interativo atribui a cada loja uma pontuação de risco de sindicalização com base em critérios como etnia dos trabalhadores e taxa de rotatividade.[23]

Até mesmo os clientes da Amazon são vigiados – não apenas enquanto compram produtos *on-line*, mas também dentro de casa. A Alexa, assistente de IA, escuta as conversas mais particulares. O Amazon Halo é um aplicativo conectado a um bracelete com sensores que rastreiam coisas como a temperatura e os batimentos cardíacos do usuário. Em seguida, esses dados são utilizados para fornecer informação sobre o bem-estar da pessoa – se é que você acredita que bem-estar pode ser quantificado e calculado dessa maneira. Consumidores também podem adquirir vigilância no formato de *gadgets* da Amazon, para controlar a casa ou o bairro. Por exemplo, a campainha inteligente chamada Amazon Ring incorpora uma câmera e promete ao consumidor segurança por meio do monitoramento do que acontece do lado de fora da porta. Mas também permite à Amazon estender sua vigilância para o lado de fora da casa com a cumplicidade dele, ao gerar dados que a empresa pode oferecer a outras instituições como um serviço ou produto. Sempre implacável, a firma tem ainda mais ambições relacionadas a sistemas de vigilância direcionados ao consumidor. Em uma patente para o que define como "vigilância como serviço", a Amazon planeja desenvolver uma frota de drones que monitorarão a casa de clientes inscritos contra invasão e roubo.[24]

Cidadãos civis não são os únicos clientes desses sistemas de vigilância. A Amazon vende seus serviços à polícia e a agências de imigração estadunidenses. As campainhas Ring são conectadas ao Neighbors, um aplicativo que cria um mapa de calor do crime. Centenas de departamentos de polícia nos EUA agora usam esse sistema de vigilância distribuído. A empresa também vende para eles Rekognition, um sistema de tecnologia de reconhecimento facial alimentado por IA. Não é de surpreender que essa tecnologia nutra um significativo preconceito. A União Americana pelas Liberdades Civis (Aclu) descobriu que os erros do Rekognition afetam desproporcionalmente pessoas negras e exigiu que

> [...] a Amazon deve se comprometer totalmente com a suspensão geral do uso de reconhecimento facial pelas forças policiais [...]. Deveria também se comprometer a parar de vender sistemas de vigilância como o Ring, que alimenta o excesso de policiamento em comunidades de pessoas negras.[25]

Além de desenvolver produtos de vigilância direta, por meio de outros serviços a Amazon apoia regimes de vigilância já existentes. Por exemplo, fornece a infraestrutura *on-line* que abriga dados utilizados pela agência de imigração e alfândega ICE, para organizar a detenção e a deportação de imigrantes. Engenheiros da Amazon protestaram contra essa colaboração usando o *slogan* "Nenhuma tecnologia para a ICE". Hiba Ali, artista e acadêmica (que também já trabalhou em um FC da Amazon), criticou produtos como o Ring, dizendo que eles alimentam um "mercado de segurança comprada" em que "há intersecção de classe e raça para reproduzir o que condomínios brancos 'seguros' são".[26] De fato, a história da vigilância tecnológica em geral está estritamente conectada ao desejo de controlar e reprimir as populações não brancas. Raça – sobretudo a negritude – é o principal fator que influencia o modo pelo qual "pratica-se, narra--se e estabelece-se a vigilância", como a teórica Simone Browne expressa.[27] De volta para o armazém, raça é também um fator bastante crítico na implantação de vigilância no local de trabalho. Em vários países, a Amazon contrata uma força de trabalho composta predominantemente por minorias racializadas. Isso significa que se aplica a pessoas negras e indígenas contratadas uma versão extremista de um sistema de vigilância que historicamente as oprimiu e traumatizou – e continua fazendo isso.

Trabalhadores de armazéns são monitorados não apenas para garantir que manterão os ritmos cada vez mais insanos exigidos pelo emprego, mas também como controle político. Anúncios de vagas publicados no *website* de contratação <www.amazon.jobs>, em 2020, divulgavam cargos para analistas que tinham como tarefa reunir inteligência acerca das "ameaças trabalhistas organizadas contra a empresa".[28] As postagens deixavam explícita a busca por candidatos com experiência militar prévia ou em atividades de reforço da lei. Gerentes dos *fulfillment centers* também são treinados para ficar atentos às organizações trabalhistas. Vazou em 2019 um vídeo que demonstrava como a Amazon instrui seus supervisores a identificar precocemente os sinais de organização trabalhista, tais como trabalhadores falando de um "salário de sobrevivência". A implementação de profissionais treinados em técnicas autoritárias na Amazon está bem estabelecida. No fim de 2020, o *site* de notícias Vice divulgou uma história sobre o Centro de Operações de Segurança Global da Amazon, um departamento cujo quadro de funcionários é composto, em parte, por ex-analistas de inteligência militar. Estabelecido em Phoenix, Arizona, a função do Centro é reunir informação sobre sindicatos e movimentos sociais, a fim de evitar transtornos nas operações da empresa. De acordo com relatórios internos que vazaram, a Amazon também contratou a Pinkerton Detective Agency para ajudar o Centro a monitorar trabalhadores, por exemplo, infiltrando-se em *fulfillment centers* para identificar os agitadores. A empresa é famosa por intimidar sindicatos e trabalhadores a mando dos capitalistas industriais do final do século XIX e início do século XX. Outros vazamentos revelaram que ela monitora perfis nas mídias sociais gerenciados por sindicatos e outros movimentos que tenham um pé dentro dos FCs da Amazon, inclusive alguns presentes no MXP5.[29]

Monitoramento de funcionários não é um fenômeno novo. Faz parte do capitalismo industrial desde, pelo menos, o início do século XX. Mas, devido ao poder de fogo tecnológico que possui, a Amazon se posiciona na vanguarda da inovação em tecnologias de vigilância digital.[30] Os dados gerados pela empresa ao monitorar trabalhadores são armazenados em seus servidores, uma verdadeira caixa-preta, e às vezes vendidos, o que torna a situação ainda mais problemática para a democracia do local de trabalho. E a Amazon tem o propósito de ir além, investindo de forma pesada em desenvolvimento tecnológico para apertar o cerco contra trabalhadores, expandindo seu panóptico digital: patentes revelam os planos da empresa para introduzir tecnologia de vigilância nova, desde óculos de realidade aumentada para ajudar supervisores a identificar trabalhadores até braceletes digitais para rastrear os movimentos de funcionários. Trabalhadores sabem que vigilância é uma ferramenta estratégica usada pela Amazon para manter seu poder. Várias campanhas lideradas por trabalhadores em vários armazéns da rede global da Amazon já identificaram isso como uma prática para limitar ou eliminar.

Gestão pelo estresse

A digitalização da vigilância não significa que o controle dos trabalhadores seja totalmente terceirizado por algoritmos. As tecnologias e os dados coletados por meio de vigilância também são usados para aumentar o poder gerencial. Conversei com um líder de equipe do MXP5 chamado Paolo, que dos bastidores acompanhou os sistemas de vigilância dos trabalhadores. Ele explicou como os coletores que percorrem o armazém para resgatar mercadorias deixam rastros digitais detalhados para os gerentes observarem:

> Quando um trabalhador faz *login* no escâner, eles veem quantas peças são feitas por hora [...]. É muito simples, você vê uma linha para estocagem ou coleta, e, se houver uma lacuna na linha, você pode ver que o trabalhador foi ao banheiro ou fez uma pausa.

Ele também disse que a gerência pode ver "quantas peças por hora ele está fazendo e em quais horários ele foi mais rápido". Estatísticas geradas na análise do trabalho de um coletor podem ser usadas por líderes de equipe e gerentes. Por exemplo, um gerente pode dizer a um líder de equipe: "Até o meio-dia você deve fazê-los coletar 50 mil peças". Mas, na maioria das vezes, ele explicou, a ação disciplinar era individualizada.

> O gerente me pedia para dizer a esse ou àquele trabalhador para se esforçar um pouco mais porque estava devagar [...]. Eu verificava e dizia: Mas eles são tão

rápidos! Como diabos devo dizer a eles para acelerarem? Mas ser crítico não leva a lugar nenhum lá dentro.

Assim como na maioria dos locais de trabalho, o armazém é uma organização estritamente hierárquica. Isso fica muito explícito nos códigos de cores usados para identificar diferentes tipos de trabalhadores. Quem usa crachá verde (na América do Norte, branco) está entre os mais precarizados, contratados por meio de agências de trabalho temporário. Crachás azuis são para associados em tempo integral contratados diretamente pela Amazon. Logo acima na hierarquia estão os "líderes" de colete amarelo, responsáveis por uma pequena equipe de trabalhadores. Frequentemente, são pessoas de classe média contratadas logo após se formarem na universidade. Normalmente, recebem mais instrução antes de ser enviadas ao armazém. Por exemplo, a Amazon envia quem vai trabalhar no MXP5 para sua sede europeia, em Luxemburgo, para uma sessão de treinamento sobre cultura corporativa e processos. Mais acima na hierarquia estão os gerentes, que supervisionam uma área inteira de um determinado armazém, por exemplo, saída ou entrada. A Amazon é explícita em sua busca por supervisores que "tenham aptidão para treinar, motivar e persuadir", conforme declarado em um anúncio de emprego direcionado a ex-militares.

No entanto, a automação cada vez maior do trabalho significa que muitos supervisores têm papéis técnicos e organizacionais limitados; afinal, tarefas como atribuir funções a trabalhadores ou analisar o inventário são, em sua maioria, terceirizadas, realizadas por algoritmos – e pelos engenheiros que os escrevem e executam. No entanto, essas figuras, que Marx chamou de "oficiais não comissionados" da indústria, comandam o poder. Na Amazon, a função que executam é a de garantir a disciplina dos trabalhadores, enquanto perpetuam o mito culturalmente construído de que o armazém é um local de trabalho especial. Ou seja, a tarefa é disciplinar e, simultaneamente, garantir que todos permaneçam positivos. Paolo resumiu a dupla tarefa dos gerentes para mim: "Qual é o papel do gerente? Prometer. Dizer às pessoas: se você se esforçar, farei de você um solucionador de problemas. Vou te salvar. Prometer, atrair, acalmar. E, obviamente, punir". As punições podem assumir diversas formas: fazer advertências por escrito a trabalhadores, negar pedidos de tarefas feitos por preferência ou não recomendar a renovação do contrato de trabalho.

A assimetria do poder no armazém também se manifesta como assimetria ao acesso à informação, já que apenas gerentes podem visualizar os dados reunidos usados para calcular o desempenho de um trabalhador.[31] Os trabalhadores geralmente têm acesso apenas a números vagos. Gerentes e líderes podem transmitir informações em termos de porcentagens; por exemplo, dizendo aos trabalhadores que atingiram apenas 80% da meta, sem divulgar a natureza dela. Por sua vez, os trabalhadores procuram se antecipar à disciplina, tentando estimar sua produtividade – esforçando-se para acelerar, se necessário. Alguns contam o número de itens que armazenam ou coletam por hora, estimando a quantidade de itens que uma caixa pode conter em média e depois contando as caixas que esvaziaram ou carregaram durante um turno. Por exemplo, trabalhadores temporários que esperam conseguir um contrato de tempo integral no fim de sua passagem por uma agência de trabalho temporário talvez se esforcem para acompanhar as metas de produtividade dos colegas que trabalham em tempo integral. Em um comentário *on-line*, um estoquista da Califórnia descreveu como isso pode funcionar:

> Espera-se que você alcance uma "taxa", significando que você deve estocar certo número de itens por semana. Não é um conceito simples, como mil itens por dia – cada item tem seu próprio limite de tempo/taxa (algo como: itens grandes 30 por hora, itens médios 60 por hora, itens pequenos 120 por hora), então não é possível calcular pessoalmente se você está dentro da taxa ou não. Os gerentes [...] postam uma lista com as taxas de todos os funcionários ao longo do dia, ou às vezes uma vez por dia; é assim que você pode descobrir como está indo em relação à taxa.

Essas metas variam conforme o tipo de mercadoria, a área do armazém e outros fatores que dependem de decisões gerenciais e padrões de consumo.

Muitos trabalhadores do MXP5 entendem as metas como uma grande fonte de estresse, porque quem não acompanha o ritmo é alvo de atenção. Elisa, jovem funcionária precarizada, disse-me:

> Em alguns dias, dá para perceber que eles têm que fornecer *feedback*; você os vê todos rondando, cada um com seu computadorzinho. Um dia, percebi que estavam de olho em mim e tentei ser rápida, mas [...] me chamaram de lado e disseram que [...] a culpa era minha se tivéssemos que fazer hora extra.

Trabalhadores de vários *fulfillment centers* relatam a mesma história de um líder ou um gerente abordando-os e dizendo que sua taxa está muito baixa, que precisam trabalhar mais rápido para atender aos padrões do FC. Essa relação entre associados e gerentes é mediada também pelo leitor de código de barras. Por exemplo, os escâneres ou o computador nas estações de trabalho podem ser usados para chamar um coletor ou um estoquista da torre de coleta para essas "sessões de *feedback*". Elisa, por exemplo, foi abordada várias vezes por um supervisor dizendo coisas como: "Você já foi uma das melhores e agora só atinge de 60% a 70% da meta". E essa meta só lhe era possível adivinhar. A indeterminação é usada para controlar os trabalhadores. No JFK8, na cidade de Nova York, era raro acontecer uma demissão baseada no TOT, mas os trabalhadores não sabiam disso: o objetivo, de acordo com diretrizes internas vazadas, era "criar um ambiente [onde] os associados soubessem que estamos acompanhando o TOT" – consequentemente, aumentando a ansiedade a ponto de os trabalhadores anotarem seus intervalos em um caderno, como garantia.[32] Os trabalhadores relatam outros fatores complicadores no esforço para alcançar a meta. Eles acreditam que os supervisores atribuem tarefas a partir de um julgamento. Ou seja, alguns trabalhadores recebem lotes "mais fáceis", compostos por itens menores que podem ser armazenados rapidamente ou por uma série de itens a serem estocados em áreas adjacentes da torre de coleta, o que exige menos tempo indo e voltando nos corredores. Conversei com gerentes que negaram que isso aconteça. Certamente, eles têm interesse em sustentar a ideia de que trabalhadores só podem culpar a si mesmos por suas taxas insuficientes.

Em suma, a disciplina pode atingir qualquer pessoa que se esforce e pode se manifestar de diferentes formas. Uma punição insignificante, mas impactante, típica do despotismo no armazém, foi vivenciada por Elisa. Ela relatou que "para me fazer entender que não sou mais bem-vista, tiraram a única coisa que tenho, minha cordinha azul". Essa cor identifica os instrutores: trabalhadores da base encarregados de levar os novos contratados a um *tour* pelo armazém, uma tarefa que é, em si, compensadora, na medida em que proporciona uma pausa ocasional em um turno exaustivo de oito horas de coleta ou empacotamento. Mas os trabalhadores aprendem como subverter esse tipo de despotismo. Como já observado na história do trabalho industrial, os FCs "punitivos" para onde encrenqueiros são designados podem rapidamente se tornar terreno fértil para a organização sindical.

Em um encontro internacional de sindicatos que trabalham para parar a Amazon, um representante estadunidense descreveu esse arranjo como "taylorismo infernal". E, de fato, a obsessão pelo controle e a imposição de metas criam um ambiente de ansiedade para os trabalhadores, que precisam competir entre si e consigo mesmos para acelerar, o que os impossibilita de direcionar seu descontentamento à Amazon. As sociólogas estadunidenses Ellen Reese e Jason Struna chamaram isso de "gestão pelo estresse".[33] O uso de tecnologia para rastrear e quantificar o trabalho, assim como para avaliar e disciplinar os trabalhadores, é, obviamente, fundamental para essa forma de gestão. Um funcionário do PDX9 explicou-me que várias coisas podem causar estresse, como a disponibilidade limitada de leitores de código de barras durante os períodos de pico: "É preciso se preocupar com alguém roubando seu escâner de mão enquanto você faz uma pausa. Trata-se de diminuir os trabalhadores, a capacidade que têm de realizar o trabalho, e de forçá-los a competir entre si". Emma, a coletora do MXP5 que tem cerca de 50 anos, lembrou-se de um dia em que um gerente a parou, junto com uma colega de trabalho, para instruí-las sobre determinado assunto. Emma contou-me que sua colega "ficava olhando para o computador [do gerente] enquanto dizia 'mas estou perdendo produtividade, estou perdendo produtividade'". Ela percebeu que a colega estava olhando para gráficos que mostravam sua taxa de produtividade diminuindo em tempo real. Embora elas tivessem sido instruídas a parar por um gerente, não lhe disseram para sair do sistema, portanto sua colega enfrentava a perspectiva de uma ação disciplinar posterior. A possibilidade de assistir à sua produtividade quantificada cair em tempo real apenas exacerbava a ansiedade. Emma teve que se automedicar para lidar com o estresse: "Eu também tive ataques de pânico e tudo mais, simplesmente tomava Xanax antes do trabalho. Era necessário". O uso de drogas não é incomum entre os trabalhadores da Amazon.

Esse tipo de pressão pode vir dos supervisores, como quando Emma foi pegar um lanche durante o turno e descobriu que um gerente estava "fotografando para mostrar que você foi à máquina de venda fora do horário do almoço". Mas outros trabalhadores, motivados pelas taxas ou pela imposição ideológica do espírito de equipe, talvez também participem da vigilância de seus colegas. Um exemplo veio de Elisa, que me contou sobre uma vez em que recusou um pedido para fazer hora extra porque estava se sentindo mal. "Quando dissemos não [às horas extras], tivemos que fazer *logout* na frente de todos os outros que continuariam trabalhando. Parecia a caminhada da penitência", ela disse, referindo-se a uma famosa cena da série de televisão *Game of Thrones*.[34] "Eu estava doente naquele dia e eles ficavam dizendo: 'Ei, você não vai ficar?'", continuou ela. Devido à necessidade de horas extras no armazém, a recusa em assumir trabalho fora do horário de expediente se torna objeto de moralismo e julgamento, porque os funcionários internalizam as exigências gerenciais e acabam pressionando uns aos outros para acompanhar os ritmos impiedosos de trabalho no armazém. Às vezes, os gerentes tentam fortalecer essa forma coletiva de controle, por exemplo quando convocam os trabalhadores para reuniões de presença obrigatória para todos, nas quais são instruídos sobre a necessidade de acelerar ou fazer hora extra.

Toda essa pressão é ainda mais intensa para trabalhadores que chegam à Amazon como temporários. Durante os picos de trabalho, o *fulfillment center* dobra sua força de trabalho, incluindo centenas de trabalhadores contratados por agências de emprego temporário. Esses contratos costumam ser de apenas algumas semanas, embora alguns trabalhem arduamente na esperança de manter o emprego ao final do período especificado. Os gerentes da Amazon lidam diretamente com agências de emprego temporário, como Adecco ou Manpower, que têm escritórios na entrada do MXP5. Isso significa que os trabalhadores temporários ficam mais suscetíveis à pressão gerencial; tentam agradar a quem pode intervir nas decisões sobre quais contratos serão prorrogados ou quem fará parte da maioria dos associados temporários que será dispensada do armazém. Portanto, não é de surpreender que os temporários sejam descritos por outros funcionários como pessoas trabalhando "horas absurdas" sob "pressão psicológica". Alguns dão conta, como os jovens do sexo masculino que estão em boa forma física ou não precisam se preocupar em cozinhar ou limpar a casa depois do turno. O que é muito diferente para os trabalhadores mais velhos ou com deficiência. Mas, de modo geral, um sentimento de estresse e insegurança domina o ambiente do armazém.

Assim como em muitas outras áreas do capitalismo contemporâneo, as dinâmicas de classe intersectam-se com raça e gênero e desempenham um papel na configuração das relações de poder no armazém, e, portanto, na distribuição do estresse de maneira desigual. A divisão do trabalho no armazém é talvez a manifestação mais visível de como o acesso ao poder é marcado por gênero e raça, uma vez que a maioria dos supervisores e praticamente todos os gerentes são homens brancos italianos, enquanto os trabalhadores de base, como coletores e estoquistas, incluem uma quantidade grande de mulheres, assim como migrantes e pessoas racializadas. Como afirma a teórica social Anna Curcio, que estudou o trabalho em armazéns no norte da Itália, "a interconexão entre capitalismo, colonialismo e patriarcado permite a empresas reduzir os custos trabalhistas, bem como disciplinar e marginalizar corpos específicos dentro do armazém".[35] Trabalhadores relatam preconceitos por parte da gerência, principalmente contra funcionários negros e muçulmanos, e assédio sexual. Relatos de favores ou promoções baseados em relacionamentos sexuais também são ubíquos. Elisa, por exemplo, vivenciou isso diretamente. Ela relatou que seu instrutor no FC lhe disse: "Se você dormir comigo, terá uma carreira". Isso, segundo ela, foi apenas a ponta do *iceberg*: "Como mulher, suportei muitas dessas coisas". Isso não é peculiar à sua experiência. Muitos trabalhadores do MXP5 relatam surpresa em relação à forma hipersexualizada com a qual jovens colegas se vestem e se maquiam. Isso certamente não é um fenômeno limitado à Amazon, mas, segundo a socióloga feminista Leslie Salzinger, podemos assumir que a sexualização sinaliza uma cultura gerencial que mobiliza a feminilidade das mulheres para servir aos objetivos de produtividade.[36] Mais estresse a ser suportado em prol do cumprimento de metas.

Na América do Norte, tanto a composição racial da força de trabalho quanto as dinâmicas do racismo são diferentes. Em muitos FCs, a força de trabalho da Amazon é predominantemente composta por pessoas negras ou pardas, e a maioria dos funcionários racializados enfrenta o racismo em diversas formas. Por exemplo, trabalhadores negros da Amazon foram usados como bodes expiatórios pela empresa durante a crise do covid-19. Um dos exemplos mais conhecidos é a perseguição aos funcionários negros estadunidenses que protestavam contra a falta de medidas de segurança, no início da pandemia, em 2020.[37] Em suma, o armazém reproduz o próprio sistema que protege e amplifica a supremacia branca, submetendo sua força de trabalho racializada a ela. Esse foi o caso no BHM1, em Bessemer, Alabama, um gigantesco armazém da Amazon onde mais de 80% da força de trabalho é composta por pessoas negras. Conforme os trabalhadores se esforçavam para sindicalizar o armazém – uma batalha que perderam em março de 2021 –, ficou explícito que a luta pela dignidade e pelo respeito negados pela postura antissindical da Amazon não se restringia apenas a direitos trabalhistas. Tratava-se também de uma luta por justiça racial, uma vez que a alta cúpula branca da empresa se colocou contra a campanha de sindicalização liderada por trabalhadores negros que estavam, antes de qualquer coisa, interessados em ser ouvidos.

Sorria, você está sendo filmado

A coexistência da gestão pela diversão e da gestão pelo estresse está longe de ser paradoxal. É produto do sonho da Amazon de ampliar e fortalecer seu controle sobre os trabalhadores. A tecnologia é apenas um elemento, embora importante. Outro é o autoritarismo inerente às organizações capitalistas. Raniero Panzieri, teórico do trabalho, capturou esse duplo modo de exploração com sua recomendação para considerar "a unidade dos momentos 'técnicos' e 'despóticos' na organização atual da produção".[38] É simplesmente impossível desvincular o papel da tecnologia no chão de fábrica do muito humano domínio capitalista exercido sobre os trabalhadores. Para manter sua posição econômica, a Amazon precisa encontrar maneiras de forçar os trabalhadores a se conformarem perfeitamente e de forma eficiente aos ritmos impostos pela automação. Na década de 1950, o filósofo Jacques Ellul falou sobre uma sociedade tecnológica dominada por técnicas usadas a serviço de um sonho de "eficiência absoluta". De seu ponto de vista, a tecnologia era apenas uma das muitas técnicas, organizacionais e tecnológicas, usadas para sustentar essa eficiência.[39] Panzieri deu um toque marxista à sua análise das estratégias complementares empregadas pelo capital para subjugar o trabalho: "Não apenas máquinas, mas também 'métodos', formas organizacionais etc.",[40] com o objetivo de organizar e estruturar processos humanos confusos, tornando--os mais fáceis de controlar e dominar. Muitos estudos subsequentes sobre o capitalismo industrial descreveram regimes gerenciais como o imposto pela Amazon como a alavanca usada pelo capital para criar relações de poder favoráveis no chão de fábrica. Burawoy chamou as práticas organizacionais que regulam a produção nas fábricas de "despotismo fabril".

No armazém, a Amazon emprega exatamente esse conjunto de táticas: ela empresta técnicas tanto do capitalismo industrial inicial quanto das variadas ferramentas culturais e tecnológicas do capitalismo digital contemporâneo e as reúne em um único dispositivo: o leitor de código de barras. A tecnologia digital fornece a base material para a gestão do trabalho de base no armazém, pois é usada para organizar o trabalho. Ela também aumenta a capacidade da gerência de monitorar os trabalhadores e quantificar sua produção. Emprestando a famosa ideia de Marshall McLuhan de que a mídia eletrônica é uma extensão dos processos sociais e comunicativos humanos,[41] pode-se dizer que a tecnologia de vigilância estende, ou amplia, a capacidade da gerência de monitorar os funcionários e impor tanto a diversão quanto o estresse no armazém.[42] A Amazon empresta também da cultura digital o que o teórico de mídia Fred Turner chama de "infraestrutura cultural": um conjunto de elementos culturais que podem ser usados para estruturar o comportamento dos funcionários.[43] No caso da Amazon, isso significa a importação de elementos lúdicos dos *campi* das grandes empresas de tecnologia e do manual da cultura corporativa contemporânea, que vão do dia do chocolate à gamificação, dos *briefings* às iniciativas de bem-estar e *mindfulness*.[44]

O efeito dessas técnicas nos trabalhadores é ilustrado no jogo de fliperama *on-line* "The Amazon Race" ["A corrida da Amazon"]. Ele foi lançado pela rede de notícias australiana ABC em 2019 para complementar um artigo investigativo sobre as condições de trabalho na Amazon. Como jogador, você assume o papel de um coletor que anda pelo armazém, apenas ganhando novas tarefas (e, portanto, pontos) quando se mostra eficiente ao seguir as instruções do leitor de código de barras. Às vezes, você é confrontado com a escolha de parar e ajudar um colega que precisa. Mas é evidente que isso vai diminuir sua velocidade, e não atingir suas metas pode resultar em demissão. No refeitório, você pode conversar com os outros, mas supervisores que estão próximos à porta podem repreendê-lo por isso.[45] Mesmo nesse *videogame*, fazer exercícios de alongamento ou cantar com sua equipe sob a vigilância de um supervisor durante as reuniões é obrigatório. Mas, no fim das contas, o que realmente importa é a sua produtividade. No armazém da vida real, não é muito diferente. Como disse o trabalhador que descreveu o uso dos leitores de código de barras para avaliar os funcionários, trabalhar no FC é "um pouco como ser um camponês em Warcraft".[46] Esse trabalhador reconheceu que, na verdade, eles são uma unidade barata e descartável, instrumentalizada em um jogo que está sendo jogado por outra pessoa. Essa outra pessoa é, obviamente, a gerência da Amazon.

A natureza aparentemente amigável, porém despótica, da gestão da Amazon não é nova na história do capitalismo industrial. A partir dos anos 1920 e 1930, nos Estados Unidos, o paternalismo corporativo se desenvolveu como um meio de promover o crescimento do capitalismo industrial. Henry Ford foi uma peça-chave nesse movimento, pois a imagem amigável que ele construiu através do generoso salário de 5 dólares ao dia foi acompanhada pelo uso de métodos de repressão brutal. O Departamento de Serviço da Ford tornou-se infame por suas operações de combate aos sindicatos na década de 1930, rapidamente se tornando o arqui-inimigo do sindicato trabalhista United Auto Workers. Cinco dólares por dia ou não, os trabalhadores descreviam as fábricas da Ford como um "inferno na Terra" que os transformava em robôs. A Ford chegou a ponto de proibir o simples ato de sorrir (resultando no que os trabalhadores chamavam de "fordização" de seus rostos), além de outras formas de sociabilidade.

Algumas décadas depois, gurus de recursos humanos, como Peter Drucker, atualizaram e modernizaram o paternalismo corporativo, defendendo que as empresas cultivassem o engajamento dos funcionários com os objetivos corporativos e a participação deles para alcançá-los. Para Drucker, a empresa "deve ser capaz de proporcionar [aos funcionários] uma visão e um senso de missão. Deve ser capaz de satisfazer seu desejo por uma contribuição significativa para sua comunidade e sociedade". Empresas de tecnologia estavam entre as muitas a adotar essas recomendações. Na década de 1980, o etnógrafo Gideon Kunda estudou uma empresa nos Estados Unidos que chamou de "Tech", cujos engenheiros participavam de uma cultura baseada em forte comprometimento, identificação com os objetivos corporativos e "diversão".[47] A gerência assumiu que uma cultura de diversão poderia ser planejada, desenvolvida e mantida para facilitar o cumprimento dos objetivos corporativos. Uma revista de negócios que cobria a empresa usou a manchete "Trabalhando duro, divertindo-se". Talvez Jeff Bezos tenha lido aquela edição da revista. Ou talvez ele tenha simplesmente destilado o mesmo imperativo essencial para seus trabalhadores a partir do clamor generalizado para construir "felicidade no trabalho", encontrado na teoria contemporânea de gestão predominante na cultura estadunidense de *startups* de tecnologia.[48] Para desenvolver o senso de missão e pertencimento proposto por Drucker, a corporação moderna investe em técnicas de "engajamento dos funcionários".

As definições de engajamento variam, incluindo comprometimento dos trabalhadores, entusiasmo pelo trabalho e atitude positiva em relação à empresa e aos seus valores. Isso, insistem os psicólogos organizacionais, é o oposto do vazio existencial que leva ao esgotamento: um "estado afetivo-motivacional positivo e satisfatório de bem-estar relacionado ao trabalho".[49] O engajamento de funcionários é, evidentemente, programado para desencadear a "capacidade latente [dos trabalhadores] de executar mais tarefas, de trabalhar mais duro", conforme estudos críticos de gestão.[50] O "imperativo de produtividade", como Melissa Gregg expressa, está sempre no centro das iniciativas gerenciais contemporâneas que se baseiam em práticas de autoajuda ou buscam a estetização do trabalho.[51] Isso difere bastante do que muitos trabalhadores considerariam recompensas materiais mais importantes, como salário e benefícios, ou trabalhar *menos*, não mais ou se esforçando mais.

Ao implantar tanto uma infraestrutura tecnológica quanto uma infraestrutura cultural novas para controlar a força de trabalho, Bezos adiciona um toque digital à Ford e à Drucker. Existem diferenças: por exemplo, na "amazonificação" do rosto de trabalhadores, sorrir não é apenas permitido, mas incentivado e recompensado como parte da cultura de diversão obrigatória – desde que os sentimentos sejam expressos dentro dos limites preestabelecidos pela Amazon. Outras empresas seguem o exemplo. Em junho de 2021, a Canon instalou em seus escritórios na China câmeras de "reconhecimento de sorriso" alimentadas por IA. A tecnologia só permite a entrada de trabalhadores sorridentes – a automação da felicidade obrigatória.[52] Esses elementos, incluindo os *briefings*, os dias da pizza e o jargão da Amazon, contribuem para criar um ambiente paternalista no armazém. Em certo sentido, isso é o básico de Gramsci – na década de 1930, o teórico político italiano esboçou uma sofisticada teoria do poder, descrevendo-o como um processo que requer tanto força quanto consentimento para ser sustentável, uma cenoura e um chicote permanentes e sempre em alternância. A Amazon sabe que o despotismo não é suficiente e aplica técnicas de *marketing* interno direcionadas à sua força de trabalho. Afinal, os trabalhadores, como explica a moderna teoria de recursos humanos, podem e devem ser vistos como clientes internos. Don Tapscott, teórico de gestão, incentivou o que chamou de "empresa estendida": uma empresa que reconhece o papel dos relacionamentos na criação de riqueza.[53] Essa teoria defende que a capacidade de estender essa rede de relacionamentos tanto externamente (em relação a clientes ou outras empresas) quanto internamente (em relação aos trabalhadores) é fundamental para a habilidade de uma empresa para aumentar sua capacidade de gerar valor.

As técnicas de gestão têm como objetivo tornar os trabalhadores mais felizes, mas esse é um objetivo secundário. O primeiro propósito é sempre torná-los mais produtivos. Se não forem produtivos, podem continuar infelizes.[54] Como mencionado pelo funcionário sazonal Zak: "O *slogan* é 'Trabalhe duro. Divirta-se. Faça história' [...]. Desconheço a parte da diversão". Muitos rapidamente percebem que, nas palavras de um sindicalista que estava atuando no MXP5, "a empresa quer ser sua mãe, mas, assim que você desacelera, ela se transforma em uma madrasta perversa". Quando não estão se divertindo ou, principalmente, quando não estão sendo eficientes, a empresa abandona sua obsessão pela diversão e rapidamente recorre à punição. Em certo momento, a felicidade deixa de ser uma preocupação, e os trabalhadores são simplesmente considerados descartáveis e expulsos do armazém, prontos para ser substituídos por outra onda de trabalhadores cuja produtividade e cuja felicidade podem estar mais alinhadas às necessidades corporativas. Em suma, no cerne das técnicas gerenciais da Amazon reside a luta sobre as formas como o poder opera no armazém. Ao fim e ao cabo, apenas os clientes devem estar sempre felizes, com seus desejos imediatamente atendidos.

Notas

1. Como em vários outros setores da economia digital. Ver Huws, 2016.
2. Amazon, 2021b.
3. Ver, por exemplo, Gregg, 2018.
4. Citado em Hahn, 2019.
5. Fleming, 2005, pp. 285-303.
6. Comum em indústrias, desde mídia social até economia verde. Sobre mídia social, ver Duffy & Schwartz, 2018, pp. 2.972-2.989; sobre economia verde, ver Castellini, 2019, pp. 63-70.
7. Amazon, 2021a.
8. Anônimo, 2017.
9. Amazon, 2021a.
10. *Idem*.
11. Mollick & Rothbard, 2014.
12. Sobre call centers, ver Brophy, 2017; Woodcock, 2017. Sobre *gamification* na economia de freelancer, ver Mason, 2018.

13 Burawoy, 1979.
14 Dow Schüll, 2012.
15 Rosenblat & Stark, 2016, pp. 3.758-3.784.
16 Woodcock & Johnson, 2018, pp. 542-558; ver também Fizek; Fuchs; Ruffino & Schrape (org.), 2014.
17 Han, 2017.
18 Open Markets Institute, 2020.
19 Para ler um relato pessoal sobre esse fenômeno no Canadá, ver Amazon Workers Collective, 2020.
20 Gurley, 2020a.
21 Dastin & Hu, 2020.
22 Schreiber, 2020.
23 Peterson, 2020.
24 Yeturu & Huddleston, 2019.
25 American Civil Liberties Union, 2020.
26 Ali, 2020.
27 Browne, 2015.
28 O anúncio ainda está disponível em <https://web.archive.org/web/20200901125940/https://www.amazon.jobs/en/jobs/1026060/intelligence-analyst>. [N. da T.: Na ocasião da tradução deste livro, o anúncio não estava mais disponível.]
29 Gurley, 2020b.
30 Para uma descrição detalhada do sistema de vigilância da Amazon, ver Delfanti; Radovac & Walker, 2021.
31 Rosenblat & Stark, 2016, pp. 3.758-3.784.
32 Kantor; Weise & Ashford, 2021.
33 Reese & Struna, 2018, pp. 81-95. Eles emprestam a ideia de gerenciamento pelo estresse de Parker & Slaughter, 1994.
34 Na cena, a rainha Cersei é humilhada em público, forçada a andar nua diante de uma multidão.
35 Curcio, 2000, pp. 90-102.
36 Ver Salzinger, 2003. Sobre o papel da sexualidade da mulher e o assédio sexual nos FCs estadunidenses, ver Reese, 2020, pp. 102-115.
37 Ghaffari & Del Rey, 2020.
38 Panzieri, 1961, p. 63.
39 Ellul, 1964, p. 25.
40 Panzieri, 1961, p. 63.
41 McLuhan, 1964.
42 Para outro uso dessa metáfora, ver Gordon & Manosevitch, 2011, pp. 75-95.
43 Turner, 2009, pp. 73-94.
44 Sobre a influência de mindfulness nas atividades de colarinho branco ver, por exemplo, Guyard; Kaun & Workfulness, 2018, pp. 535-548.
45 ABC News Story Lab, 2019.
46 Warcraft é um jogo de estratégia em tempo real no qual jogadores gerenciam trabalhadores e recursos para construir exércitos e derrotar os adversários. O "peão" é uma unidade facilmente eliminada e substituída, usada para cortar madeira, trabalhar na mina de ouro e construir edifícios. A citação foi retirada de Anônimo, 2017.
47 Kunda, 2009.

[48] Fisher, 2010, pp. 384-412.
[49] Bakker; Schaufeli; Leiter & Taris, 2008, pp. 187-200.
[50] Jackson & Carter, 2011, pp. 388-389.
[51] Gregg, 2018.
[52] Vincent, 2021.
[53] Tapscott & Caston, 1993.
[54] Sobre a relação entre felicidade e produtividade na cultura da diversão, ver Jackson & Carter, 2011, pp. 387-405.

4
Obsessão pelo consumidor

Imagine que você está encomendando um presente de aniversário para um ente querido, talvez um guaxinim de pelúcia para seu sobrinho bebê. É importante que você receba o brinquedo nas próximas 24 horas, porque estará com ele depois de amanhã. Mas é 21 de dezembro! Todo mundo está correndo para comprar brinquedos. No entanto, você é assinante Prime – um membro que paga pelo serviço de entrega preferencial da Amazon. Quando você adiciona o produto ao seu carrinho, a Amazon promete que o guaxinim de pelúcia estará em sua porta amanhã de manhã. Esse serviço rápido é o que você espera. Aliás, em certos casos, como quando solicita itens de comida, você até espera que a entrega ocorra dentro de poucas horas. O que você não vê é o que o seu pedido desencadeia: ele não aciona apenas as operações de uma rede de logística, mas também uma relação trabalhista específica, que ressoa desde os cliques dos clientes no *site* até toda a infraestrutura da Amazon. De fato, os armazéns da Amazon são projetados com base em um princípio de flexibilidade em que algoritmos definem o ritmo em resposta a esses cliques agregados, e os trabalhadores precisam se adaptar a isso.

A natureza do comércio *on-line* proporciona a flutuação das vendas ao longo do tempo, por exemplo, com picos em dezembro, durante o *Hanukkah* e o Natal, e em dias de consumo mais seculares, como a *Black Friday* ou o *Prime Day*. Portanto, a Amazon precisa de uma força de trabalho extremamente flexível para conseguir entregar rapidamente, de forma suave e em prazos cada vez mais insanos, mesmo quando os negócios podem dobrar ou triplicar. Isso faz parte do que a Amazon chama de "obsessão pelo consumidor": um de seus valores corporativos essenciais, elaborado pelo próprio Jeff Bezos, em 1998. Os trabalhadores dos armazéns são constantemente lembrados do *slogan* durante as reuniões, como uma justificativa para o ritmo agitado de trabalho. Significa que a Amazon fará o que for necessário para entregar-lhe rapidamente aquele guaxinim.

Para os clientes, essa obsessão pode significar conveniência. Mas o ritmo muda constantemente conforme a batida do algoritmo, e os trabalhadores absorvem o choque percussivo, resultado da sincronização do ritmo da circulação de mercadorias com o do trabalho no armazém. Na verdade, toda a indústria logística é viabilizada por empregos que podem ser rapidamente reconfigurados, destruídos ou criados, dependendo das necessidades do consumo.[1] Portanto, a vida dos trabalhadores deve ser flexível. A Amazon exige uma força de trabalho que ela possa mandar trabalhar ou não, conforme sua necessidade. Por exemplo, ela precisa de trabalhadores que não recusarão solicitações de horas extras ("vamos ficar mais duas horas!") nem a imposição repentina de um turno domingo de manhã, programado e informado no sábado à noite. Ela requer uma força de trabalho que possa dobrar de tamanho durante certos períodos, como dezembro, e depois reduzir novamente para seu tamanho-base, em janeiro; uma força de trabalho que possa ser convocada, com um estalar de dedos – ou o clique de um botão –, a comparecer em um turno improvisado durante uma folga programada. Na prática, isso significa que, mesmo que os *fulfillment centers* organizem o trabalho em turnos, um emprego na Amazon pode afetar a capacidade dos trabalhadores de planejar os dias, as semanas ou até mesmo o ano inteiro. E ela pode fazer isso não apenas exigindo horas extras, mas também diminuindo o ritmo e restringindo os turnos dos trabalhadores a meras quatro horas. Como é de esperar, o efeito desse regime sobre os trabalhadores da Amazon é imenso. Sofia, uma jovem associada temporária do MXP5, contou-me:

> Eles recebem um volume incontrolável de pedidos e dizem: "pessoal, estamos em apuros, vocês precisam render 300% hoje" [...]. E, de fato, acontece de você ter que estar lá em uma hora, apenas para trabalhar quatro horas [...]. As pessoas [no FC] duram um ano, nem mesmo tudo isso. Alguns resistem, outros desistem depois de apenas algumas semanas, até mesmo dias.

De fato, a imprevisibilidade pressiona os trabalhadores a adotar uma vida sempre ativa, que lhes permita estar de prontidão a qualquer momento, esperando para trabalhar em resposta a qualquer influxo de demanda. O tempo das pessoas é monopolizado tanto dentro do armazém quanto na vida fora dele, pois precisa ser o mais flexível possível. E a flexibilidade não é neutra em termos de cor ou gênero. Por exemplo, como muitas mulheres são responsáveis pelo trabalho doméstico, talvez para elas a sincronização com o armazém seja mais sacrificada, em comparação com os trabalhadores do sexo masculino, que têm abundância de tempo e podem não se importar com a indeterminação desse esquema de trabalho.

No entanto, todos precisam lidar com um segundo tipo de obsessão que permeia a Amazon: a ideia de que os trabalhadores podem ser usados à vontade e descartados quando necessário. Jeff Bezos chamou sua empresa de "o melhor lugar do mundo para falhar",[2] e de fato muitos falham: não conseguem manter o emprego no *fulfillment center* da empresa. O fracasso dos trabalhadores é uma característica recorrente no armazém, conforme eles colapsam, esgotam-se ou desistem. Muitos são simplesmente dispensados. Na verdade, os trabalhadores são contratados em massa para atender às necessidades do armazém durante os picos de demanda, mas também são demitidos assim que deixam de ser úteis. Os gerentes são literalmente avaliados por sua capacidade de "contratar para demitir", conforme revelado de forma anônima por funcionários da Amazon nos Estados Unidos, em 2021.[3] Isso significa que os gerentes são incentivados a contratar novos trabalhadores, sabendo que um certo percentual será logo dispensado. Em uma demonstração de jargão gerencial distópico, a Amazon chama isso de "taxa de demissão por justa causa". Em outras palavras, a empresa estabelece uma data de validade para trabalhadores menos produtivos, ou seja, aqueles que a administração não lamenta precisar demitir. Muito pelo contrário.

Os trabalhadores em geral sabem que seu emprego talvez tenha data de validade. Para alguns, isso é explícito, está no contrato que regula seu emprego, que pode durar apenas algumas semanas ou meses, sem a obrigação por parte da Amazon de informar quantas horas ou dias irão trabalhar. Na verdade, a empresa se baseia em leis trabalhistas nacionais para empregar trabalhadores em arranjos trabalhistas precários. Essas leis não foram escritas pela Amazon; elas são o produto de décadas de corrosão dos direitos dos trabalhadores. No entanto, a Amazon fica feliz em explorá-las. A empresa emprega tanto trabalhadores em tempo integral, que contrata diretamente (os crachás azuis), quanto trabalhadores temporários, contratados por meio de agências de trabalho temporário (os crachás verdes). Em muitos países europeus, incluindo a Itália, os trabalhadores em tempo integral desfrutam de contratos permanentes e, portanto, podem ser menos afetados pelas exigências de flexibilidade do que os milhares de trabalhadores temporários contratados *ad hoc*, de acordo com os ciclos de consumo. Embora isso se concretize de maneira diferente em diferentes países, o que é comum é que essa precariedade torna os trabalhadores maleáveis, sobretudo se forem contratados por meio de agências de emprego ou se trabalharem em um país com poucas proteções trabalhistas, como os Estados Unidos. Seu contrato pode não ser renovado se, por exemplo, recusarem demandas repentinas de horas extras. Mas mesmo os trabalhadores permanentes logo percebem que a vida útil no armazém pode não estar totalmente em suas mãos. Em um comentário *on-line*, entre dezenas com tom semelhante, um funcionário canadense de Brampton alertou os futuros trabalhadores: "Por favor, estejam cientes de que trabalhar na Amazon não é para todo mundo, e que eles vão te mastigar e te cuspir, porque sabem que você é descartável".[4] Assim como outras empresas de tecnologia condicionam o comportamento do consumidor projetando os produtos para se tornarem obsoletos, a Amazon condiciona seus trabalhadores com a ameaça da obsolescência.

Em sincronia com o armazém

Talvez leve quatro mil horas de trabalho coletivo para uma equipe de 500 associados de *outbound* coletar, reorganizar, embalar e enviar os cem mil pedidos designados ao armazém em um determinado dia. No entanto, esse tipo de contagem abrange uma variedade de demandas trabalhistas mais complexas. Os trabalhadores do armazém não são apenas obrigados a fornecer seu tempo de trabalho, ou seja, o tempo que passam trabalhando diretamente no armazém; também se espera que se sincronizem, ativa e continuamente, com o *fulfillment center*. Sua produtividade – o número de tarefas que trabalhadores realizam por hora (itens coletados ou caixas preparadas para envio) – é importante. No entanto, simplesmente contar as horas que trabalham ou o número de tarefas que completam por hora não reflete totalmente a natureza do trabalho na

Amazon. *Quando* a tarefa é desempenhada, até que ponto estão em sincronia com o ritmo do armazém é também importante. Portanto, os trabalhadores do armazém enfrentam a demanda de se adaptar aos ciclos altamente contingentes e variantes de consumo que a empresa promove e dos quais ela depende.

A ambição do armazém por esse trabalho flexível reflete-se na escala imprevisível com a qual muitos trabalhadores da Amazon têm que lidar. Trabalhadores contratados por meio de agências de emprego são a principal fonte para isso, uma vez que podem ser convocados ou mandados embora sem aviso prévio. No entanto, essa flexibilidade que perturba a vida também é uma grande preocupação para os associados em tempo integral. Para ambos, planejar a própria vida pode se tornar difícil, quiçá impossível. Quando nos sentamos em cafeterias para conversar, trabalhadores invariavelmente levantaram a questão da natureza imprevisível do trabalho, que afeta toda a vida. "Normalmente trabalhamos no turno central, que, supostamente, é das 10h às 18h, mas pode ser das 10h às 20h, das 9h às 17h, das 9h às 19h, das 9h às 20h, até dez horas", Sofia explicou. Ela se desculpou por ter adiado nosso encontro várias vezes.

> Uma troca de turno é comunicada pelo [aplicativo de mensagens] WhatsApp, com um cronograma apenas aproximado. Esta semana fomos escalados para segunda-feira, quarta-feira e sexta-feira, e em vez disso trabalhamos na segunda-feira, na terça-feira e na quarta-feira. Deveríamos trabalhar amanhã, mas recebemos uma mensagem dizendo que não vamos trabalhar amanhã.

Mesmo quando um turno é definido, a imprevisibilidade paira no ar: "As horas extras podem ser comunicadas até mesmo dez minutos antes do fim do turno", ela contou.

As horas extras são um recurso sempre crucial para a Amazon. Elas aumentam em resposta a qualquer crescimento repentino de pedidos e diminuem se o movimento estiver devagar. Muitos trabalhadores tendem a resistir a elas, principalmente se não forem propostas com antecedência. A maioria das leis trabalhistas e dos contratos aprova horas extras somente como prática voluntária e, na maioria dos casos, procura limitá-las ou restringi--las. No entanto, a gestão da Amazon apresenta isso aos trabalhadores como obrigatório. Horas extras obrigatórias (HEO) são um elemento importante do trabalho de sincronização com o armazém, uma vez que a Amazon as utiliza para satisfazer sua sede de corpos flexíveis, a fim de lidar com picos ou quedas repentinas nos pedidos ou simplesmente com um número maior de caminhões a serem descarregados. O complemento das HEO é o "tempo livre voluntário" (TLV). Se nem todos os funcionários forem necessários, a Amazon enviará um alerta para que escolham trabalhar ou não naquele dia, renunciando ao pagamento ou usando um dia de férias, se ficarem em casa. As HEO e o TLV têm um impacto importante na vida dos trabalhadores, o que um associado canadense explicou de forma bastante explícita em um comentário *on-line*: o cronograma da Amazon "pode permitir um equilíbrio entre trabalho e vida pessoal, desde que a empresa não imponha horas extras obrigatórias". Mas a empresa faz isso. O tempo todo. É previsível que horas extras sejam exigidas repetidamente e, em algumas fases, diariamente. O imprevisível é quando elas serão exigidas, por quanto tempo, quem será solicitado a fazê-las e o impacto que isso terá na vida dos trabalhadores. Conforme testemunho de um estoquista canadense da Amazon em um *site* que registra a experiência de funcionários:

> Quando o resto do Canadá está de folga, a Amazon está aberta 24 horas por dia, 7 dias por semana, e durante o pico de dezembro [...] exigem que você faça horas extras obrigatórias (HEO), está no contrato. Há HEO durante todo o ano, e eles podem chamá-lo mesmo se você estiver de folga. Então, se você estiver aproveitando um dia de folga em uma cidade próxima, com a família, receberá uma ligação para fazer hora extra e, se não comparecer, perderá pontos de frequência; são 6 pontos de frequência e, depois disso, você é demitido.

Independentemente de ser um ato obrigatório ou voluntário, a imprevisibilidade na programação de turnos e nas horas extras reflete a maneira como a Amazon organiza o trabalho como parte de sua obsessão pelo consumidor. Se a satisfação do cliente estiver em jogo, os funcionários devem se adaptar. Obviamente, alguns trabalhadores reconhecem e até mesmo aceitam isso. Noemi, uma experiente associada de *outbound*, disse-me que entendia o ponto de vista da empresa:

> É necessário colocar-se no lugar da empresa também. Entendo que a maioria dos consumidores não está sentada às 4 da manhã para fazer um pedido. Eles começam

a partir das 9 ou 10 da manhã; portanto, é evidente que o turno da manhã é mais lento, a menos que os pedidos tenham se acumulado durante a noite [...] portanto, é inevitável que no futuro haja uma evolução nos turnos [...] e isso é determinado pelo mercado, não há muito o que fazer a respeito.

No entanto, muitos trabalhadores estão resistindo agora à expansão das técnicas que tornam seu trabalho mais imprevisível, mais longo e mais difícil de conciliar com a vida particular. Trabalhadores em toda a rede global de armazéns da empresa escolheram a Amazon como um dos principais alvos de suas lutas. No MXP5, os trabalhadores conseguiram conter as HEO. A lei italiana deixa explícito que as horas extras não podem ser obrigatórias, e, com sindicatos estabelecidos no armazém, a administração pode pedir que funcionários em tempo integral façam hora extra ("sempre com um sorriso", disse-me um trabalhador destacando a fachada amigável da gerência da Amazon), mas não pode simplesmente anunciá-la como se fosse algo que os trabalhadores não tivessem liberdade para aceitar ou não. No entanto, para trabalhadores precarizados, contratados por agências de emprego, continua sendo difícil recusar horas extras. Em outros países, os trabalhadores ainda enfrentam a imposição regular de horas extras obrigatórias.

Pode ser difícil lidar com horas extras, mas, para alguns trabalhadores, até mesmo os turnos regulares podem ser difíceis. Por exemplo, no início de 2021, nas estações de entrega dos Estados Unidos (os armazéns pequenos próximos aos clientes finais), a Amazon começou a criar turnos de 10,5 horas chamados "megaciclo". O turno começa à 1 hora da manhã e termina por volta da hora do almoço, com o objetivo de facilitar entregas para o dia seguinte, mesmo em caso de pedidos feitos na noite anterior. Um turno tão longo seria ilegal na Itália e em muitos outros países. A organização coletiva de trabalhadores Amazonian United Chicagoland relatou que "a Amazon está sendo um exemplo para outras empresas de como explorar os trabalhadores com esse turno desumano". Paralisações realizadas em Chicago para protestar contra o megaciclo foram tão bem-sucedidas que gerentes e defensores da empresa tiveram que trabalhar no lugar dos grevistas. Por fim, a empresa mudou o nome do turno para algo menos ameaçador: "ciclo único". Mas não eliminou o turno em si.[5] Os trabalhadores ainda estão lutando contra essa prática brutal.

Uma força de trabalho maleável

A experiência individual do trabalhador é radicalmente afetada pela maneira como a Amazon se esforça para tornar a força de trabalho mais flexível e maleável. Esse foi um dos primeiros problemas que Luigi, o primeiro trabalhador que entrevistei, descreveu:

> Há um núcleo central composto por trabalhadores em tempo integral, mas muitos outros [...] têm daquele contrato em que trabalham dois ou três dias por semana [...]. Dizem para eles virem também no domingo, ou para não virem, mesmo que o contrato garanta três dias de trabalho: "Não precisamos de você esta semana", ou talvez eles enviem uma mensagem de texto às 4 horas da manhã de um domingo: "Disse para você ficar em casa, mas, na verdade, venha trabalhar esta tarde", e esses são os crachás verdes [...] passíveis de serem chantageados, porque, você sabe, precisa vir no domingo e se mostrar, sabe, os contratos expiram.

Isso não é exclusivo da Amazon. Muitos trabalhadores cujo emprego exige disponibilidade para plantão relatam que tomam conhecimento de qual será o turno uma semana ou menos antes da data real. Em várias indústrias, essa imprevisibilidade é frequentemente aceita por pessoas negras e pessoas de baixa renda, que enfrentam barreiras ao emprego em tempo integral.[6] Isso é comum, sobretudo, na base da indústria de serviços, como em restaurantes e varejo.[7] A tecnologia exacerbou esse problema ao facilitar para as empresas a correspondência entre demanda e oferta, consumo e trabalho, de maneira cada vez mais rápida e no último minuto. Pense em entregadores de comida que precisam estar prontos para entregar refeições em questão de minutos quando o aplicativo para o qual trabalham, como Ele.Me, na China, ou Foodora e Uber Eats, na Europa e na América do Norte, recebe um pedido.[8]

Tanto para entregadores de aplicativos de comida quanto para trabalhadores de armazéns de *e-commerce*, o modo *just-in-time* não apenas acelera, mas também pode desacelerar o tempo drasticamente, forçando os trabalhadores a esperar. Nessas situações, o trabalho de sincronização com o aplicativo ou com o armazém é desempenhado pacientemente sem trabalhar, em vez de acelerar ou se adaptar ao ritmo do algoritmo. Por exemplo, perder tempo esperando perto de um restaurante é uma experiência corrente para entregadores de comida.⁹ E há muita espera na Amazon também. Isso começa antes mesmo de você ser contratado, enquanto aguarda em filas formadas logo de manhã cedo do lado de fora do escritório de uma agência de contratação temporária, na esperança de conseguir um trabalho em um armazém. E continua dentro do armazém, quando os trabalhadores esperam para começar o turno ou aguardam colegas terminarem o turno anterior. Não trabalhar acrescenta uma pressão extra sobre os trabalhadores. Há anos, Luigi viaja cerca de uma hora por dia para ir ao MXP5 e para voltar de lá. Mas não é apenas o tempo gasto dirigindo que invade sua vida fora do trabalho.

> Fazemos revezamento de carona, três ou quatro pessoas, cada um dirige uma semana. O problema é que pedem para sua colega ficar mais uma hora [fazer hora extra], principalmente se ela for verde [trabalhadora temporária]. Então você pergunta "posso ficar também?". E obviamente eles dizem que sim, mas, se não gostam de você, mandam você ir para casa, e você acaba passando uma hora no estacionamento [dormindo no carro] esperando por ela, ou na sala de descanso jogando tênis de mesa. Meu Deus, isso é sua casa, na verdade; você pode vir aqui mesmo quando não estiver trabalhando. Quer saber? Fique sempre aqui.

E, de fato, para alguns trabalhadores, o armazém realmente se torna casa. Em 2017, um repórter britânico se infiltrou e documentou trabalhadores da Amazon adormecendo nos FCs: trabalhadores literalmente dormiam onde fosse possível, principalmente em pé e apoiados em coisas.¹⁰ Ainda em 2020, usuários do Reddit relataram adormecer durante o turno devido ao excesso de trabalho. Anna trabalhava na Amazon havia cinco anos na época de nossa reunião, era uma das poucas remanescentes da primeira onda de contratações, quando o MXP5 foi inaugurado. Ela viu muitos trabalhadores temporários, sobretudo homens jovens, cochilar no armazém para dar conta de fazer mais hora extra. "Os rapazes lá dentro trabalham uma quantidade de horas inacreditável", ela me disse. "Algumas vezes moram longe e de repente estão dormindo em um sofá na sala de descanso; isso é um absurdo." Nos últimos anos, a mídia algumas vezes noticiou que trabalhadores estavam começando a viver nas proximidades do armazém. Em 2016, surgiu uma história sobre trabalhadores acampando em uma floresta perto de um FC, na Grã-Bretanha. Em 2018, uma funcionária que perdeu sua casa disse que acabou morando em um carro do lado de fora do DFW7, um FC perto de Fort Worth, no Texas.

Em um vídeo que postou no YouTube, ela diz: "Não consigo acreditar que essa é minha vida agora [...] Trabalho para o homem mais rico do mundo e moro no meu carro".[11]

Talvez esses sejam casos extremos e controversos. No entanto, por mais absurdo que isso possa parecer, a Amazon oficialmente encoraja a ideia de o armazém se tornar o lar de seus trabalhadores. Um exemplo é o programa CamperForce da empresa, que incentiva trabalhadores sazonais nômades nos Estados Unidos a viver em um *trailer* em acampamentos fornecidos por ela. Morar do outro lado da rua de um *fulfillment center* permite ao trabalhador sincronizar-se com ciclos de consumo mais longos, que são influenciados por fatores previsíveis, como picos sazonais. Enquanto o CamperForce é um exemplo secundário, mas revelador, das estratégias que a Amazon implementa para recrutar uma força de trabalho flexível, o papel principal na inscrição de trabalhadores para contratos precários é das agências de contratação. Isso significa que os trabalhadores sazonais se mudam para a área onde um FC está localizado para trabalhar em empregos temporários.

Embora tenha trabalhado no MXP5 por apenas cerca de um ano, a trabalhadora temporária Giulia viu essa dinâmica desenvolver-se:

> Agora estamos nos aproximando de um pico e eles estão contratando um número exorbitante de pessoas. Temos o *Prime Day* em julho e, em seguida, até janeiro tudo cresce. Então eles vêm de Voghera, Pavia, Milão, Piacenza, até mesmo de Bergamo, e alguns do sul da Itália, de Molise, Sicília, alugam um quarto para cumprir um contrato de um mês.

A força de trabalho resultante deve aprender rapidamente a trabalhar nos FC, mesmo sabendo que podem ser rapidamente expulsos, assim que o pico de trabalho terminar – às vezes apenas algumas semanas depois de começarem o novo emprego. Cada vez mais, esses trabalhadores são retirados das massas de desempregados ou subempregados, de áreas suburbanas e com frequência racializadas. Sem eles, independentemente de serem de Corvetto, um bairro de classe trabalhadora no sul de Milão que fornece trabalhadores novos para as agências de emprego contratadas pelo MXP5, ou do Queens e do Brooklyn, bairros de Nova York de onde vêm muitos trabalhadores que atuam nos *fulfillment centers* locais, seria impossível para a Amazon expandir e ajustar sua força de trabalho à vontade, o que significa contratar milhares de trabalhadores sazonais quando necessário. Muitos fazem uma longa viagem de casa para o trabalho; outros precisam se mudar para Piacenza ou para a área onde está localizado seu FC.

Nem todos os trabalhadores conseguem ser totalmente maleáveis. Por exemplo, alguns não podem e não irão se sincronizar com os horários da Amazon se houver conflito com os horários de práticas culturais ou religiosas. Em julho de 2018, trabalhadores muçulmanos da Amazon se manifestaram na porta do MSP1, um *fulfillment center* em Shakopee, Minnesota, onde 30% da força de trabalho é composta de trabalhadores migrantes do Leste africano, principalmente da Somália.[12] Assim como outras populações diaspóricas, as comunidades muçulmanas que vivem nos Estados Unidos habitam "enclaves temporais" compostos por atividades diárias, semanais e anuais específicas, muitas vezes ditadas pela religião.[13] Mas as demandas do armazém podem entrar em conflito com essas necessidades religiosas. Trabalhadores do MSP1 enfrentaram discriminação, impedidos de fazer pausas nos horários de oração e de ter folga em feriados religiosos – impossibilitados de sincronizar com o armazém. Alguns tentaram usar o tempo regular de pausa para a oração, mas isso se mostrou difícil: a Amazon às vezes incentiva os trabalhadores a pular as pausas para manter sua produtividade. Ao serem forçados a usar a folga não remunerada ou as férias para a prática de feriados religiosos, a possibilidade de tirar folga por outros motivos – cuidar de um filho doente, por exemplo – também foi comprometida. Conforme a atenção a essas questões crescia, o protesto se transformou em uma campanha maior, organizada pelo Awood Center, um centro de trabalhadores na área de Minneapolis. A campanha forçou a Amazon a ajustar os horários de trabalho para torná-los mais gerenciáveis – por exemplo, durante o Ramadã, quando os trabalhadores muçulmanos fazem jejum. Os organizadores do Awood Center descreveram essa primeira vitória como uma solução paliativa, que resultou em retaliação contra as organizadoras mais ativas, principalmente mulheres muçulmanas. Mas, juntamente com as greves por questões de horários que ocorreram simultaneamente na Itália e na Alemanha, a luta em Minneapolis foi uma das primeiras instâncias em que os trabalhadores da Amazon conseguiram retomar pelo menos algum controle sobre o tempo. Em 2020, os trabalhadores do MSP1 não enfrentaram mais problemas ao sair mais cedo ou solicitar folga por ocasião do Ramadã.

Obsolescência do trabalhador

Os trabalhadores da Amazon resistem à flexibilidade exigida pelo armazém. Mas a realidade para muitos é que a Amazon os vê como peças modulares que podem ser descartadas facilmente quando quebram e substituídas também facilmente. Na verdade, a Amazon planeja sua obsolescência, porque sabe que apenas corpos novos dão conta do ritmo de trabalho exigido pelo FC e de flexibilizar-se o suficiente para entrar em sintonia com o armazém. Aparentemente, Jeff Bezos acredita que uma força de trabalho estável pode levar a uma "marcha para a mediocridade", e, portanto, a rotatividade deve ser incentivada para minimizar a presença de trabalhadores que ficam confortáveis demais ou descontentes. Segundo relatos de pessoas de dentro da Amazon, ele acredita que todos os trabalhadores são, por natureza, preguiçosos, e que o desempenho diminui naturalmente ao longo do tempo.[14]

Como consumidores, todos estamos muito familiarizados com os ciclos acelerados pelos quais a tecnologia que compramos se transforma em lixo. Obsolescência planejada é um conceito usado para descrever a vida útil planejada de equipamentos eletrônicos de consumo. Todos nós nos sentimos pressionados a comprar um novo celular muito cedo, apenas porque ele não é mais capaz de lidar com aplicativos novos e atualizações do sistema. Em um livro apropriadamente intitulado *Made to Break* [Feito para estragar], o jornalista Giles Slade descreveu a obsolescência planejada como um conjunto de técnicas tecnológicas e culturais usadas "para limitar artificialmente a durabilidade de um bem manufaturado, a fim de estimular o consumo repetitivo".[15] Em suma: as tecnologias de consumo estragam porque são projetadas para isso, o que força os consumidores a comprar coisas com mais frequência do que se os produtos fossem feitos para durar e não estragar. A obsolescência planejada é um produto requintado do capitalismo estadunidense (e chinês) do século XX, um componente-chave do consumismo contemporâneo e do crescimento econômico. Como uma das maiores empresas baseadas no consumo em massa, a Amazon faz parte desse fenômeno e lucra vendendo dispositivos com vida útil cada vez mais curta, que precisam ser substituídos repetidamente.

No entanto, isso vai além, pois essas enormes ondas de substituição não são apenas incorporadas aos ciclos de consumo, mas afetam forças de trabalho inteiras. Em certo sentido, uma data de validade é projetada nos trabalhadores da Amazon tanto quanto a obsolescência é incorporada às mercadorias tecnológicas, multiplicando a precariedade no armazém. Tendências semelhantes também foram observadas em outras indústrias. Em seu estudo sobre o trabalho em agências de recrutamento, a socióloga Emine Fidan Elcioglu descreveu a existência de uma "produção organizada de precariedade", que se tornou fundamental para as corporações. Na busca por uma força de trabalho maleável, empresas talvez implementem várias estratégias para cultivar a precariedade tanto entre os trabalhadores principais quanto entre aqueles contratados por meio de agências de recrutamento.[16] A Amazon vai além, sendo a precariedade no armazém não apenas um subproduto da política corporativa, mas resultado de um planejamento antecipado por meio de um conjunto de técnicas gerenciais. Os trabalhadores acreditam que cada um tem sua data de validade determinada e depois dessa data são ativamente dispensados ou incentivados a sair. Na verdade, o trabalho no armazém é com frequência temporário, mesmo para trabalhadores em tempo integral, em países onde um contrato permanente significa que você simplesmente não pode ser demitido a menos que algo excepcional aconteça.

Durante uma visita a um *fulfillment center*, perguntei a um assessor de imprensa e a um gerente sobre as taxas de rotatividade relatadas por tantos trabalhadores. Eles negaram. "É incrivelmente baixa, nem mesmo 1% ao ano", disseram-me. O armazém em questão fora inaugurado apenas alguns anos antes, o que pode explicar por que muitos dos primeiros funcionários contratados ainda estavam lá. Mas os números desse estabelecimento conflitavam com os dados de outros FCs e com as histórias de muitos colaboradores que conheci. Além disso, de forma alguma levavam em consideração as experiências dos crachás verdes sazonais. Na verdade, a rotatividade nos *fulfillment centers* da Amazon varia de acordo com a região geográfica, mas, de maneira geral, tende a ser extremamente alta. Um relatório intitulado "Amazon's disposable workers", publicado em 2020 pelo National Employment Law Project, dos Estados Unidos, documenta as altas taxas de rotatividade nos armazéns da Amazon na Califórnia. De acordo com esse estudo, a Amazon conta com um "modelo de alta rotatividade que usa e descarta trabalhadores sem considerar o custo para sua saúde ou o quanto potencialmente isso pode perturbar sua vida, a de suas famílias e a das comunidades".[17] A rotatividade em algumas instalações californianas pode chegar a 200% ao ano, de acordo com o relatório.

Isso significa que um armazém que emprega em média mil trabalhadores vê a substituição de dois mil indivíduos a cada ano, porque eles saem, são demitidos ou o contrato de trabalho não é renovado.

Se a pandemia do coronavírus afetou de alguma forma, foi aumentando ainda mais a rotatividade, mesmo quando a Amazon tentou acompanhar a demanda crescente pelo comércio *on-line*. Em 2020, a empresa contratou centenas de milhares de novos trabalhadores, sendo 175 mil apenas nos Estados Unidos, mas isso não significa que a rotatividade tenha diminuído. Os trabalhadores continuaram a sair, e a Amazon continuou a demiti-los. De acordo com uma análise do *Seattle Times*, nos primeiros seis meses da pandemia, a taxa de rotatividade da Amazon foi pelo menos o dobro da taxa de rotatividade de empregadores similares nos Estados Unidos, com dezenas de milhares de trabalhadores passando pelos armazéns da Amazon em empregos precários e sazonais.[18] O fato é que a pandemia revelou o quanto o capital enxerga os trabalhadores como descartáveis. Há uma abundância de exemplos em muitas outras empresas que colocaram os funcionários essenciais em risco ao não lhes fornecer proteção ou ao recusar-se a conceder-lhes licença médica, e as práticas nos armazéns da Amazon ao redor do mundo demonstraram como até mesmo o risco de morte dos trabalhadores pode ser considerado aceitável, se estiver a serviço do lucro. A Amazon resistiu em compartilhar dados abrangentes sobre o impacto da pandemia em sua força de trabalho, mas revelou que dezenas de milhares de funcionários contraíram o vírus globalmente.[19] Na primavera de 2021, por exemplo, durante a terceira onda da pandemia no Canadá, diversos *fulfillment centers* localizados em Brampton, Ontário, foram fechados por autoridades de saúde pública para conter grandes surtos do vírus. Em um dos casos, obrigaram todos os cinco mil trabalhadores do YYZ4 a se autoisolarem por duas semanas.[20] No início da crise em 2020, foi somente depois de uma greve de 11 dias que os trabalhadores do MXP5 obtiveram equipamentos de proteção individual e medidas de distanciamento social. Insatisfeitos com as mudanças implementadas pela Amazon, muitos optaram por não trabalhar e evitar o armazém, conforme o vírus assolava Piacenza, um dos primeiros epicentros da pandemia. As medidas de distanciamento entraram em conflito com o aumento das vendas impulsionado pela pandemia; muitos trabalhadores relataram que a pressão para atingir as metas de produtividade dificultava a observância dos protocolos de segurança.

Mesmo quando não relacionada ao coronavírus, a rotatividade nos armazéns deve ser compreendida principalmente no contexto dos riscos à saúde e à segurança. Trabalhadores da Amazon sofrem lesões com muito mais frequência do que os de outros armazéns e levam o corpo ao limite na esperança de manter o emprego.[21] Os analgésicos distribuídos em máquinas de venda são apenas uma solução temporária. A deterioração do corpo dos trabalhadores ao longo do tempo foi um tema frequentemente mencionado por trabalhadores com quem conversei. Sofia não trabalhava no MXP5 tempo suficiente para ter desenvolvido problemas de saúde, mas lembrou-se de que "os trabalhadores em tempo integral são aqueles que dizem: 'simplesmente os odeio, meus ligamentos estão péssimos, tenho que tomar suplementos para trabalhar'". De fato, muitos trabalhadores que estão cansados da cultura de exaustão do armazém ou que simplesmente não conseguem mais acompanhar o ritmo do trabalho saem em massa. Luigi, do MXP5, tinha um contrato permanente que oferecia segurança contra demissão, mas mesmo assim sentia um medo constante de que ficar fora de sintonia acabaria por fazer com que se tornasse obsoleto e isso custaria seu emprego. Ele expressou que "a gestão incentiva as pessoas a sair. Em vez de promovê-las, colocam-nas em uma posição que consideram degradante". Segundo Luigi, isso muitas vezes ocorria devido à percepção da deterioração da saúde dos trabalhadores.

> Quando temem que você esteja envelhecendo fisicamente, que talvez não seja capaz de oferecer o que era capaz de oferecer antes, e isso acontece por volta do quarto ano, quando você começa a tirar duas semanas de folga, talvez por estar gripado, é quando eles começam a pensar "essa pessoa está sofrendo".

Muitos trabalhadores da Amazon estão conscientes das altas taxas de rotatividade e de suas causas, às vezes se descrevendo com expressões como "bucha de canhão". Obviamente, locais de trabalho tentando demitir funcionários cuja produtividade diminuiu não é novidade. Era uma característica bem documentada do início do capitalismo industrial, quando trabalhadores de fábrica, vistos como facilmente substituíveis, podiam ser descartados quando tudo o que tinham a vender, seu poder muscular, deixava de ter valor.[22] Hoje, graças às proteções legais, muitos trabalhadores não podem simplesmente ser demitidos. Mas as pessoas cujo desempenho está diminuindo enfrentam pressão da gerência para pedir demissão. Outros gostariam de permanecer, mas ficam desiludidos e preocupados com a própria saúde.

Vejamos os funcionários da Amazon "de longa data". Nos termos da empresa, isso significa pessoas que trabalham há mais de dois ou três anos. Um associado me disse, um pouco como brincadeira, que "se você permanecer mais de cinco anos, eles te dão um distintivo com um contorno em amarelo, porque você é um herói", como se fosse uma medalha. Luigi parecia exausto ao me dizer:

> Não me vejo [no FC] por mais dez anos, física e mentalmente. As pessoas que estão [na Amazon] há muito tempo parecem diferentes, seus olhos estão apagados, nunca riem [...] têm escrito no rosto "droga, preciso sair daqui" [...]. Porque nos primeiros anos você vive [no FC] em tempo integral. Eles vão renovando seus contratos temporários, e enquanto isso você não pode ficar doente ou será demitido, nem pode folgar. Então, se depois de um ano ou algo assim eles te contratarem [em tempo integral], você começa do zero, e é mais um ano antes de acumular dias de férias. Em média, a primeira folga ocorre após dois anos e meio ou três anos, e é a primeira folga que você pode ter. E ela é curta. É quando você começa a ficar esgotado.

Para muitos trabalhadores, a verdadeira questão é por quanto tempo a saúde física e/ou mental permitirá continuar; quanto tempo levará até se quebrarem ou até os gerentes se livrarem deles. Como brincou um funcionário da MXP5, "pensávamos que íamos nos aposentar aqui, mas a verdade é que precisamos sair, se quisermos sobreviver até podermos nos aposentar".

Aceite a oferta e caia fora

A verdade é que a Amazon não quer que os trabalhadores atinjam a idade de aposentadoria em seus armazéns. E não é apenas a rotina cansativa descrita acima que motiva os trabalhadores a sair; em muitos casos, a Amazon explicitamente incentiva a rotatividade por meio de uma série de programas que oferecem benefícios para quem está disposto a sair. Esses programas parecem permitir que a empresa se livre de trabalhadores que estão se tornando menos produtivos ou insatisfeitos, para que não atrapalhem a obsessão pelo consumidor, diminuindo o ritmo ou protestando contra as condições de trabalho nos armazéns.

Por exemplo, a Amazon oferece um bônus chamado "Pagamento para se demitir". Conhecido de forma mais informal como "a oferta", o programa incentiva os funcionários em tempo integral que estão insatisfeitos a procurar novos caminhos. Na prática, funciona como um pagamento único, em dinheiro, para o associado aceitar nunca mais trabalhar em nenhum armazém da Amazon. O pagamento equivale a 1.000 euros ou dólares por ano de trabalho no armazém, até um máximo de 5.000 euros ou dólares. Os anos são contados ao final da temporada de férias de inverno, o que significa que um trabalhador precisa suportar o período de maior movimento para acumular mais 1.000 euros. Trabalhadores desiludidos são dispensados, mas não antes de ter enfrentado mais um dezembro de trabalho árduo.

Trabalhadores tendem a ver a oferta como um modo agradável de a empresa se livrar deles, depois de passar pelo pico de produtividade, como Anna expressou:

> Eles tentam se livrar de nós, ou seja, que outra empresa oferece [dinheiro] para você sair e encontrar outro emprego [...] que outra empresa lhe diz "se você se demitir, pagaremos 1.000 euros por cada período de pico que trabalhou com o crachá azul, além do pagamento referente à demissão", que outra empresa oferece dinheiro para você se demitir?

Economistas comportamentais veem isso de maneira um pouco diferente de trabalhadores como Anna, observando que a oferta pode, na verdade, fazer com que os funcionários permaneçam mais tempo do que normalmente permaneceriam. A oferta não apenas pode incentivar a permanência para o próximo período – de maior movimento –, como os funcionários que resistem à tentação de aceitá-la também podem se sentir mais comprometidos com o emprego. De acordo com a psicologia social, tais incentivos exploram as necessidades humanas de resolver a dissonância cognitiva e podem, na verdade, diminuir a rotatividade.[23] Mas esse não é o motivo pelo qual Anna não aceitou a proposta. Ela estava preocupada com a falta de alternativas para alguém como ela, que perdera o emprego em sua área profissional durante a crise financeira de 2008 e agora estava na casa dos 40 anos. O dinheiro não valia o risco de ficar desempregada a longo prazo.

Há ainda outros fatores de influência. Para muitos, a Amazon representa uma melhoria em relação a outras alternativas de emprego. As condições de trabalho na empresa são vistas como superiores às dos armazéns de outras firmas de logística na região de Piacenza: o MXP5 é limpo e bem organizado, aquecido no inverno e com ar-condicionado no verão. Os trabalhadores em tempo integral apreciam os salários regulares e os benefícios, enquanto os sazonais gostam da possibilidade de fazer hora extra e ganhar um bom dinheiro em alguns meses de trabalho. O fato de o MXP5 contratar trabalhadores sazonais por meio de agências de emprego como a Adecco não é, considerando-se tudo, pior do que a contratação por meio de cooperativas locais que empregam a maioria dos trabalhadores temporários nos armazéns de outras empresas de *e-commerce*, como a Zalando ou a TNT. Essas pessoas também vivenciam uma precariedade extrema. A justificativa oferecida por Luigi foi bastante desfavorável aos concorrentes:

> Eu não sairia para trabalhar em um armazém diferente, porque estou melhor na Amazon. As pessoas que saíram se arrependem, porque talvez agora trabalhem para uma cooperativa, talvez trabalhem em um armazém sem ar-condicionado, sem uma série de coisas que a Amazon oferece [...] eles se arrependem, porque deixaram um emprego em um armazém que exaure e adoenta, mas que ainda assim é melhor do que outros.

Essas compensações nem sempre são tão explícitas; em outros países, trabalhadores relatam com frequência que as condições descritas acima são invertidas em suas localidades, com armazéns da Amazon quentes durante o verão e frios durante o inverno, e assim por diante.

Na verdade, ao contrário de Anna e Luigi, milhares de funcionários da Amazon em todo o mundo aceitaram a oferta e foram embora. Em 2018, a Amazon relatou que mais de 16 mil funcionários utilizaram o programa para deixar o emprego.[24] Para a empresa, o objetivo desse programa é que, uma vez que um trabalhador recuse a oferta, ou seja, perca a oportunidade de sair, ele tentará convencer-se de que gosta de trabalhar ali. Isso faz parte de uma tendência maior de empresas que adotam a economia comportamental. A

Amazon assumiu essa prática de "permitir a escolha"[25] após a aquisição e a incorporação da Zappos, loja de sapatos *on-line* dos EUA, em 2009. Ofereceram 1.000 dólares aos funcionários do *call center* da Zappos para se demitirem, e cerca de 10% aceitaram o dinheiro e saíram da empresa.[26] A Amazon rapidamente estendeu o programa para seus trabalhadores de armazém.

Outro programa que a empresa institucionalizou com o objetivo de incentivar os trabalhadores a deixar o armazém é o Career Choice. Ele oferece ajuda financeira aos trabalhadores que desejam adquirir novas habilidades por meio de cursos. Isso, por si só, não é original. A maioria das empresas institui sistemas de promoção que motivam os funcionários a trabalhar duro e aprimorar suas habilidades, incentivando-os a traçar uma trajetória futura completa na empresa. A diferença é que a Amazon faz exatamente o oposto. A intenção é que as habilidades adquiridas pelos trabalhadores por meio do Career Choice os ajudem a sair da empresa, em vez de progredir na hierarquia organizacional. Em minha visita ao FCO1, passei pela mesa do Career. Ela estava coberta por panfletos e informativos descrevendo os tipos de oportunidades de cursos que a Amazon financia. O programa Career está disponível para associados da Amazon que trabalharam por um ano contínuo e tem como objetivo aprimorar suas habilidades. A empresa afirma pagar antecipadamente 95% das mensalidades e taxas ou 1.500 dólares por semestre – o que ocorrer primeiro. Dependendo do país, esse dinheiro pode ser usado para educação em áreas com alta demanda, tais como "mecânica de aeronave, *design* auxiliado por computador, tecnologias para máquina--ferramentas, tecnologias de laboratório médico e enfermagem".[27] Nos Estados Unidos, a Amazon utiliza dados do Bureau of Labor Statistics para decidir quais são as ocupações com alta demanda. Em outras palavras, o programa Career Choice é válido apenas para uma quantidade limitada de certificações, licenças e programas vocacionais e programas nas áreas de ciência, tecnologia, engenharia e matemática. Em algumas áreas, a Amazon criou salas de aula no local, para que algumas dessas lições sejam ministradas no próprio armazém. Isso é divulgado enfatizando o benefício de não precisar se deslocar para outro local para os estudos. Alguns trabalhadores gostam desse programa. Tina, associada em tempo integral do FCO1 perto de Roma, disse-me que achou o Career Choice uma adição positiva ao seu trabalho na Amazon, quiçá "a única coisa vantajosa que estou fazendo agora [no FC]". Na verdade, o programa estava ajudando-a a pagar um curso de contabilidade que esperava usar para conseguir um emprego melhor no futuro próximo. Tina sabia que o objetivo do programa era facilitar a rotatividade, e acrescentou que a administração "entende que, depois de um tempo, os funcionários tentam conseguir um novo emprego [...]. É como um carro que atinge certa quantidade de quilômetros rodados; depois de um tempo, eles precisam substituir você, como um carro usado" que pode ser reformado e depois doado.

Normalmente, programas semelhantes funcionam em benefício da empresa, porque geram um grupo interno de funcionários requalificados que podem ser utilizados em processos mais complexos, como, por exemplo, movendo trabalhadores que adquiriram novas habilidades para posições de supervisão ou técnicas. Em alguns casos, a empresa tentaria aproveitar as habilidades adquiridas por seus funcionários com seu próprio dinheiro. Por exemplo, na Itália dos anos 1960, os trabalhadores da fábrica Olivetti estudados por Romano Alquati sonhavam em alcançar emancipação econômica e social por meio da educação. "Muitos jovens trabalhadores estudam à noite para tentar escapar de sua condição [e] a empresa os ajuda, embora minimamente, na esperança de que isso seja vantajoso", observou Alquati.[28] No entanto, a ajuda fornecida pela Amazon por meio de seu programa é desvinculada de qualquer promessa de mobilidade interna. Os trabalhadores devem usar as habilidades que adquirem para encontrar um novo emprego fora da Amazon.

Práticas como o Career Choice e o The Offer incentivam a rotatividade, em vez de impô-la por meio de demissões e uso de mão de obra temporária. Elas ajudam a Amazon a se livrar de trabalhadores em tempo integral cuja produtividade e/ou adesão aos objetivos corporativos estão diminuindo, ao mesmo tempo que facilitam sua saída, tornando-a menos traumática.

Em muitos casos, no entanto, o fato de a empresa incentivar a rotatividade através desses programas e de outros meios mais cruéis, planejando a obsolescência dos trabalhadores, entra em conflito com a promessa de ascensão rápida na hierarquia e na escada econômica que os trabalhadores encontram ao ingressar na empresa. Isso gera dissonância e frustração. De fato, a Amazon promove a mobilidade ascendente no armazém: a possibilidade de avançar rapidamente para empregos melhores, subir na hierarquia. Isso é fundamental para as tentativas da empresa de atrair novos trabalhadores com o mito da emancipação e da realização pessoal. Luigi, do MXP5, lembrou-se de que lhe fizeram a promessa durante a contratação e a reforçaram em seu primeiro dia de trabalho: "O treinamento dura apenas algumas horas [...] e é principalmente ideológico. Eles mostram como a Amazon é bonita, dizem que é uma pirâmide invertida onde os associados – ou seja, nós trabalhadores – são o topo, enquanto os gerentes são a base". Dessa maneira, muitas pessoas esperam que cumprir as demandas da gerência permitirá ocupar funções mais desejáveis, como líderes ou solucionadores de problemas – cargos que talvez não façam uma grande diferença no salário, mas envolvem menos trabalho físico e oferecem tarefas mais variadas. No entanto, essa esperança logo é frustrada, quando os trabalhadores percebem que a natureza do trabalho impede a maioria deles de avançar verticalmente na organização. Segundo Luigi:

> Eles dizem "isso é uma meritocracia total, se você vale mais do que o próximo, rapidamente construirá sua carreira". Mas é exatamente o oposto: se você é mais rápido, nunca liga dizendo que não vai trabalhar porque está com dor nas costas, e depois de um tempo suas costas estão arruinadas, você tem síndrome do túnel do carpo, psoríase causada pelo estresse [...] esses são os primeiros que são deixados de lado.

Conforme essa dinâmica é revelada, muitos trabalhadores culpam a administração pelo que veem como uma meritocracia falsa. Assim como outras empresas, a Amazon tende a contratar jovens líderes de equipe e supervisores diretamente de um curso de administração, em vez de promover funcionários internamente. Essa prática gera atrito, porque vai contra a promessa de meritocracia. Muitas vezes, trabalhadores experientes se veem sob o comando de líderes mais jovens, que nunca tiveram um emprego antes e certamente não desenvolveram conhecimento sobre os processos e a tecnologia do armazém. A frustração decorrente dessa injustiça percebida é ampliada pelo papel despótico que esses supervisores desempenham. Um trabalhador estadunidense reclamou em um comentário *on-line*:

> [...] eles têm permissão para fiscalizar você, ditar ordens, gerenciá-lo. O melhor disso é que a maioria deles é jovem. Eles têm autoridade e nenhuma habilidade relacionada à gestão. O comportamento, a entonação e a atitude deles em relação a você são a coisa mais degradante que já vi em um ambiente de trabalho.

No entanto, os associados de nível básico que estão mais atentos sabem: esses jovens supervisores não são demônios. A situação deles talvez seja ainda mais precária do que a de trabalhadores sazonais, e frequentemente eles enfrentam problemas criados pela falta de pessoal ou pelas solicitações insanas para acelerar a produção. Eles também são atraídos pelo mito da multinacional de tecnologia implacável, recebem salários baixos e podem ser substituídos tão rapidamente quanto são contratados.

Os próprios trabalhadores podem contribuir para essa situação. Luigi isentou os supervisores e culpou os trabalhadores que acreditam na promessa de uma carreira, esforçando-se até o limite para alcançar taxas de produtividade mais altas – ele os chamou de "touros". Ele me disse que aconselhava os novatos dizendo "os touros são seus inimigos" e prognosticando que eles estavam condenados, independentemente da velocidade com que trabalhassem ou da conformidade com a cultura do local de trabalho. Ele testemunhou muitas ondas de trabalhadores sazonais vindo e indo: "No início, você precisa encontrar rapidamente uma forma de ter seu contrato confirmado. Você pode lamber botas ou pode fugir. A maioria das pessoas foge. Você precisa fugir". Reclamações sobre uma cultura que favorece os "puxa-sacos" são comuns entre os associados da Amazon. No entanto, "puxar saco" não é suficiente, muitos reconhecem. Conforme enfrentam o fracasso do mito, trabalhadores não demoram a perceber que a Amazon os vê como descartáveis.

Trabalhadores descartáveis

Pode ser difícil entender por que tudo isso é bom para a Amazon. Como a empresa sustenta uma taxa tão alta de rotatividade e por que a incentiva? Tradicionalmente, a rotatividade de funcionários é vista como um problema que as firmas precisam equacionar ou superar. No entanto, esse princípio não se aplica igualmente a toda força de trabalho. Empresas provavelmente se esforçarão para reduzir a rotatividade dos trabalhadores cujas habilidades são consideradas essenciais para a produção e específicas para elas. Por exemplo, uma empresa pode apresentar oportunidades de carreira interna ou oferecer salários mais altos a alguns funcionários. No entanto, quando se trata de trabalhadores mais facilmente substituíveis, o problema pode não ser manter a rotatividade baixa, mas, sim, ter um sistema em vigor para que a firma funcione mesmo com altas taxas de rotatividade.[29]

A Amazon desenvolveu sistemas complexos de algoritmos e robótica para não precisar contar tanto com o conhecimento dos trabalhadores. Isso permite que ela mantenha altas taxas de produtividade, mesmo com uma força de trabalho jovem. Os trabalhadores se tornam intercambiáveis. Leva apenas algumas horas para treinar novos associados para trabalhar como coletores, pois os algoritmos organizam e orientam o trabalho deles. Na verdade, o treinamento na Amazon é organizado em "escolas", que são cursos intensivos para os trabalhadores aprenderem um processo específico, como coletar ou receber mercadorias. Por sua vez, isso permite ao armazém contar com uma quantidade grande de trabalhadores que podem ser rapidamente colocados para trabalhar quando necessário, suportando os ritmos de trabalho exigidos. Os trabalhadores podem ser descartados também rapidamente, quando deixam de ser úteis ou produtivos, porque substituí-los é fácil. Dessa forma, tanto as taxas de rotatividade de trabalhadores quanto a produtividade podem ser altas. Isso não é algo novo. Marx descreveu uma fase do desenvolvimento tecnológico capitalista na qual "uma mudança de pessoas pode ocorrer a qualquer momento sem interrupção do trabalho", porque "a rapidez com que os jovens aprendem a trabalhar com as máquinas elimina a necessidade de criar uma classe especial de operários". Ele observou que isso "permite uma mudança rápida e constante dos indivíduos sobrecarregados com essa burrice".[30]

O propósito é, evidentemente, econômico. A teoria gerencial é brutalmente honesta ao não esconder que trata os trabalhadores como investimentos que precisam gerar retorno. Se o retorno projetado do investimento – ou seja, a produtividade das habilidades e dos conhecimentos dos trabalhadores – for considerado baixo, as empresas podem decidir comprar a força de trabalho e as habilidades de terceiros, a saber, agências temporárias.[31] Isso facilita a rápida rotatividade de trabalhadores. Em seu livro sobre administração científica, Frederick Taylor apresentou ao leitor "Schmidt", um trabalhador fictício alemão baseado em estereótipos racistas do século XX que caracterizavam os trabalhadores alemães como burros, submissos e motivados apenas pelo dinheiro. Schmidt foi descrito como facilmente substituível. Para o sociólogo do trabalho Harry Braverman, a escrita de Taylor é nada menos do que a "verbalização explícita do modo de produção capitalista". A velocidade com que

Schmidt aprendia, sua receptividade às instruções gerenciais e sua capacidade de cumprir as demandas de produtividade eram tudo o que a gerência precisava considerar. A rotatividade de trabalhadores como Schmidt não era um problema, desde que o capital pudesse aproveitar uma massa de trabalhadores semelhantes que fossem rapidamente colocados para trabalhar, substituindo aqueles que haviam sido demitidos ou que tinham espontaneamente saído da empresa. A discussão de Taylor sobre Schmidt ainda é ensinada em cursos de administração no mundo inteiro.

E a prática de cultivar trabalhadores descartáveis continua comum. Em seu estudo sobre a fabricação *offshore*, Melissa Wright, geógrafa do trabalho, relatou que mulheres jovens entram e saem do emprego em um período limitado de tempo, e as fábricas empregam uma determinada trabalhadora "até que ela não valha mais do que o custo de sua demissão e sua substituição".[32] Nas fábricas que Wright examinou, esse processo era facilitado por um sistema de vigilância invasiva, que envolvia, em alguns casos, até mesmo o controle do ciclo menstrual para detectar gravidez e a demissão de uma funcionária antes que sua produtividade diminuísse. A gerência esperava, com certeza, que, além das mulheres grávidas, todos os trabalhadores acabassem por apresentar queda na produtividade devido a lesões como síndrome do túnel do carpo, tendinite e dores nas costas, além de depressão decorrente da falta de oportunidades futuras. Wright adotou uma metáfora semelhante à obsolescência tecnológica para caracterizar esse processo, descrevendo a rotatividade como o subproduto de um processo durante o qual os seres humanos se transformam em "resíduos industriais". Essa característica de ser descartável foi, em suma, produto de um cálculo que mensurava o valor e a produtividade do trabalho das mulheres. Mas, como Wright também apontou, considerações imediatas sobre produtividade não eram a única razão pela qual os trabalhadores eram descartados. Nos estudos de caso da geógrafa, trabalhadores com mais experiência tinham maior probabilidade de se mobilizar coletivamente ou de subverter o trabalho, gerando problemas para a gerência. Consequentemente, "os gerentes enfrentam o desafio de elaborar uma estratégia para manter [...] trabalhadores tempo suficiente para extrair o valor de sua destreza, atenção e docilidade, antes que os processos de lesões, doenças e raiva os dominem".[33]

A aplicação de tais lógicas adiciona um viés ideológico à equação, uma vez que os trabalhadores precisam aprender e aceitar que são descartáveis.

Para dispositivos digitais, a obsolescência planejada não se refere apenas a considerações econômicas baseadas na capacidade do capital de extrair valor da venda de mais mercadorias. Para o teórico da mídia Jonathan Sterne,

> [...] valor, por si só, é um instrumento analítico muito bruto neste contexto [...]. A vida social de um computador pode ser mais bem descrita como uma espécie de jornada simbólica. Ele passa por uma série de transformações simbólicas: percorre categorias que vão de novo a útil, a obsoleto, a não utilizado, a lixo.[34]

Os trabalhadores frequentemente passam por uma jornada simbólica semelhante. Nas fábricas de Wright, eles eram "produzidos" como descartáveis, ou seja, ensinavam-lhes que poderiam ser e seriam descartados, e que isso era perfeitamente natural.[35] Nesse caso, esse processo era fortemente marcado por questões de gênero, já que a gerência se esforçava para incutir nas trabalhadoras a ideia de que eram naturalmente incapazes de ser treinadas e que era impossível adquirirem novas habilidades, devendo, portanto, considerar o emprego como algo sempre temporário. Na Amazon, a obsolescência planejada não se limita às trabalhadoras mulheres, embora elas possam ser mais profundamente afetadas. O que há em comum entre o exemplo de Wright e a Amazon é o fato de ambos afetarem um condicionamento psicológico profundo e, assim, produzirem trabalhadores que preveem e aceitam que, no fim, serão descartáveis.

A perspectiva da obsolescência afeta a autoestima dos trabalhadores. Enquanto lutam para aceitar esse destino, às vezes eles se agarram a narrativas moralistas para explicá-lo. Alguns, como Noemi, internalizam a ideia de que são fracos demais para trabalhar na Amazon. Noemi trabalhava em tempo integral no MXP5 havia quatro anos, desempenhando diversos papéis na área de *outbound*. Certa tarde, encontramo-nos para um coquetel *spritz* em um bar de Castel San Giovanni. Ela era jovem, cheia de energia e extrovertida, mas quando lhe perguntei se ficaria no armazém até se aposentar, ela respondeu: "Olha, não vou. Além do problema físico, também há um problema emocional: eu posso ser forte, posso pensar que sou mentalmente forte o quanto quiser, mas depois de um tempo você desmorona [...]. Todo mundo está se demitindo".

Na verdade, muitos trabalhadores se culpam por não conseguir lidar com os ritmos do armazém. Conforme afirmam os teóricos sociais Arjun Appadurai e Alexander Neta, a falha muitas vezes é naturalizada como "culpa do cidadão, do investidor, do usuário, do consumidor".[36] E a Amazon cultiva essa narrativa em seus funcionários, dizendo-lhes que tanto sucesso quanto fracasso são produtos de suas próprias decisões. Por exemplo, o programa WorkWell da empresa ensina os funcionários dos EUA que eles são responsáveis pelo próprio bem-estar (e, portanto, pela produtividade). Um panfleto vazado para a imprensa em 2021 dizia aos trabalhadores que eles eram "atletas industriais" e fornecia diretrizes sobre como preparar o corpo para os turnos exaustivos que exigem andar dezenas de quilômetros e levantar milhares de quilos. Dicas sobre nutrição, hidratação, sono e calçados foram incluídas.[37] A Amazon planeja sua saída e ainda faz você sentir que a culpa é sua. Para lidar com essa fonte adicional de estresse, muitos trabalhadores com quem conversei descreveram o trabalho na empresa como um emprego temporário, uma segunda opção, algo que não reflete seu senso de identidade. Isso é verdadeiro principalmente para trabalhadores brancos de classe média frustrados com a carreira profissional – produto de crises financeiras recorrentes e ondas de proletarização, como no caso de Anna. Como muitos outros, ela sentia que seu diploma universitário estava sendo desperdiçado no armazém. Por certo, ele não havia ajudado a progredir na carreira, embora ela já tivesse desistido da ideia de uma carreira na Amazon: "Isto não é emprego para mim. É apenas temporário [...] apenas o primeiro emprego que encontrei, me estabeleci e escolhi a Amazon [...] mas espero sair ano que vem".

Mas alguns trabalhadores estão tentando inverter essa situação, ao chamarem atenção para o fato de que a Amazon é responsável por seu esgotamento e recusando-se a ser descartados. Francesca, por exemplo, funcionária de crachá azul, na faixa etária dos 30, havia acumulado vários problemas de saúde ao longo de quatro anos de trabalho no armazém. Ela me contou que tinha se sindicalizado pela primeira vez na vida e que por isso enfrentava forte pressão para sair e ações disciplinares rotineiras por não atingir suas metas. Mas Francesca não poderia ser demitida legalmente. Perguntei-lhe se continuaria trabalhando no armazém, ao que ela respondeu:

> Essa é uma pergunta difícil, sabe? Na verdade, vou continuar, porque uma vez que eles me quebraram, será difícil me realocar em outro lugar. O mercado de trabalho hoje gira em torno de logística e supermercados [...] se eu me candidatar [a um emprego], mas tiver que dizer que não consigo fazer isso e aquilo, evidentemente

vão dizer, bem, então acho que não preciso te contratar. Sempre digo, você [Amazon] me quebrou, agora me mantenha. A menos que eu tenha muita sorte, não vou deixar um emprego permanente.

Dessa forma, os trabalhadores da Amazon às vezes conseguem usar sua recusa a sair como uma arma, questionando a lógica central do modelo de negócios da empresa, que diz serem descartáveis e substituíveis. Ao decidirem quando e por que sair ou não, eles podem interferir na obsolescência planejada. Isso pode se tornar um problema para a empresa. Na verdade, a agência dos trabalhadores em determinar quando eles deixam de trabalhar é uma ameaça à capacidade da Amazon de gerenciar seus ritmos produtivos.

Flexível e precário

O filme de comédia *Desculpe te incomodar* (2018) imagina uma corporação distópica chamada WorryFree. Trabalhadores com suas famílias são contratados de forma vitalícia e, ao assinarem o contrato com a WorryFree, abrem mão do direito de se demitirem e de deixar as dependências da empresa. Os trabalhadores da WorryFree vivem com a família em instalações de propriedade da empresa, vestem uniformes coloridos da empresa e estrelam comerciais mostrando o quanto gostam da segurança vitalícia prometida pela empresa. Muitas pessoas veem a Amazon na WorryFree. Mas a verdadeira Amazon contrata por um período limitado. Em vez de ficarem na Amazon a vida toda, os trabalhadores do armazém sabem que a maioria deles está lá apenas temporariamente, em resposta aos ciclos de consumo e aos ciclos pelos quais o próprio corpo passa. Eles são contratados para ser sugados e depois demitidos.

Ainda assim, enquanto estiverem no armazém, os trabalhadores da Amazon devem se esforçar para realizar o trabalho de sincronização com seus processos. Isso pode se traduzir em acelerar, desacelerar ou esperar, conforme necessário. Eles devem ser flexíveis, se quiserem atender à obsessão da empresa pelo consumidor. Na verdade, os *fulfillment centers* são os pontos de intersecção nas redes logísticas que mantêm as mercadorias em movimento. A capacidade que há neles de circular as coisas cada vez mais rápido e de forma mais previsível depende também da circulação de pessoas: os funcionários devem se mover rapidamente dentro do armazém e talvez precisem sair rapidamente dele, uma vez que estão presos em ciclos de precariedade que mal conseguem controlar. Conforme afirmou a teórica da mídia Sarah Sharma, eles precisam recalibrar a vida para entrar em sintonia com o que ela chamou de "o tempo dos outros", ou seja, os ritmos impostos pelo empregador.[38] A tecnologia também está envolvida, sendo usada para conectar o consumo aos processos do armazém, acelerar a produção e reorganizar a natureza do trabalho. Para a geógrafa Deborah Cowen, a automação "funciona para calibrar o corpo do trabalhador conforme o corpo do sistema logístico" e, assim, sincronizar o ritmo da vida dessa pessoa com o do trabalho no armazém e os padrões de consumo.[39]

A precariedade não foi criada pela Amazon. Graças às leis trabalhistas cada vez mais favoráveis ao capital, muitas empresas, tanto na Europa quanto na América do Norte, recorreram a estratégias intencionais baseadas em demissões em massa e contratação temporária, não apenas como resultado de ciclos negativos de negócios, mas mesmo em tempos bons. Para gerações de trabalhadores em situação precária, essa imprevisibilidade passou a ser vista como algo inevitável, seja pulando de emprego em emprego, voltando à sala de aula para estudar ou permanecendo no mercado de emprego. Essa não é uma condição nova, mas, sim, a continuação de formas de precariedade que foram integrantes de muitas fases do capitalismo. Por exemplo, cerca de dois terços dos trabalhadores em tempo integral nos Estados Unidos relatam trabalhar mais de 40 horas por semana, revelando que os horários não padronizados se tornaram normais e as horas extras obrigatórias são cada vez mais comuns. A Itália não é muito diferente. E quando a flexibilidade é controlada pelo capital, os trabalhadores acabam vivendo em um estado de imprevisibilidade. A partir das grandes reestruturações políticas e econômicas da década de 1970, expandindo-se com as amplas medidas de austeridade e políticas antitrabalhistas implementadas nos países ocidentais nas últimas duas décadas e impulsionadas pela crise global do coronavírus, os trabalhadores têm sido cada vez mais socializados para aceitar a substituição em massa como trajetória normal da vida profissional. Isso não se aplica de forma igualitária em termos de raça, gênero e classe social. Os homens tendem a trabalhar mais horas extras, muitas mulheres precisam conciliar o trabalho na empresa com o tempo necessário ao trabalho doméstico, enquanto pessoas das chamadas minorias e de baixa renda empregadas em horários não padronizados enfrentam uma série de desafios extras, desde a redução do envolvimento comunitário até o aumento de problemas de saúde e até mesmo taxas mais altas de divórcio causadas pela precariedade.[40]

Se deixado nas mãos da Amazon, esse modo de organizar o emprego ficará ainda mais arraigado. Assim como as fábricas do início do capitalismo industrial, ela vê os trabalhadores como descartáveis e facilmente substituíveis, construindo um sistema que permite incluí-los rapidamente nos ciclos de produção. Além disso, ela planeja a obsolescência dos trabalhadores, fixando uma data de validade para muitos de seus funcionários. Essa prática concretiza o que Appadurai e Neta chamam de "falha por *design*": nesse caso, o gerenciamento cuidadoso da falha de alguns, a fim de permitir que outros ganhem mais dinheiro.[41] Esse não é um processo neutro; pelo contrário, a imposição de falhas de cima para baixo reflete arranjos de poder. O sistema tem um alto custo para os trabalhadores e funciona apenas porque há leis que o permitem – e devido à negligência das instituições que fecham os olhos para práticas de contratação que ultrapassam os limites das leis trabalhistas. Mais importante ainda, a Amazon pode sustentar altas taxas de rotatividade, porque até agora tem conseguido encontrar novos trabalhadores para substituir aqueles que são descartados. Sem migração, desemprego e falta de alternativas, a Amazon ficaria rapidamente sem trabalhadores.

Os trabalhadores da Amazon lutam individualmente para sincronizar a vida com o armazém, mas também coletivamente para ganhar mais poder sobre a organização do trabalho; o poder de influenciar a duração do dia de trabalho, exercer controle sobre a programação e cultivar carreiras de vários anos. Ao fazerem isso, desafiam um sistema baseado na obsessão pelo consumidor e na ideia de que o trabalhador é descartável. No MXP5, os trabalhadores conseguiram limitar drasticamente o uso de horas extras obrigatórias e estão lutando para limitar o quanto a Amazon usa as agências de emprego. Em alguns países, antigas infraestruturas democráticas ajudaram a conter a rotatividade. Por exemplo, os funcionários alemães da Amazon envolveram conselhos locais de trabalhadores para interromper demissões e restringir a prática de oferecer dinheiro para incentivar funcionários com problemas de saúde a se demitirem. No LEJ1, em Leipzig, um dos *fulfillment centers* mais antigos da Europa Continental, muitos trabalhadores estão empregados há mais de dez anos, e os funcionários em tempo integral deixam a empresa com uma frequência inferior à média. Conter a precariedade tem efeitos positivos na vida dos trabalhadores, mas também há um lado político favorável: limitar a capacidade da empresa de contar com altas taxas de rotatividade significa fornecer aos trabalhadores um emprego mais estável, o que, por sua vez, permite que acumulem o poder necessário para subverter ainda mais a Amazon.

A tecnologia faz parte da resposta da Amazon. Desde o início da revolução industrial, o capitalismo tem introduzido constantemente novas tecnologias e técnicas organizacionais mais eficientes para manter a vantagem sobre os trabalhadores. A Amazon investe pesadamente no desenvolvimento de novas técnicas para diminuir sua dependência de trabalhadores e tornar cada vez mais eficiente a sincronização do trabalho e da vida dessas pessoas com os ritmos do consumo. O armazém do futuro, imaginado e planejado pela Amazon, é aquele em que a relação entre trabalhadores e tecnologia é suavizada, alguns trabalhadores podem ser substituídos por máquinas, e os conflitos políticos são controlados pela iminente perspectiva de automação aumentada.

Notas

[1] Sobre o conceito just-in-time em logística, ver Cowen, 2014.
[2] Amazon, 2021c.
[3] Kim & Stewart, 2021.
[4] Citado em Laucius, 2018.
[5] Gurley, 2021.
[6] Boushey, 2016; McCrate, 2012, pp. 39-72; Watson & Swanberg, 2011.
[7] Ver, por exemplo, Henly & Lambert, 2014, pp. 986-1.016.
[8] Chen & Sun, 2020, pp. 1.561-1.579.
[9] Cant, 2019. Para obter um exemplo de desaceleração em outra indústria (academia), ver Vostal; Benda & Virtová, 2019, pp. 783-803.
[10] Parker, 2017.
[11] Allen, 2018.
[12] Bruder, 2019.
[13] Laguerre, 2003, pp. 57-81.
[14] Conforme descrito por um ex-executivo da Amazon. Ver Kantor; Weise & Ashford, 2021.
[15] Slade, 2007, p. 5.
[16] Elcioglu, 2010, pp. 117-136.
[17] Tung & Berkowitz, 2020, p. 2.
[18] Romano, 2020.
[19] Soper, 2020.
[20] Mojtehedzadeh, 2021.

[21] Conforme discussão no capítulo 2.
[22] Para obter um exemplo das fábricas italianas da década de 1960, ver páginas sobre a Olivetti em Alquati, 1975.
[23] Pode-se encontrar uma discussão sobre o fenômeno na Amazon em Semuels, 2018.
[24] Bezos, 2019.
[25] Bezos, 2014
[26] Taylor, 2008.
[27] Amazon, 2021d.
[28] Alquati, 1975, p. 146.
[29] Doeringer & Piore, 1985.
[30] Marx, 1976, pp. 546-547.
[31] Lepak & Snell, 1999, pp. 31-48.
[32] Wright, 2006, p. 2.
[33] Idem, pp. 25-26.
[34] Sterne, 2007, p. 23.
[35] Sobre a "produção" ativa de trabalhadores, ver também Salzinger, 2003.
[36] Appadurai & Neta, 2020, p. 2.
[37] Portanto, os trabalhadores devem se tornar flexíveis, adequados e legíveis pela vigilância, conforme discutido no capítulo 3. Precisam desenvolver as "virtudes perversas do trabalho digital", conforme Gregory & Sadowski, 2021. Sobre o panfleto, propriamente dito, ver Ongweso, 2021.
[38] Sharma, 2014.
[39] Cowen, 2014, p. 113.
[40] Para obter uma resenha sobre esse fenômeno, ver Gerstel & Clawson, 2018, pp. 77-97.
[41] Appadurai & Neta, 2020.

5
Reinvente o agora

A Las Vegas Strip está tão distante de Piacenza e do chão do armazém MXP5, ou de qualquer chão de fábrica, quanto se possa imaginar. É um lugar que muitos visitam em busca de fuga, em um mundo intoxicante de letreiros de néon, jogos de azar e *glamour*. Mas também é um destino importante para conferências, convenções e feiras comerciais, nas quais empresas criam expectativa em torno de novos produtos de consumo e possibilidades tecnológicas. Por esses motivos, deve ter parecido o local natural para a re:MARS, uma conferência dedicada a mostrar a amplitude futurista das ambições tecnológicas da Amazon. Jeff Bezos chamou de "acampamento de verão para *geeks*", quando aconteceu pela primeira vez, em 2016, como MARS, um encontro exclusivo para robóticos, especialistas em IA, executivos de tecnologia e futuristas, realizado em Palm Springs, no deserto da Califórnia. A primeira e, até agora, única edição do re:MARS, realizada em Las Vegas, em junho de 2019, foi uma versão pública e reformulada da versão anterior (mais exclusiva), aberta a um público mais amplo (mediante pagamento). MARS significa "Machine learning, Automation, Robotics, and Space exploration" [aprendizado de máquina, automação, robótica e exploração espacial], e a conferência serve como portal para um imaginário grandioso no qual o armazém desempenha apenas um papel secundário. No re:MARS, o público assistia a palestras com títulos como "Confissões de um *CEO*: por que me tornei um crente em robôs e automação" e também admirava protótipos de robôs literalmente destinados à colonização de Marte.

Conforme relatado pelo vice-presidente sênior da Amazon, Dave Limp, à plateia em sua palestra de 2019, o conceito do evento, "assim como muitas ideias boas, começou com um copo de uísque" em um cômodo "na casa de

Jeff... Jeff Bezos". Aparentemente, há na biblioteca de uma das casas de Jeff duas lareiras em extremidades opostas do ambiente. Na parede acima de uma delas está escrito "Builders" [construtores] e "Dreamers" [sonhadores] acima da outra. De certa forma, essa imagem não é tremendamente original: quem não esperaria algo bombástico assim na casa do bilionário mais rico do capitalismo digital, quando nos acostumamos com *slogans* semelhantes decorando as paredes de cafeterias urbanas usadas como escritórios por trabalhadores de tecnologia e de criação? Na Amazon, continuou Limp, a ideia é que o potencial da tecnologia é ilimitado: "Se pudermos imaginar, podemos realmente construir". Executivos da empresa repetiram ao longo dos anos que a conferência não trata do presente. Trata dos sonhos da Amazon para o futuro. Eles encerraram suas palestras dizendo coisas como "o futuro está logo ali, na esquina, e eu não poderia estar mais empolgado" ou "estou superotimista em relação ao futuro, mal posso esperar por 2030". Em nenhum outro lugar seus sonhos eram mais visíveis do que no re:MARS – da exploração espacial à robótica de armazéns, tratava-se da materialização tecnológica do desejo capitalista.

Conforme o teórico da mídia Nick Montfort expressa a questão, a criação do futuro tecnológico é "o ato de imaginar um futuro específico e tentar conscientemente contribuir para ele acontecer" – os sonhadores e os construtores.[1] Bezos mesmo deixou isso explícito durante seu "bate-papo à lareira". Sonhadores vêm primeiro, por exemplo, com a ficção científica, mas sonhos não progridem até que construtores construam a tecnologia e materializem o sonho, lembrou Bezos à multidão. A busca pela solução tecnológica é intrínseca ao desenvolvimento do capital na Amazon e além. Isso leva não apenas a mudanças tecnológicas, mas também a efeitos culturais, uma vez que a inovação tecnológica é fetichizada e apresentada como algo bom para toda a sociedade – uma ideia que pode passar como senso comum nas sociedades contemporâneas.[2] Nos sonhos da Amazon, a inovação tecnológica não é apenas boa, é também ilimitada. Isso é algo que Marx também observou: o capital não aceita limites; ele os vê como barreiras a serem superadas. Entre outros limites, ele descreveu o desejo do capital de conquistar, de colonizar o espaço e o tempo. Um exemplo contemporâneo importante é encontrado nos processos da logística globalizada, através dos quais corporações como a Amazon controlam cadeias de suprimentos globais em tempo real, para produzir, circular e vender mercadorias. Por exemplo, qualquer produto que venda pode ter sido idealizado em áreas urbanas da Ásia ou da América, feito de matérias-primas que têm origem em três continentes diferentes e fabricado no México ou no Vietnã, para ser comercializado em qualquer um dos países onde a Amazon atua. De fato, a globalização econômica baseada no livre fluxo de dinheiro, mercadoria e informação permitiu ao capitalismo expandir seu domínio sobre o espaço e o tempo. A julgar pelo re:MARS, parece que a nova fronteira a ser colonizada é o próprio futuro tecnológico. Em uma de suas cartas aos investidores, Jeff Bezos usou a metáfora de uma "corrida pela terra" para descrever a abordagem da empresa à internet: uma terra de ninguém a ser conquistada e colonizada.[3]

A natureza espetacular do re:MARS fazia parte dessa conquista tecnológica imaginada. Ao sair do calor de Las Vegas, entrando no centro de convenções com ar-condicionado que sediava o re:MARS 2019, deparava com uma tela panorâmica grande, atravessando o palco, com imagens de paisagens alienígenas habitadas por um astronauta solitário que caminhava ou fazia poses no topo de colinas. O estande de brindes estava abastecido com itens promocionais do re:MARS, como camisetas e garrafas de plástico para água. É óbvio que, ao tocar seu crachá para obter os produtos gratuitos, você concordava em permitir que a Amazon lhe enviasse *e-mails* de *marketing*. Ao lado do palco, um DJ tocava *hip hop*. Disseram-nos que o centro de convenções estava cheio, com uma diversidade grande de participantes: astronautas, artistas, políticos, empreendedores, PhDs, engenheiros, atletas. Em uma apresentação do MARS, em 2018, um palestrante comparou a conferência à Grécia Clássica, enquanto mostrava uma imagem do afresco *A Escola de Atenas*, de Rafael Sanzio – um "quem é quem" da filosofia grega pintado nas paredes do Palácio Apostólico do Vaticano, com personagens tais como Pitágoras e Hipácia. Rafael usou figuras contemporâneas do Renascimento como modelos para o afresco; portanto, Platão, por exemplo, é representado na verdade por Leonardo da Vinci[4] – penso que suas máquinas voadoras o aproximaram até onde é possível do que seria um fundador de *startup* tecnológica na Itália do século XV. O MARS definitivamente não é lugar para a modéstia. É onde protótipos de robôs são exibidos e mitos corporativos são forjados. Por exemplo, a cobertura jornalística de uma das conferências foi dominada por anedotas de Jeff Bezos perdendo para um braço robótico um jogo de virar garrafas. Em outra ocasião, ele estava passeando com seu "cachorro novo" (um robô de quatro patas da Boston Dynamics).

Os participantes da convenção usavam crachás de cordão nas cores preta, laranja e azul: deve ser algum tipo de código, como o dos crachás coloridos que identificam os associados no armazém. Os cordões eram usados pela equipe e por legiões de homens vestidos de camisa de botão xadrez de cor clara, ansiosos para entregar folhetos com sugestões como "sua próxima contratação deveria ser um robô". Tantos homens. Tantas camisas de botão xadrez de cor clara. No entanto, ao examinar mais a fundo o discurso e o visual extravagante desses indivíduos, ficou evidente que algumas das inovações espetaculares sonhadas pela Amazon parecem improváveis de se materializarem em um futuro próximo. Por exemplo, entre as patentes da Amazon está um projeto de *fulfillment center* voador: um enorme armazém ligado a um dirigível que pode voar até uma concentração de clientes e se posicionar acima deles. Ele pode flutuar perto de um estádio durante um jogo de futebol e usar drones para entregar produtos rapidamente – pipoca, mãozonas de espuma, camisas de time, qualquer coisa – para a multidão abaixo.[5] Outras patentes preveem estações automáticas de atracação nas quais os drones voadores podem ser verificados, ter a bateria recarregada e ser guarnecidos com pedidos. Em Las Vegas, Bezos falou meio brincando sobre centros de atendimento na Lua.

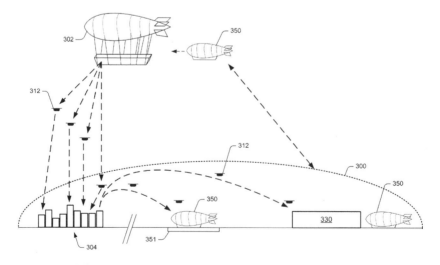

Figura 1 – Um *fulfillment center* voador utiliza drones para entregar produtos.

Armazéns lunares à parte, a conferência não deixou de ter sua dose de realidade. Era possível sair de uma conversa à beira do fogo e entrar em um ambiente onde um executivo da Amazon Robotics explicava que sempre haverá humanos envolvidos, afinal, os robôs só são bons quando você precisa fazer a mesma coisa repetidas vezes. Como você poderia construir robôs para automatizar o processo de mover um sofá enorme que está dividido em cinco partes? – perguntou, retoricamente. A Amazon adicionou muitos robôs aos seus armazéns, mas ainda mais trabalhadores humanos, disse. E, assim, há uma tensão entre sonho e realidade. A Amazon está desenvolvendo, criando protótipos e testando toda espécie de máquinas automatizadas, desde robôs coletores a drones entregadores. Veja a Amazon Robotics, cujo lema é "Reinventamos o agora". A Amazon adquiriu essa empresa, antes chamada Kiva Robotics, em 2012 por mais de 700 milhões de dólares. Hoje, a Amazon utiliza mais de 200 mil de seus robôs em *fulfillment centers* por todo o mundo. Com isso, aumentou sua capacidade de robotizar e automatizar o processo de trabalho. Em seu *site* colorido, a Amazon Robotics se orgulha de sua "determinação destemida de alcançar o improvável com soluções reais". O "improvável" aqui significa introduzir "robôs móveis autônomos, *software* de controle sofisticado, percepção de linguagem, gerenciamento de energia, visão computacional, detecção de profundidade, aprendizado de máquina, reconhecimento de objetos e compreensão semântica de comandos". Muitas dessas coisas estão realmente acontecendo *agora*, de acordo com o *slogan* da empresa.[6] Mas há muito mais projetado para o futuro, conforme a Amazon e suas subsidiárias trabalham para ampliar sua capacidade simultânea de automatizar processos de atendimento e controlar o trabalho.

A automação é um componente-chave do desejo da Amazon de poder e controle – na verdade, de dinheiro. A automação também é vista por muitos como o prenúncio do desemprego tecnológico. Esse conceito expressa um medo comum de que o cumprimento de tarefas seja em breve totalmente automatizado, e os trabalhadores sejam substituídos por robôs que não fazem greve, não ficam doentes, não solicitam pagamento de hora extra nem se recusam a trabalhar no turno da noite. Esse espectro da automação continua assombrando trabalhadores de armazéns.[7] Mas a Amazon não está planejando eliminar os trabalhadores de armazéns. Apesar do *hype* que a empresa e seus futuristas criam em torno da automação, a Amazon é, na verdade, muito mais pragmática em relação à necessidade contínua de mão de obra humana. Trabalhadores continuarão a existir, porque são mais baratos e mais fáceis de controlar e descartar do que robôs. O sonho da Amazon é encontrar novas formas de explorá-los, de tratá-los como robôs.

Propriedade e o futuro tecnológico

Entender o que empresas como a Amazon têm reservado para nós não é uma tarefa trivial. Podem-se estudar coisas como discursos e comunicações corporativas, protótipos ou decisões de investimento.[8] Certamente, é possível viajar para um centro de convenções em Las Vegas e tentar discernir como os executivos da empresa imaginam o futuro e se eles realmente podem realizar esses sonhos. Mas nem sempre é fácil separar o que é retórica, criação de mitos, construção imaginária e o que está realmente em andamento – o que constitui o "plano" do capital, como os trabalhistas chamariam. Para isso, há um objeto de estudo melhor literalmente destinado a descrever o futuro da tecnologia: as patentes. As patentes são usadas para reivindicar a propriedade de invenções que podem ser desenvolvidas no futuro. Mas, mais do que isso, a existência de uma patente significa que uma empresa investiu tempo e dinheiro para materializar uma ideia: é um investimento em um futuro desejado. Portanto, as patentes oferecem um material rico pronto para análise, incluindo uma descrição detalhada da invenção, desenhos e referências a tecnologias relacionadas. Mais do que isso, as patentes são documentos públicos. Os detentores de patentes devem divulgar informação sobre a tecnologia, uma vez que a invenção deve ser descrita em detalhes e projetada para provar publicamente que é nova, original e útil.

Aproveitando essa característica de ser pública, dei uma olhada na tecnologia que a Amazon pode um dia introduzir nos processos dos *fulfillment centers*. Não é preciso dizer que a empresa não hesita em afirmar seus direitos de propriedade intelectual sobre a tecnologia que deseja; uma busca rápida na ferramenta de pesquisa da Google revela milhares de patentes de propriedade da Amazon. Somente em 2019, a empresa enviou para registro mais de duas mil patentes. Naquele ano, passei meses pesquisando bancos de dados hospedados por instituições como o Escritório de Marcas e Patentes dos Estados Unidos, coletando patentes enviadas pela Amazon ou suas subsidiárias. A Amazon possui patentes que abrangem muitas áreas da tecnologia, atuando em setores que vão desde computação em nuvem até assistentes domésticos digitais. Das quase nove mil patentes concedidas ou enviadas para registro pela Amazon Technologies entre 2015 e 2019, mais de mil lidavam com gerenciamento de estoque do armazém, incluindo robôs, algoritmos e outras formas de automação. Nesses documentos, a Amazon imagina um armazém onde máquinas desempenham o papel de gerência, usando novas ferramentas para vigiar trabalhadores e para aumentar a produtividade, ampliando os processos de controle e despossessão já presentes nos FCs de hoje. Tecnologias do tipo *wearable* ["vestíveis"] e viseiras de realidade aumentada capturam dados e fornecem *feedback* sobre os movimentos dos trabalhadores. Sensores analisam o espaço disponível nas prateleiras e aceleram o trabalho. Algoritmos suavizam a relação entre robôs e trabalhadores nas tarefas de base do armazém.

Uma ressalva: a perspectiva de usar patentes para compreender o futuro da tecnologia apresenta uma série de desafios. O problema principal é que elas frequentemente são enganosas ou de certa forma ilusórias; portanto, não podem ser aceitas sem um olhar crítico sobre elas. Isso pode ser tanto incidental quanto intencional. Por um lado, as tecnologias descritas nas patentes podem se mostrar inviáveis ou indesejáveis, materializando-se décadas depois, se é que se materializam. Por outro lado, às vezes as patentes descrevem tecnologias que uma empresa não tem intenção de desenvolver. Nesses cenários, as patentes, propriamente ditas, são utilizadas como ferramentas que podem se tornar armas em processos judiciais, isto é, dispositivos de bloqueio, cercando a concorrência com uma ameaça de litígio, caso tentem desenvolver uma tecnologia similar.[9] Assim como outras formas de propriedade intelectual, as patentes têm uma vida social complexa; ou seja, adquirem valor nas diferentes esferas em que circulam: o mercado, o tribunal e a cultura popular.[10] É impossível discernir quais tecnologias, das milhares apresentadas nas patentes de propriedade da Amazon, algum dia serão construídas, utilizadas ou mesmo transformadas em protótipos. Mas elas podem ser produtivas de outras maneiras; várias patentes da Amazon já geraram atenção da mídia ou impressionaram o público em eventos corporativos. Futuros tecnológicos são sempre apresentados publicamente por um motivo: as patentes podem ser usadas para se comunicar com o capital financeiro, que age com base em expectativas e previsões futuras, e com os consumidores, que precisam estar prontos e ansiosos pelo futuro. Por fim, as patentes são objetos de estudo imperfeitos porque apresentam para o mundo uma abordagem direta do tipo problema-solução, eliminando a complexidade do ser humano.[11] As patentes não descrevem os corpos que irão interagir com as máquinas: o "operador humano", também conhecido como "usuário", é esboçado de forma minimalista – desenhado como uma silhueta sem rosto. Isso contribui para retratar o trabalho como falsamente neutro, por exemplo, ocultando o gênero e a etnia da força de trabalho que atua nos *fulfillment centers*. Semelhante a outros projetos da modernidade ocidental, o processo de inovação tecnológica imagina um futuro artificialmente estéril que não leva em conta, quiçá planeja apagar, os sujeitos do presente e sua existência corpórea e complexa.[12]

Ainda assim, analisar as patentes concedidas ou enviadas para registro pela Amazon é um exercício revelador. O propósito das patentes – criar e manter um monopólio privado sobre uma invenção – mostra que, nas palavras do falecido sociólogo britânico John Urry, "futuros poderosos" são "quase literalmente 'propriedades' de interesses privados, em vez de serem compartilhados entre os membros de uma sociedade".[13] Em seus relatórios anuais, a Amazon se descreve como "máquina de invenção" e, de fato, a empresa faz investimentos pesados em desenvolvimento tecnológico para reforçar seu controle sobre esses futuros poderosos. Até recentemente, em 2018, ela era a maior investidora em pesquisa e desenvolvimento do mundo, com mais de 22 bilhões de dólares americanos gastos com isso. Para efeito de comparação, a Google, que é a segunda maior investidora, gastou 16 bilhões de dólares em 2018. O MIT, por sua vez, gasta apenas cerca de 3 bilhões de dólares por ano.[14]

A Amazon, assim como outras corporações, conta com sua capacidade de estabelecer um monopólio sobre novas tecnologias. A economista Patricia Rikap estudou milhares de patentes depositadas pela Amazon de 1996 a 2018. Ela descreveu um panorama em que a empresa evoluiu de seu negócio principal no início (um *e-commerce* impulsionado por mecanismos de busca) para áreas mais amplas, como tecnologias de armazenamento e análise de dados que alimentam sua altamente lucrativa AWS (Amazon Web Services), serviço de computação em nuvem. Nos últimos anos, essa estratégia se expandiu ainda mais para áreas relacionadas à automação, como aprendizado de máquina e interfaces de usuário. A empresa é também sigilosa na fase pré-patente, aproveitando-se de redes de firmas que colaboram com ela, mas não recebem participação nas reivindicações finais de propriedade intelectual. Rikap descreveu a Amazon como um "predador" no ecossistema de inovação em que está inserida e como um "monopólio intelectual" em construção.[15] Pode-se observar essa dinâmica em um exemplo dos anos 1990. A Amazon patenteou um sistema bastante amplo de "1-Clique" que registrava informação de cartão de crédito e de endereço para envio dos clientes, reduzindo, assim, o número de etapas necessárias para fazer pedidos em um *site*. A fim de manter vantagem em relação à concorrência, a empresa processou a livraria estadunidense Barnes & Nobles, que usava um sistema parecido, obrigando-a a adicionar uma etapa ao seu processo de pagamento *on-line*. Isso fez também com que a Apple precisasse licenciar a patente da Amazon por uma quantia não revelada, quando quis implementar a mesma dinâmica.[16]

Obviamente, essa estratégia não é exclusividade da Amazon. Muitas corporações acumulam patentes e depois extraem valor em renda gerada pelo monopólio intelectual sobre novas ideias. Como parte do desejo de controlar e lucrar com a tecnologia, interesses privados tentam expandir sua propriedade ao máximo, colonizando o futuro tecnológico. Por exemplo, para maximizarem seu papel na extração desse valor, as patentes podem ser intencionalmente vagas e abrangentes em escopo, em certo sentido, parecidas com os tratados estipulados pelas potências coloniais para despossuir povos indígenas. Na prática, os proprietários de patentes podem usar as descrições que fornecem para reivindicar a propriedade de grandes áreas do equivalente tecnológico a territórios nos quais ainda nem pisaram. Como no caso do 1-Clique, uma patente de um braço robótico criado para pegar tecido talvez descreva seus componentes ou sua dinâmica de forma um tanto vaga, permitindo que o proprietário reivindique qualquer futuro braço robótico projetado para tal finalidade.

Sobre humanos e máquinas

No armazém, enquanto isso, o futuro já está se desdobrando. Foi durante um *tour* no MXP5 que encontrei pela primeira vez a nova máquina de empacotamento automatizado da Amazon: a CartonWrap 1000. Era um dos primeiros exemplares, que a Amazon testou na Itália, em 2019, e depois espalhou pelos *fulfillment centers* em todo o mundo nos meses seguintes. Fabricada pela empresa italiana CMC, a máquina é capaz de empacotar um pedido a cada três segundos – uma proeza que nenhum empacotador humano conseguiria alcançar. Uma esteira transportadora enorme, protegida por acrílico transparente, é alimentada com mercadorias. A máquina as escaneia, calcula o tamanho ideal da caixa, suga o papelão, em seguida o corta e, finalmente, embrulha e etiqueta os itens. O ritmo da CartonWrap é avassalador. Ao passar por essa máquina, é difícil não pensar que ela substituirá centenas de empacotadores, automatizando e eliminando uma grande parte dos empregos. Nos jornais, a CartonWrap tem sido descrita como "prenúncio da automação", apontando para um futuro de armazéns "às escuras", povoado apenas por máquinas. Muitos robôs não precisam de iluminação, e um local de trabalho totalmente automatizado poderia ser mantido no escuro para economizar dinheiro.[17] No GigCo, um jogo desenvolvido pelo coletivo canadense SpekWork inspirado nos armazéns da Amazon, o jogador precisa mover caixas de uma esteira transportadora para outra. Para se dar bem no jogo, é preciso "evitar a automação", tanto durante o turno quanto em longo prazo. Pequenos robôs que se assemelham aos Kiva da Amazon cruzam o chão do armazém, e se você trombar com um deles, a empresa introduz mais robôs para compensar as deficiências dos trabalhadores. Conforme o armazém fica cada vez mais automatizado, também fica mais escuro, até que se torna impossível para o jogador ver qualquer coisa. É nesse momento que você perde o emprego: *game over*.[18]

Esses medos relacionados ao desemprego tecnológico não são novos, mas representam uma ansiedade recorrente no cerne das sociedades industriais desde os ludistas, trabalhadores têxteis radicais que destruíram máquinas e teares mecânicos na Inglaterra, no início do século XIX.[19] E também no cerne da ficção científica, uma fonte de ideias sobre futuros tecnológicos distópicos. Um exemplo é o primeiro romance de Kurt Vonnegut, *Piano mecânico*, ambientado em uma América pós-guerra totalmente automatizada, onde ex-trabalhadores da classe operária estão desempregados e sobrevivem em guetos às margens da cidade industrial de Ilium.[20] O romance é frequentemente usado como uma parábola sobre o futuro da automação.[21] O escritor de ficção científica estadunidense retratou um futuro distópico que, 70 anos depois, ainda parece ser um dos futuros possíveis que enfrentamos hoje. Ao contrário da maioria das representações de ficção científica da automação, *Piano mecânico* descreve um mundo em que as máquinas são projetadas por engenheiros, mas precisam ser treinadas por trabalhadores. Porque isso acontece sob o controle do capital, o efeito é a despossessão dos trabalhadores. Vonnegut retrata um maquinista chamado Rudy Hertz como o último trabalhador cujo conhecimento foi utilizado para padronizar os processos de automação, o que permitiu ao capital finalmente eliminar o trabalho humano. Hertz tem orgulho de ter ensinado as máquinas a se tornarem autônomas, mas também está triste com a vida atual, que ele passa principalmente bebendo em um *pub*.

O pesadelo de Vonnegut se assemelha ao sonho da Amazon, pelo menos em parte. O armazém do futuro, projetado, imaginado e descrito pela Amazon, é aquele com mais máquinas, mais automação e mais sistemas que capturam o conhecimento e a atividade dos trabalhadores para melhorar as próprias máquinas. A diferença é que isso não necessariamente significa menos trabalhadores. O futuro desejado e planejado pela Amazon talvez seja esse em que robôs economizam mão de obra e reduzem os custos, mas é também um futuro em que o trabalho humano ainda está presente. Nova tecnologia substituirá alguns trabalhadores e, ao mesmo tempo, tornará outros mais produtivos, controláveis, vigiados e flexíveis. Como muitos outros atores corporativos, a empresa parece estar plenamente consciente da necessidade contínua de trabalho humano, mesmo diante de um cenário tecnológico em rápida mudança.[22] Por exemplo, as patentes da Amazon deixam explícita a percepção dos limites físicos e financeiros da automação, algo que muitos economistas reconhecem. Algumas das patentes são tão diretas sobre essa realidade que parecem livros didáticos de sociologia do trabalho, não documentos corporativos. Uma patente para um sistema modular de inventário descreve a automação como:

[...] cara e que para implementar demanda tempo, ao contrário de uma força de trabalho humana, que pode ser alocada conforme a necessidade. Por esse motivo, os sistemas de inventário convencionais continuam a utilizar pessoas para muitas tarefas, ainda que a tendência da intervenção humana seja aumentar os custos e diminuir a velocidade de qualquer sistema automatizado.[23]

Portanto, trabalhadores humanos são mais baratos, mais flexíveis e podem ser substituídos mais facilmente do que robôs caros; portanto, estarão presentes mesmo em um armazém futurístico. No entanto, ainda que trabalhadores e robôs coexistam, a empresa está preocupada em tornar a interação entre eles mais suave, garantindo a subordinação dos trabalhadores à tecnologia cada vez mais sofisticada que futuramente encontrarão no armazém. No re:MARS, um executivo da Amazon descreveu isso como uma "sinfonia de humanos e robôs trabalhando juntos". Uma metáfora interessante. Outros descreveram uma gaiola de metal robotizada que transportaria um trabalhador pelo armazém, como se conduzisse um "balé mecanizado" no qual os movimentos humanos são ditados pela automação.[24] Mas talvez uma descrição mais precisa do que a Amazon está fazendo seja: orquestrar a crescente dominação de seus trabalhadores pelas máquinas. Como a patente deixa explícito, a mão do trabalhador se estende para fora da gaiola apenas para desempenhar a parte singular do processo de trabalho que não pode ser automatizada: coletar a mercadoria na prateleira.

A Amazon imagina uma dinâmica semelhante em muitas de suas patentes: máquinas que contam com os trabalhadores para perceber o ambiente físico e, às vezes, agir sobre ele, para testar soluções e ensiná-las a algoritmos e robôs, e para intervir quando um processo não pode ser automatizado. Isso implica a intensificação de uma forma de gestão ávida por dados provenientes de mercadorias, máquinas e trabalhadores.[25] Essa fome é saciada por uma explosão de tecnologias geradoras e processadoras de dados. Muitas patentes da Amazon listam uma quantidade grande de "dispositivos de entrada, como sensores de pressão, sensores infravermelhos, balanças, cortinas de luz, células de carga, leitores de RFID etc.".[26] No futuro desejado pela Amazon, os humanos continuam presentes no armazém, mas a relação com a tecnologia é alterada. As máquinas monitoram e analisam as atividades e os conhecimentos dos trabalhadores, transformando-os em dados que podem ser usados para otimizar não apenas o trabalho humano, mas também os processos mecanizados, isto é, trabalhadores treinam os robôs. Os trabalhadores também são cada vez mais substituíveis pela tecnologia automatizada e intervêm principalmente para suprir as deficiências dos robôs. Por exemplo, a ação e a percepção deles são para os sistemas de *software* que organizam o trabalho no armazém, e não o contrário. Os Rudy Hertzes do nosso mundo ainda estão longe de ser substituídos pela automação do trabalho, mas cada vez mais servirão às necessidades das máquinas.

Controlando trabalhadores, facilitando a execução

O impulso para aumentar a eficiência está no cerne dos planos da Amazon para o futuro. O armazém de hoje, com sua organização algorítmica do trabalho e o uso de robôs para acelerar o trabalho humano, já leva os trabalhadores ao limite. Mas as patentes da empresa indicam que o ritmo não diminuirá com a introdução de novas tecnologias. Pelo contrário, a Amazon pretende introduzir tecnologia que possibilite ao trabalhador aguentar mais. Aumentar os níveis de produtividade enquanto mantém os custos baixos é uma preocupação para qualquer organização capitalista, e a Amazon não é diferente; no armazém do futuro, trabalhadores não deverão retardar as operações mecanizadas. Uma patente para um sistema visual destinado a auxiliar o trabalho de inventário destaca que

> [...] o desempenho [...] pode estar limitado às capacidades de um agente humano realizando a respectiva tarefa. Como as capacidades de diferentes agentes humanos podem variar muito, processos com tarefas realizadas manualmente ou com assistência podem estar sujeitos a desempenho inconsistente.[27]

Há também a preocupação de que os trabalhadores humanos talvez não sejam capazes de acompanhar os ritmos extremos do trabalho no armazém, o que "pode resultar em sobrecarga de informação ou em um estado em que o usuário fica desatento à informação ou a ignora", tornando-se "cansado ou atrasado", conforme destacado em uma patente para uma nova interface entre trabalhadores e sistemas de *software* baseada em cores.[28] Uma "carga cognitiva" excessiva que poderia resultar em "confusão do agente" deve ser abordada com vários auxílios, como pistas visuais ou táteis que reduzem a quantidade de informação com a qual os trabalhadores precisam lidar. Isso inclui luzes apontadas para a mercadoria a ser coletada, vibração em bracelete usado pelo trabalhador ou setas que indicam a rota mais curta até uma determinada prateleira, que são sobrepostas ao campo visual do funcionário por meio de óculos de realidade aumentada. A tecnologia tem como objetivo acelerar o trabalho, minimizando ações que podem consumir tempo ou abrir oportunidades para erros humanos, incluindo tarefas menores que atualmente prevalecem nos armazéns da Amazon, como apertar um botão ou olhar para uma tela. Nas palavras de Bezos, a empresa tem por objetivo "ser implacável na entrega de melhoras na eficiência" aos consumidores.[29]

Para tornar o armazém mais eficiente, a Amazon planeja automatizar ainda mais sua forma de controlar os trabalhadores. A terceirização de tarefas gerenciais para sistemas de *software* baseados em tomada de decisões orientadas por dados é uma característica comum do trabalho mediado pela tecnologia digital, que vai desde aplicativos de trabalho temporário até plataformas *on-line* para análise de dados.[30] A tecnologia destinada ao gerenciamento do armazém, por exemplo, atribuindo tarefas aos trabalhadores por meio do leitor de código de barras ou controlando o movimento dos robôs, centraliza e consolida o poder já exercido pelos algoritmos nos processos dos FCs.[31] Muitas patentes descrevem um "módulo de gerenciamento central" ou "sistema de atendimento a pedidos" que nos lembra o autômato de Marx, o "primeiro motor" que ele imaginou controlando máquinas e seus órgãos humanos em uma fábrica automática. A diferença é que ele talvez tivesse em mente uma máquina a vapor movendo componentes mecânicos. Uma patente para unidades de transporte robóticas é um bom exemplo do *software* que a Amazon planeja ter como seu primeiro motor. Esse "componente de gerenciamento" ou peça de *software* organiza o trabalho tanto dos trabalhadores quanto dos robôs no armazém do futuro. Ele

[...] indica os mantenedores de inventário e a localização dentro do espaço de trabalho associado. Além disso, monitora o inventário das instalações de inventário [...] atribui tarefas às unidades de transporte robóticas e outros componentes do sistema e [...] supervisiona ou direciona operações manuais, tais como indicar quais itens de um mantenedor de inventário devem ser selecionados ou "coletados" por um trabalhador, e onde os itens selecionados devem ser colocados.[32]

Várias patentes detalham tecnologias cujo objetivo é comunicar aos trabalhadores o resultado de decisões automatizadas tomadas por esses sistemas gerenciais centrais. Enquanto no armazém de hoje as telas de computadores e os leitores de código de barras são os principais instrumentos que fazem a mediação entre algoritmos e trabalhadores, a Amazon detém patentes para óculos de realidade aumentada cuja função é descrita como "facilitar a execução", ou seja, incorporar conhecimento espacial sobre as prateleiras em um sistema de *software* que o comunica aos coletores gerando "uma indicação visual ou um direcionamento que se sobrepõe ao campo de visão do usuário [...] como parte de um passo a passo para um destino dentro do *fulfillment center*".[33]

Por exemplo, uma trabalhadora usando esses óculos verá setas sobrepostas ao seu campo de visão natural, indicando quando e onde fazer uma curva, para encontrar a prateleira na qual a mercadoria que deve coletar – digamos, uma caneca de café – está armazenada. Outros dispositivos "vestíveis" têm por intenção capturar e analisar dados de imagem das prateleiras, gerando modelos tridimensionais do espaço disponível e calculando em qual célula da prateleira um item pode ser armazenado com eficiência. Isso seria comunicado por meio de óculos de realidade aumentada para o trabalhador responsável por estocar a mercadoria. Esses óculos podem até indicar como armazenar duas canecas de forma mais eficiente em vez de apenas uma, talvez colocando-as apertadas sobre uma pilha de cadernos. O objetivo é "facilitar uma tarefa específica", permitindo que trabalhadores armazenem ou coletem itens com mais rapidez e aumentem a eficiência geral do armazém. Muitas outras patentes visam à intensificação do trabalho humano, mas o fazem por meio de tecnologias relativamente menos – em termos computacionais – intensivas e caras.

Uma patente descreve um bracelete que fornece *feedback* tátil à mão do trabalhador. Quando uma trabalhadora tira uma mercadoria do carrinho, o bracelete comunica a ação ao sistema central, que por sua vez pode fazer o bracelete vibrar, a fim de chamar atenção dela para o fato de tê-la colocado no lugar errado.

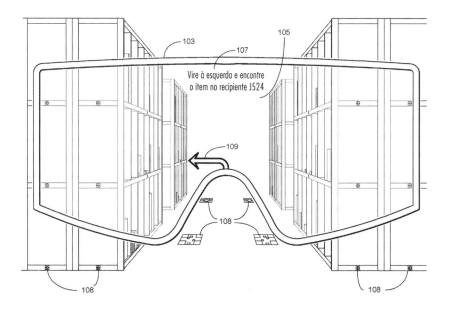

Figura 2 – Realidade aumentada pode ser utilizada para acelerar o trabalho, incorporando informação sobre a geografia da torre de coleta.

A intenção é combinar o controle algorítmico centralizado com mais vigilância dos trabalhadores. O sistema pode precisar atribuir tarefas específicas a trabalhadores específicos não apenas por motivos de eficiência, mas também para discipliná-los. Assim como no armazém atual, as técnicas organizacionais e o despotismo no local de trabalho são inseparáveis nos planos da Amazon, porque o capital precisa garantir que as "máquinas vivas" fiquem subordinadas ao que o teórico do trabalho Raniero Panzieri chamou de "máquinas mortas, máquinas-máquinas".[34] Muitas patentes deixam explícita a necessidade de limitar a indisciplina dos trabalhadores humanos, sugerindo formas novas e mais eficientes de controlá-los e de suavizar a relação entre eles e a tecnologia no local de trabalho. Por exemplo, uma patente para um sistema algorítmico destinado a coordenar o atendimento a pedidos em uma rede de armazéns enfatiza que

> [...] o armazenamento em lojas é notoriamente pouco confiável, devido ao fato de que as lojas sofrem certa quantidade de roubo de produtos, ou os produtos são facilmente colocados em lugares errados dentro das lojas, de tal modo que são efetivamente perdidos, para fins de compra *on-line*.[35]

Para combater isso e outras formas de resistência de trabalhadores, as patentes planejam penetrar cada vez mais fundo em técnicas de vigilância. Os óculos de realidade aumentada descritos acima também servem como ferramenta para capturar informação sobre a interação do trabalhador com o armazém. Eles são capazes não apenas de determinar a localização do trabalhador dentro do *fulfillment center*, como também de "capturar imagens e/ou vídeos de itens dentro do campo de visão do usuário". Assim como muitos outros dispositivos descritos em patentes, eles dependem de "acelerômetros, altímetros, velocímetros ou outros sensores que possam fornecer dados de inclinação, oscilação, rotação, velocidade, aceleração".[36] Em suma, qualquer movimento pode ser registrado. Esses dispositivos expandem uma lógica que já é vigente nos processos tayloristas digitais usados no armazém atual: outras tecnologias podem ser alimentadas com os dados para atender à necessidade da gerência de controlar a força de trabalho. Entre essas tecnologias, as patentes descrevem *software* que automatiza a programação de turnos ou redireciona pedidos em uma rede de armazéns, caso um esteja "inoperante", por exemplo, por estar inacessível ou porque mercadorias foram armazenadas erroneamente – ou, ainda, porque talvez seus funcionários estejam em greve. Nesse caso também a realidade aumentada entra em jogo, porque pode fornecer um "sistema de interação aprimorado" entre os trabalhadores e os supervisores. Imagine um supervisor usando um *headset* de realidade aumentada. Ao olhar para um funcionário, o equipamento utiliza sistemas de reconhecimento facial, de roupas ou de marcha para identificá-lo. Em seguida, projeta no campo visual do supervisor informações do tipo "dados demográficos sobre o usuário, dados de localização dentro da instalação, relacionamentos com outros usuários, mensagens para o usuário, rotas de navegação pela instalação, permissões de acesso" e assim por diante.[37] Essa tecnologia tem o potencial de aumentar ainda mais o despotismo no local de trabalho, tornando os trabalhadores do armazém e seu trabalho ainda mais transparentes para a gestão.

A expansão do controle algorítmico por meio de novas tecnologias prefigura um futuro armazém no qual os trabalhadores ampliam a capacidade das máquinas de agir no espaço físico. A vigilância também é aumentada, uma vez que a administração pode acessar com mais eficiência informação baseada em dados sobre os trabalhadores. Isso pode simplesmente se resumir à digitalização e ao aumento da capacidade da Amazon de monitorar e de acelerar seus trabalhadores. Mas os dados gerados pela análise das atividades são utilizados também para melhorar os processos mecânicos.

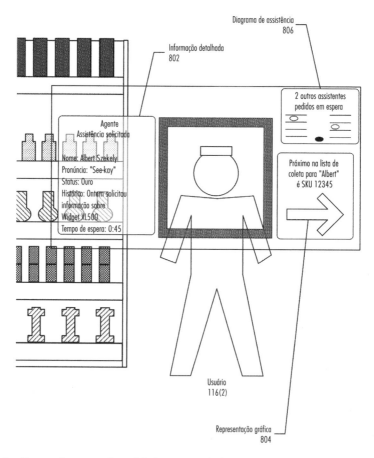

Figura 3 – Este equipamento de realidade aumentada fornece aos supervisores informação em tempo real sobre o funcionário para quem estão olhando.

Sentir em proveito da tecnologia

A incorporação do conhecimento dos trabalhadores e de melhores práticas em maquinários, documentação e processos organizacionais tem influenciado enormemente o processo trabalhista há mais de um século. A computação apenas acelerou e aprofundou esse processo, permitindo uma análise de tempo-movimento mais rápida e eficiente, além da incorporação dos resultados no processo de trabalho. No início do capitalismo industrial, essa espécie de análise taylorista era realizada por supervisores que registravam os movimentos dos trabalhadores e utilizavam essa informação para aprimorar um determinado processo. As patentes da Amazon buscam estender a análise de tempo-movimento até o corpo do trabalhador, usando uma profusão de sensores que tornam a captura de dados ainda mais abrangente e os disponibilizam para os sistemas de *software* encarregados de analisá-los e devolvê-los à organização. Na década de 1960, Panzieri descreveu o taylorismo como um processo destinado a capturar a atividade de um trabalhador e torná-la objeto, "calculando suas habilidades psíquicas, físicas, musculares e nervosas", não apenas seus movimentos.[38] O armazém do futuro materializa essa descrição expansiva do taylorismo: nas patentes da Amazon, dispositivos famintos por dados podem capturar dados cinemáticos por meio de acelerômetros, giroscópios e velocímetros; dados de imagem térmica por meio de sensores infravermelhos; dados visuais por meio de sensores ópticos e câmeras; dados espaciais por meio de sensores de posição, bússolas, receptores de posição e GPS; e mais dados por meio de sensores de pressão, microfones, balanças e leitores de RFID, permitindo a dataficação abrangente de todos os objetos, atividades e interações. Todas essas ferramentas estão à disposição da Amazon, enquanto buscam registrar e agir em relação ao trabalhador.

Conforme especificado na patente de um sistema que ajuda a configurar robôs para transportar mercadorias dentro do armazém, "um ou mais sensores podem ser posicionados no corpo do operador humano, por exemplo, integrados em uma luva, em outra peça de roupa ou mesmo em uma joia"[39] que pode ser usada ou carregada por um trabalhador durante a execução de qualquer tarefa. No armazém atual, os trabalhadores da Amazon já atuam a partir de sistemas algorítmicos, por exemplo quando armazenam ou retiram mercadorias. O plano da empresa os integra ainda mais à máquina: os humanos são imaginados como portadores de sensores que ampliam a capacidade da máquina de aprender com seu ambiente. Eles são os "órgãos conscientes" das máquinas, como disse Marx em sua sombria previsão de uma futura fábrica automatizada dominada por máquinas. Por exemplo, por meio de um sistema de rastreamento por radiofrequência, o bracelete que fornece *feedback* aos trabalhadores em forma de vibração

> [...] acompanha o movimento de uma ou mais mãos de um funcionário do sistema de inventário para [...] identificar com precisão sua localização em um espaço 3D aplicável, fornecendo assim informação de rastreamento em tempo real da(s) mão(s) do trabalhador do sistema de inventário.

Uma vez capturada e analisada, a informação "pode ser utilizada para melhorar a eficiência do sistema de gerenciamento de inventário", ou seja, para aprimorar os movimentos realizados nas prateleiras pelos trabalhadores ao estocarem ou coletarem mercadorias.[40] A captura de dados muitas vezes é acionada pela atividade do trabalhador, como no caso de um dispositivo que ilumina a mercadoria a ser coletada, podendo "capturar uma imagem [...] quando um item é armazenado ou quando um item é retirado". Sensores podem capturar "posição da cabeça, posição dos olhos e/ou ângulo do olhar do operador".[41]

Algumas patentes deixam claro que essa análise de tempo-movimento, que é digital e intensiva nos dados, será usada para treinar robôs, em vez de melhorar os processos realizados pelos trabalhadores humanos. Vários sistemas visam melhorar o desempenho de braços robóticos para a coleta, o que continua sendo uma das tarefas mais exigentes e complexas para um robô lidando com a infinita diversidade de itens armazenados nos FCs da Amazon. Entre as soluções imaginadas em patentes estão sistemas que se alimentam da contribuição humana. Em um conjunto de patentes, um braço robótico é apresentado a um objeto para agarrar, por exemplo, nossa caneca de café, o que não é uma tarefa trivial. O braço robótico precisa de um bom protocolo de movimentos, pressão e tempo apropriado para agarrar a caneca sem deixá-la cair ou quebrá-la. Seu controlador computadorizado pode usar sensores para analisar os atributos do item e procurar por itens semelhantes em um banco de dados de "modos de agarrar". Se essas fontes forem insuficientes, o controlador pode solicitar que um trabalhador "gere estratégias para agarrar", ou seja, para pegar a caneca enquanto está sujeito à captura e à análise de dados. Conforme descrito nesta patente:

> Pressupondo que não haja estratégias disponíveis para essa situação [...] o operador humano pode inserir uma informação que sugira um modo eficiente para o braço robótico agarrar a caneca, selecionando diferentes opções apresentadas em uma tela ou usando uma luva enquanto agarra a caneca, para que uma estratégia de agarrar seja gerada para o braço robótico, usando informação a partir de recursos na luva (a saber, sensores de pressão, sensores táteis ou marcadores-padrão usados para rastrear o movimento da luva com um dispositivo óptico).[42]

Isso permite que a nova estratégia seja ensinada ao robô, uma vez que o "dispositivo de *input* humano" é capaz de "observar a ação humana de agarrar um item a fim de aprender e/ou determinar informação para construir uma estratégia de agarrar". Refletindo a complexidade da tarefa, esse processo é sofisticado, e os dados da ação de agarrar

> [...] podem incluir uma direção a partir da qual o braço robótico deve se aproximar do item (por exemplo, de cima, de um lado, de um ângulo) e/ou uma sequência de movimentos pelos quais o braço robótico deve executar uma operação de agarramento específica, que pode incluir alcançar o item-alvo, agarrar o item-alvo, mover o item-alvo para uma localização-alvo e/ou soltar o item-alvo na localização-alvo.

Por fim, o controlador avalia o resultado humano bem-sucedido e o classifica em relação a outras estratégias, atualizando assim o banco de dados. Dessa maneira, o treinamento da máquina se estende ao longo do tempo e do espaço. A estratégia fica disponível no banco de dados para necessidades futuras, e "uma estratégia implementada com sucesso por um braço robótico em um local pode ser rapidamente acessada para implementar um braço robótico em outro local no mesmo espaço de trabalho ou em outro sistema de inventário que tenha acesso a [esse] banco de dados". Aqui, a habilidade corporal de trabalhadores para agarrar diferentes objetos é incorporada ao *software* e usada diretamente para otimizar os processos robóticos. É interessante notar que o "agente" a utilizar a tecnologia descrita nessa patente não pode ser outra máquina. A necessidade de um "operador humano" é explicitamente mencionada. A presença humana no armazém pode ser progressivamente reduzida, mas os robôs ainda dependerão de trabalhadores para treinamento, manutenção e cuidados.

O projeto de redirecionamento do trabalhador

Uma CartonWrap 1000 não simplesmente empacota pedidos sozinha. Ela requer trabalho humano. Como qualquer forma de automação, a máquina pode reduzir a quantidade de trabalhadores necessária para produzir uma determinada quantidade de produtos. Mas, ainda que elimine o trabalho mais monótono e repetitivo dos empacotadores, ela ainda precisa de trabalhadores para carregá-la com pedidos e alimentá-la com papelão e cola, e de técnicos para mantê-la em funcionamento, como qualquer forma de automação. Os trabalhadores do MXP5 a chamam de "máquina de pão", e, de fato, as caixas de papelão marrom que ela expele se assemelham a pães saindo de um forno industrial. Em Piacenza, ela é usada principalmente durante os picos de produção. A máquina é responsável pelo redirecionamento, não pela eliminação, do trabalho: novos trabalhadores realizarão novas tarefas. De fato, a Amazon ainda está longe de construir seu primeiro *fulfillment center* totalmente automatizado. No entanto, o armazém é continuamente construído (e imaginado) como um local de trabalho em que a relação entre trabalhadores e máquinas continua mudando, para favorecer estas. Isso não acontecerá da noite para o dia, mas é um projeto incremental. A tecnologia é outra ferramenta usada para tornar os trabalhadores obsoletos, mas a maioria das patentes que visam mudar radicalmente a organização técnica do trabalho na Amazon atualmente se baseia na coexistência de humanos e robôs no chão de fábrica.

As principais exceções a essa regra podem estar na entrega do centro de distribuição ao destino final (*last-mile delivery*), uma área que ocupa uma posição importante nos esforços de inovação da Amazon. A empresa possui centenas de patentes para drones e outros veículos automatizados destinados a fazer entrega em domicílio. Nos últimos anos, ela tem construído e testado protótipos desses robôs. Seu Scout, um entregador robô elétrico de seis rodas, já está circulando pelas calçadas de algumas cidades americanas. No futuro próximo, mais consumidores talvez interajam com robôs encarregados de fazer entregas do *fulfillment center* mais próximo até a porta de suas casas. Esses robôs precisam de intervenção humana, seja para a manutenção, seja porque devem ser operados remotamente, pelo menos quando algo dá errado. Entretanto, ainda que não destruam empregos, eles podem contribuir para o deslocamento geográfico do trabalho. A plataforma de *crowdwork* Amazon Mechanical Turk já permite à empresa deslocar trabalho para o exterior. Mas, ao contrário da criação de metadados ou do atendimento ao cliente, os *fulfillment centers* devem estar localizados perto de mercados urbanos prósperos e nem sempre podem ser realocados internacionalmente para encontrar trabalhadores baratos (nem estão disponíveis na Lua). Mas, e se o trabalho humano necessário para operar armazéns em Piacenza ou em Nova York fosse realizado na Colômbia ou nas Filipinas, aproveitando as vantagens de mercados de trabalho com menos regulamentações? A Amazon detém patentes para robôs que podem ser operados remotamente. Isso não é novidade, basta pensar nos cirurgiões que operam a distância por meio de um sistema robótico executado remotamente. Ou nos pilotos de drones que, de um escritório americano, bombardeiam o Oriente Médio – alguns deles estão, de fato, localizados a poucos quilômetros de Las Vegas. Agora, imagine o mesmo princípio aplicado a um armazém: um coletor robótico no MXP5 que pode ser operado por um trabalhador sentado em um lugar diferente do mundo e conectado ao armazém por meio da infraestrutura digital da Amazon. Uma patente para essa tecnologia descreve o trabalhador usando um *headset* de realidade virtual capaz de receber imagens do robô e um *joystick*, ou um par de luvas sensoriais, que transforma os movimentos da mão em *input* para o robô. Como o trabalhador enxerga uma prateleira virtual no *headset* de realidade virtual, ele pega a mercadoria que o robô deve coletar – digamos, um urso de pelúcia –, e o braço mecânico do robô reproduz os movimentos no armazém. As luvas podem, obviamente, fornecer informação tátil ao trabalhador, tornando sua tarefa mais realista.[43] Essa tecnologia concretizaria algo imaginado em *Sleep Dealer*, um filme de ficção científica de 2008 dirigido por Alex Rivera. Nele, trabalhadores mexicanos são contratados por um *sweatshop* [também conhecido como "ateliê de miséria"] em Tijuana para operar remotamente robôs que trabalham em construção civil, nos Estados Unidos. O resultado é que os EUA podem importar mão de obra migrante barata de outro país sem toda a inconveniência de importar trabalhadores migrantes.[44]

De volta para o interior do armazém, por ora, a Amazon parece desejar um local de trabalho em que humanos e robôs sejam intercambiáveis. Aliás, muitas patentes não mencionam quem ou o que interage com a tecnologia, usando palavras como "entidade", "agente", "usuário" ou "operador", que "podem se referir a uma pessoa humana trabalhando na instalação onde se lida com o material ou a um equipamento automatizado configurado para realizar as operações".[45] Dessa forma, a Amazon se prepara para um futuro no qual qualquer uma dessas opções possa ser implantada. Para alcançar esses objetivos, as patentes da empresa imaginam maneiras de as máquinas trabalharem recursivamente nas próprias melhorias. Essas máquinas tanto se beneficiam de ciclos de *feedback* taylorista de análise e correção de tempo e movimento quanto são sujeitos deles. Por exemplo, em uma patente para tecnologia robótica que melhora a capacidade do armazém para estocar produtos em espaços limitados, movendo prateleiras para espremer mais coisas em uma área pequena, o sistema de *software* pode analisar os movimentos dos robôs, classificá-los de acordo com sua eficiência em estocar as prateleiras e, em seguida, devolver os resultados aos robôs, instruindo-os a realizar os movimentos da maneira mais eficiente.[46] Esse processo pode ser descentralizado e atribuído a robôs individuais, caso gere muito estresse para o *software* central. Assim como os humanos, o "autômato" do armazém encarregado de controlar vários componentes dos processos de atendimento pode sofrer sobrecarga cognitiva, e, portanto, robôs, propriamente ditos, podem ser solicitados a intervir e assumir "tomadas de decisão relacionadas a certos aspectos de sua operação, reduzindo assim a carga de processamento no módulo de gerenciamento".

Mesmo em um ambiente automatizado imaginado para o futuro, várias patentes contam com a necessidade contínua da presença do trabalhador e planejam um ambiente de armazém no qual a cooperação e a coexistência entre humanos e robôs devem ser facilitadas. Em um nível básico, isso significa imaginar um ambiente em que robôs sejam capazes de, por exemplo, detectar *chips* RFID usados por humanos que invadem seu espaço, talvez para realizar reparos, e assim desviar e evitar colisões – a Amazon já experimenta coletes que afastam os robôs. Outras patentes reconhecem de forma mais explícita os limites físicos e econômicos da automação, expressando, por exemplo, que determinadas tarefas podem ser atribuídas tanto a um ser humano quanto a um operador automatizado, ou simplesmente a "outros componentes" ou a "[uma] outra parte adequada" do sistema de inventário. De fato, a tendência é que os processos de atendimento descritos nessas patentes sejam projetados como flexíveis ou "modulares". Por exemplo, estações de triagem podem ser ocupadas por humanos ou robôs, e diferentes esteiras transportadoras podem ser montadas e remontadas em diferentes formas, a fim de acomodar a flexibilidade de empregar trabalhadores ou robôs. Uma outra patente que aceita a inevitabilidade do trabalho humano no armazém visa "facilitar a divisão do processamento de itens do inventário", o que pode ser facilmente traduzido como divisão do trabalho "entre opções automatizadas e manuais [...] operador humano ou manipulador robótico".[47] Nesse caso, a patente descreve um sistema que determina a possibilidade de uma determinada mercadoria – que será coletada ou estocada – poder ser manipulada por um braço robótico. Se não puder, a prateleira robótica será enviada para uma seção da torre de coleta ocupada por humanos. Assim, operadores humanos serão chamados para concluir tarefas que não são adequadas para robôs, por exemplo quando as máquinas não conseguem agarrar um objeto específico devido à forma, ao peso ou à fragilidade.

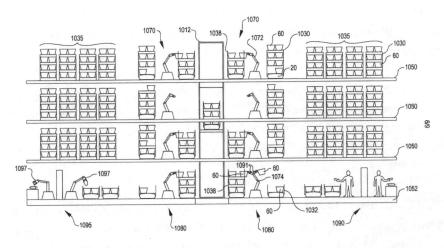

Figura 4 – Este sistema automatiza a divisão das tarefas entre trabalhadores e robôs.

Como os trabalhadores executam tarefas atribuídas pela máquina, eles podem precisar da ajuda dela. Qualquer coisa para suavizar a relação entre os trabalhadores e os robôs. Com essa finalidade, a Amazon trabalha para automatizar tarefas envolvidas no suporte e na assistência a trabalhadores. Será que a máquina consegue interpretar e interagir com os estados emocionais das pessoas? Várias empresas estão trabalhando para criar formas de inteligência artificial que têm por objetivo reconhecer emoções, para desempenhar exatamente o tipo de trabalho relacional envolvido em ouvir e cuidar de seres humanos.[48] Por exemplo, o Facebook detém patentes para um "detector de tédio". Ao analisar os padrões de cliques ou toques de um usuário, bem como ao observar suas expressões faciais, o algoritmo do Facebook tenta identificar se ele está ficando entediado e prestes a parar de interagir com a plataforma. Se os dados indicarem a possibilidade de o usuário desconectar muito em breve, o sistema altera o conteúdo mostrado. Isso é baseado em previsões sobre a capacidade do conteúdo para gerar interesse no usuário e, assim, mantê-los *on-line*.[49] A versão da Amazon para esse modelo de automação é descrita em uma patente intitulada "Using gestures and expressions to assist users" [Usando gestos e expressões para ajudar usuários], relevante tanto para os processos dos FCs quanto para a automação dos serviços de mercearia nas lojas Amazon Go ou Whole Foods. Em vez de tédio, esse sistema tem como objetivo detectar frustração. Imagine uma trabalhadora caminhando na torre de coleta para buscar um determinado item que lhe foi atribuído por meio do leitor de código de barras. Um conjunto de sensores de imagem e de espaço captura sua localização, seus movimentos ou suas expressões faciais. Se ela não consegue encontrar a caneca de café,

> [...] talvez esteja andando de um lado para o outro pelos corredores, escaneando [...] apresentando expressões que ilustram sua dificuldade para localizar um item. Por exemplo, a usuária pode apresentar uma ou mais microexpressões demonstrando frustração, que são detectadas pelo sistema de gerenciamento de estoque.[50]

Se a frustração for detectada, ou talvez possamos dizer "calculada algoritmicamente", o sistema da Amazon enviará um assistente para perguntar: "Como posso ajudar?". Novamente, a patente deixa em aberto a natureza desse assistente. Alguém será enviado para a localização do usuário para oferecer assistência, mas "o associado pode ser humano ou um sistema robótico". Ao automatizar esse tipo de trabalho, esse sistema planeja um futuro tecnológico no qual máquinas substituirão a prestação de serviço que tradicionalmente é tarefa atribuída às mulheres, em oposição às operações de armazenamento, que são mais masculinas.[51]

Independentemente da possibilidade de interpretar que as patentes sugerem que a total automação do processo no FC seja o objetivo final da Amazon, a maioria delas está direcionada a um futuro próximo no qual um ambiente de trabalho flexível possa alternar tarefas entre humanos e robôs. As implicações vão contra a ideia de um futuro com desemprego generalizado causado pela automação. Na realidade, por enquanto, as coisas parecem estar indo na direção oposta. Ainda que a automação seja cada vez mais implantada nos *fulfillment centers* existentes, a Amazon continua contando com uma quantidade enorme de trabalhadores desempenhando tarefas físicas enquanto são controlados por algoritmos. O mesmo ocorre com outras empresas que trabalham para automatizar cada vez mais os processos do armazém. Por exemplo, a mercearia *on-line* britânica Ocado opera armazéns que estocam mercadorias em "colmeias" compostas por células atendidas por robôs, não muito diferentes dos robôs Kiva da Amazon. Eles coletam os itens e os agrupam em sacolas de supermercado prontas para envio. Vídeos do armazém mostram um tabuleiro de xadrez de robôs em movimento e um labirinto de esteiras rolantes movendo caixas ao redor.[52] Coletores humanos são auxiliados por braços robóticos, alguns funcionam por sucção e são capazes de pegar latas ou caixas, outros imitam a mão humana e são usados para pegar itens de formato irregular. Todos precisam de intervenção humana, e os trabalhadores da Ocado também estão sujeitos a uma vigilância ampla e ao cumprimento rígido de ritmos de trabalho ditados pelos robôs. Mais automação não necessariamente tornou seu trabalho mais fácil. Na Amazon, também, novas ondas de robotização mudarão padrões e tipos de trabalho. O trabalho humano não desaparecerá, mas será usado para aprimorar os processos robóticos. Isso gera uma interdependência entre máquinas e a organização do trabalho; a introdução de robôs torna a interação humana com esses sistemas ainda mais crucial – não removerá os humanos da equação.

Envio especulativo

O futuro dos trabalhadores talvez ainda seja incerto, mas é evidente que a Amazon também tem planos para o futuro do consumo. O consumo é uma atividade humana demais, é caprichosa e sempre em mudança. Ele precisa ser controlado. Assim como outras empresas, a Amazon se esforça para prever as mudanças nos padrões de consumo, tais como picos de curta duração, que exigem a atividade de mais trabalhadores no armazém em determinado momento. Trata-se, na verdade, de prever (ou tentar prever) o futuro, ou seja, estabelecer exatamente quais mercadorias ou espécies de mercadorias podem estar com a demanda alta em determinado momento e lugar. Consequentemente, a Amazon depende de algoritmos de previsão e outros métodos para determinar a probabilidade de um determinado item ser solicitado, bem como quando e onde. Algumas técnicas são bastante previsíveis. Por exemplo, previsões meteorológicas indicam aumentos em encomendas – se a previsão para o próximo domingo for de chuva, mais pessoas passarão o dia em casa na frente do computador ou no celular; portanto, farão mais pedidos. Se a Amazon prevê que muitos pedidos serão feitos, ela pode planejar ter a mão de obra necessária para processá-los e enviá-los no dia seguinte. Nesse caso, mais trabalhadores serão necessários para cobrir os turnos de segunda-feira. Outros cálculos mais sofisticados são baseados na extração de dados, por exemplo, da atividade do usuário nos *sites* da Amazon. Esses dados são analisados por algoritmos e usados para organizar a circulação tanto da mão de obra quanto das mercadorias dentro e fora do armazém. Como é impossível um *fulfillment center* conter todas as mercadorias que os consumidores podem comprar pelo *site*, a Amazon talvez decida mover os produtos em sua rede de armazéns regionais e centros de distribuição locais, caso acredite que eles serão adquiridos em determinada área. Isso é algo que Nico, um gerente da Amazon com quem conversei, descreveu:

> Você clica [em um produto] e eles lhe dizem que pode recebê-lo amanhã ou depois de amanhã. Talvez esse item seja mostrado [na Amazon.it], mas ainda não esteja no armazém, talvez esteja na Alemanha [...]. Com base em quantas pessoas o visualizam na Itália, por meio de um algoritmo, quando veem que cem ou mil pessoas na Itália estão visualizando tênis Converse, começam a enviar esses tênis para a Itália. Assim, há caminhões em constante circulação.

A consequência imediata enfrentada por trabalhadores (e gerentes), se a previsão estiver correta, continuou Nico, é que um caminhão que chega em Piacenza "pode conter pedidos que já foram feitos e, portanto, [deve ser imediatamente] disponibilizado para o coletor", sendo logo descarregado, e as mercadorias escaneadas e estocadas rapidamente. Na verdade, "velocidade é tudo", porque "você não pode estocar todos os itens em um armazém, mas quando você promete uma entrega e realmente a cumpre, o que acontece nos bastidores é insano", explicou Nico.

A Amazon está constantemente tentando prever a demanda, mesmo em um nível mais detalhado. Por exemplo, a empresa possui um conjunto de patentes para algoritmos de "envio antecipado" ou "envio especulativo" – é a busca por velocidade literalmente se estendendo ao futuro.[53] Isso seria um método para entregar pedidos antes mesmo de os clientes clicarem em "comprar". A patente afirma que uma grande desvantagem do comércio eletrônico é que "os clientes não podem receber suas mercadorias imediatamente após a compra, mas devem esperar que o produto seja enviado para eles". Portanto, o algoritmo tenta antecipar ou calcular a probabilidade de hoje alguém, em determinado bairro de Milão, fazer um pedido de determinado produto, digamos, um pacote de rolos de papel higiênico. O item é embalado e enviado para a área geográfica, mas ainda não é direcionado a um cliente específico. Somente quando (e se) alguém o encomendar *on-line*, o sistema atribuirá um endereço à embalagem e, em seguida, entregará o produto na porta do cliente. A técnica não apenas diminuiria as chances de um consumidor optar por uma loja física ou outra empresa de *e-commerce*, como também ajudaria a Amazon a gerenciar as variações em sua necessidade de trabalhador no armazém.

O uso da definição "envio especulativo" nessa patente é significativo. Muitas plataformas digitais dependem de algoritmos preditivos, que usam análise de dados para prever resultados futuros. As mídias sociais visam calcular resultados futuros prováveis por meio da análise de interações sociais, e as plataformas usam essas previsões para tomar decisões no presente. Por exemplo, o Instagram precisa analisar minhas interações na plataforma para produzir inferências probabilísticas sobre eu clicar no anúncio de um restaurante italiano em vez de clicar no anúncio de um restaurante local canadense, por volta da hora do almoço, em Toronto. Especulando sobre resultados futuros com base em cálculos probabilísticos de risco, esses algoritmos se assemelham muito ao mercado financeiro. De fato, as finanças usam análise de *big data* para inferir (ou imaginar, como a teórica social Louise Amoore expressa) "uma série de futuros potenciais" que podem ser usados para calcular o risco associado a um investimento.[54] No caso da Amazon, o risco é representado por recursos e dinheiro gastos para enviar um carregamento de calçados através da fronteira ou dirigir com uma caixa pela cidade sem ter certeza se e quando serão comprados. Algoritmos calculam esse risco e fornecem à empresa a informação que ela usa para especular, isto é, decidir quais mercadorias devem ser movidas e quando.

Futuro de quem

Através de seu progressivo trabalho no sentido de alcançar níveis crescentes de automação, a Amazon desenvolve novas bases técnicas que consolidam seu poder no ambiente de trabalho digital. Padronização de tarefas, gestão algorítmica, vigilância e análise de tempo e movimento prefiguram um armazém em que o trabalho humano opera como um novo tipo de apêndice da maquinaria, compensando suas deficiências. Por meio de miríades de sensores e outros dispositivos, trabalhadores agem e sentem como representantes da tecnologia, estendendo o alcance dela dentro do armazém. Se a Amazon vender ou licenciar suas patentes, suas futuras tecnologias podem ser utilizadas por outras corporações, embora muitas já estejam trabalhando em inovações similares.

A ideia de seres humanos um dia serem uma extensão das máquinas pode ser rastreada ao longo da história da computação, conforme Jesse LeCavalier descreveu em seu livro sobre os armazéns do Walmart.[55] LeCavalier remonta a um ensaio fundamental sobre interação humano-computador escrito em 1960 por J. C. R. Licklider, o psicólogo estadunidense e pioneiro da computação que imaginou pela primeira vez formas de inteligência artificial que poderiam analisar o "trabalho mental" das pessoas e, dessa maneira, estender e complementar a capacidade cognitiva humana. Isso era para ser uma relação simbiótica entre humano e máquina, bastante alinhada com a famosa ideia de Marshall McLuhan de que a mídia é uma extensão dos sentidos e dos órgãos humanos. Nessa lógica, um aparelho de televisão estende nossa capacidade de ver imagens a distância e de forma assíncrona. Mas Licklider também propôs um lado oposto, sinistro, da futura interação humano-computador: uma forma de automação que "começou a ser totalmente automática, mas não alcançou o objetivo",[56] além de os operadores humanos servirem à tecnologia em vez de o contrário acontecer. A isso, ele chamou de "máquinas ampliadas pela humanidade". As tecnologias implementadas tanto pelo Walmart quanto pela Amazon estão alinhadas com esta abordagem, uma vez que imaginam os trabalhadores humanos no armazém como extensões da capacidade das máquinas para perceber o ambiente, aprender com ele e agir nele. Assim, os trabalhadores passam a constituir "uma extensão orgânica dos sistemas de computador que controlam o ambiente, mas que carecem da destreza e da relação custo-efetividade para executar os comandos", como LeCavalier expressou.[57]

A ideia de que os seres humanos estendem a automação pode parecer distópica, mas também não se deve aceitar sem um olhar crítico o entusiasmo utópico difundido em lugares como o re:MARS.[58] No início da década de 1960, os teóricos do trabalho alertaram contra a persistência dos "mitos" sobre o papel da tecnologia como força natural e progressiva. Como Judy Wajcman, estudiosa feminista de tecnologia, ressaltou, até mesmo a própria linguagem usada para descrever a automação ("redes neurais", "inteligência", "aprendizado") está repleta de metáforas antropomórficas enganosas que visam fazer a tecnologia parecer natural, disfarçando, assim, sua natureza social e política, que se contesta.[59] Esses mitos precisam ser desmantelados se quisermos entender como o capital usa máquinas para subjugar trabalhadores.

Obviamente, não sabemos se as tecnologias algorítmicas e robóticas desejadas pela Amazon jamais se materializarão e nunca estarão presentes no armazém, ou que forma tomarão, embora não possamos descartar a possibilidade de que algumas já estejam em vigor. Podemos afirmar com segurança, conforme está expresso em uma patente, que "é inevitável [...] os caminhos dos robôs e o dos humanos que trabalham no armazém se cruzarem". Os autores dessa patente estão preocupados, porque "o contato direto entre trabalhadores humanos e robôs [...] pode ser problemático, além de ser uma questão de manutenção para os robôs".[60] Mas podem surgir problemas para os trabalhadores também. Sem falar nas questões de manutenção que eles enfrentarão conforme encararem modos cada vez mais inovadores de desigualdade e forem cada vez mais subordinados às máquinas. Sob essa perspectiva, a evolução tecnológica serve para estabilizar o poder do capital sobre os trabalhadores, em vez de ser o resultado de um avanço do conhecimento. Não há um fator objetivo implícito no desenvolvimento da tecnologia sob o capitalismo que garanta uma transformação radical das relações sociais. Em suma, a automação não tem como objetivo liberar os seres humanos do trabalho nas relações capitalistas. Pelo contrário, pode perpetuar e consolidar a organização autoritária do trabalho. Os trabalhadores estão preocupados: "Neste ponto em que chegou, deveriam logo contratar robôs de verdade", um associado de armazém da Amazon na Flórida verbalizou em um comentário *on-line*.

Mas não se contratam robôs, pelo menos não no futuro próximo. As patentes que a empresa detém parecem antecipar um futuro armazém em que algumas formas de trabalho se tornam obsoletas, mas grandes quantidades de trabalhadores humanos ainda são necessárias. Podemos imaginá-los cuidando dos robôs, realizando tarefas determinadas e controladas por sistemas algorítmicos distantes, usando sensores sofisticados que fornecem informação às máquinas e sendo submetidos a sistemas de vigilância ainda mais invasivos. Eles trabalhariam submissos às máquinas, não com elas, ou seja, haveria uma remodelação histórica das condições de produção diante da nova capacidade do capital de capturar o conhecimento dos trabalhadores e organizar seu trabalho em escala planetária.[61] Ao mesmo tempo, a quantidade de trabalhadores poderia ser reduzida conforme a automação aumentasse a eficiência dos processos de armazenamento. Isso será útil para a Amazon caso a capacidade atual da corporação de acessar um exército de reserva de mão de obra humana barata diminua.

Tem que ser assim? Se as pessoas ainda estão trabalhando, elas trarão para o armazém sua imaginação, seus novos desejos. Urry nos lembrou que nosso futuro tecnológico "não está totalmente determinado, nem vazio e aberto".[62] Isso tem a ver com a natureza política dos futuros, que são contestados e saturados de interesses materiais. Uma onda recente de estudos feministas e de *black tech* sobre robótica e automação afirma que o futuro da tecnologia é "predeterminado por técnicas de exploração diferencial e despossessão dentro do capitalismo" e, portanto, profundamente entrelaçado com estruturas de classe, gênero e raça.[63] Obviamente, a nova tecnologia também pode contribuir para aliviar tais estruturas de desigualdade. Para dar um exemplo entre muitos possíveis, mesmo diante de sua natureza profundamente exploradora, o fato de haver poucas barreiras impedindo a entrada na economia de trabalhos temporários tem sido citado como um aumento do acesso ao mercado por comunidades diaspóricas e racializadas, como demonstra a popularidade da Uber nas *banlieues* francesas.[64] No entanto, com mais frequência, a tecnologia reproduz ou até mesmo reforça estruturas de desigualdade, como no caso da persistência de estereótipos sexistas e racistas nos resultados de busca no Google.[65] O que esses exemplos têm em comum é que, quando deixada para o capital, a mudança tecnológica está sempre direcionada para a dominação e o lucro. Nem o discurso de executivos durante a re:MARS nem as patentes escritas por advogados e engenheiros da Amazon parecem se preocupar com algo além disso.

A imagem é sombria. Na verdade, o fato de a indispensabilidade dos humanos não impedir que esses sistemas atuem contra a maioria dos seres humanos é um paradoxo das formas digitais de automação. Mas a tecnologia é um artefato humano, e muitas forças podem impulsionar sua evolução ou influenciar os resultados de sua implementação antes do momento em que o portal do futuro se fechar. Certamente, a natureza da tarefa a ser automatizada, a regulamentação ou o custo da mão de obra importam. As relações de poder entre o trabalho e o capital são ainda mais importantes. O futuro não é apenas uma imposição de cima para baixo: ele pode ser objeto de luta. Em suma, o plano do capital não é onipotente. Então, se não gostamos do que os construtores estão fazendo, podemos pelo menos substituir os sonhadores? Se o futuro nunca está completamente escrito, então o equilíbrio do poder da tecnologia de amanhã também está nas mãos dos trabalhadores. No livro *Piano mecânico*, de Vonnegut, os seres humanos planejam se revoltar contra a distopia capitalista totalmente automatizada em que são forçados a viver: "Quem vive pela eletrônica morre pela eletrônica. *Sic semper tyrannis*". Há alguns anos, os trabalhadores da Amazon contestam as formas pelas quais a tecnologia corporativa molda a vida e resistem a elas. Eles sonham com um mundo melhor e, ao mesmo tempo, organizam-se aqui e agora para alcançá-lo. Suas lutas podem nos ajudar a reinventar um futuro diferente, um caminho novo, de libertação do domínio do capitalismo digital.

Notas

1. Montfort, 2017, p. 4.
2. Sobre tecnologia e outras soluções, ver Harvey, 2005.
3. Bezos, 2021.
4. Nicas, 2018.
5. Berg; Isaacs & Blodgett, 2016.
6. Ver <www.amazonrobotics.com>.
7. Sobre automação e desemprego tecnológico, ver Wajcman, 2017, pp. 119-127. Sobre a reação dos trabalhadores da Amazon, ver Reese & Struna, 2018, pp. 81-95.
8. Selin, 2008, p. 1.885.
9. Johns, 2009, p. 426.
10. Para uma análise profunda sobre essas esferas, ver Coombe, 1998.
11. Burk & Reyman, 2014, pp. 163-190.
12. Hetherington, 2017, pp. 40-50.
13. Urry, 2016, p. 189.
14. Sobre investimento em pesquisa e desenvolvimento, ver dados compilados em Szmigiera, 2021.
15. Rikap, 2020, pp. 1-31.
16. Hartman; Bezos; Kaphan & Spiegel, 1997. Ver também Stone, 2013, pp. 76-77.
17. Thomson Reuters, 2019.
18. SpekWork, 2018.
19. Sobre o ludismo e sua relevância para a tecnologia contemporânea, ver Sale, 1996.
20. Vonnegut, 2020.
21. Por exemplo, Theodore Roszak discutiu como o despotismo tecnocrático foi retratado no romance, enquanto David Noble disse que a tecnologia descrita por Vonnegut na verdade estava voltada para o aumento, não a substituição, das habilidades dos trabalhadores. Ver Roszak, 1994; Noble, 1984.
22. Tubaro & Casilli, 2029, pp. 333-345.
23. Stallman; Brady; Bocamazo; Borges; Davidson; Johnson; Rodrigues & Tieu, 2019.
24. Crawford & Joler, 2018.
25. Ver Danaher, 2015, pp. 245-268; LeCavalier, 2016.
26. Koka; Raghavan; Asmi; Chinoy; Smith & Kumar, 2019.
27. Curlander; Graybill; Madan; Tappen; Bundy & Glick, 2018.
28. McNamara; Smith; Hollis; Boyapati & Frank, 2019.
29. Bezos, 2006.
30. Ver Lee; Kusbit; Metsky & Dabbish, 2015, pp. 1.603-1.612. Chen, 2017, pp. 2.691-2.711; e Wood; Graham; Lehdonvirta & Hjorth, 2019, pp. 56-75.
31. Aneesh, 2009, pp. 347-370; Danaher, 2015, pp. 245-268.
32. Mountz; Glazkov; Bragg; Verminski; Brazeau; Wurman; Cullen & Barbehenn, 2015.
33. Madan; Bundy; Glick & Darrow, 2018.
34. Panzieri, 1961, pp. 53-72.
35. Lopez; Walsh; McMahon & Ricci, 2015.
36. Madan; Bundy; Glick & Darrow, 2018.
37. Bettis; McNamara; Hollis; Étienne; Boyapati; Smith & Jones, 2019.
38. Panzieri, 1967, p. 37.
39. Yarlagadda; Archambeau; Curlander; Donoser; Herbrich; O'Brien & Tappen, 2018.
40. Brady, 2018.

41 Brazeau & Mendola, 2017.
42 Wellman; Verminski; Stubbs; Shydo Jr.; Claretti; Aronchik & Longtine, 2017.
43 Gupta; Aalund & Mirchandani, 2019.
44 Ver capítulo 4 para mais exemplos de "migração virtual".
45 Rouaix; Antony; Elliott & Bezos, 2017.
46 Wurman; Brazeau; Farwaha; Holt; Durham; Enright; Glazkov & Holcomb, 2016.
47 Durham; Dresser; Longtine; Mills; Wellman & Wilson, 2019.
48 Sobre o uso de IA para reconhecimento de emoções, ver Crawford, 2021, p. 167.
49 Newton, 2017.
50 Koka; Raghavan; Asmi; Chinoy; Smith & Kumar, 2019.
51 Atanasoski & Vora, 2019. Para uma análise da automação recente do ambiente doméstico, ver Fortunati, 2018, pp. 2.673-2.690.
52 Wired UK, 2017.
53 Spiegel; McKenna; Lakshman & Nordstrom, 2013.
54 Amoore, 2011, pp. 24-43. Sobre a natureza preditiva dos algoritmos, ver também Arvidsson, 2016, pp. 3-23; Gillespie, 2014, pp. 167-194.
55 LeCavalier, 2016.
56 Licklider, 1960, p. 4.
57 LeCavalier, 2016, p. 152; sobre esse assunto, ver também Autor, 2015, pp. 3-30.
58 Mosco, 2005.
59 Wajcman, 2017, pp. 119-127.
60 Stubbs; Verminski; Caldara & Shydo Jr., 2018.
61 Algumas pessoas teorizaram que um tipo novo de "poder inumano" com origem na ampla utilização de inteligência artificial nas sociedades resultaria em grandes mudanças qualitativas nas relações entre trabalhadores e capital. Ver Dyer-Witheford; Kjøsen & Stein-Hoff, 2019, p. 58.
62 Urry, 2016, p. 12.
63 Atanasoski & Vora, 2019, p. 13.
64 Chassany, 2016.
65 Noble, 2018.

6
Faça história

É início de 2021 e o estacionamento do MXP5 nunca esteve tão movimentado. E não é devido a um pico sazonal, mas porque se tornou palco de manifestações trabalhistas. Em 8 de março, coletivos feministas e trabalhadoras de outros armazéns celebravam o Dia Internacional da Mulher e exigiam melhores condições de trabalho às mulheres empregadas no *fulfillment center*. Apenas duas semanas depois, tornou-se palco de piquete de uma greve nacional que envolvia toda a rede de distribuição da Amazon, desde os *fulfillment centers* até os entregadores.

Como consequência da greve de 2017 no MXP5 e de greves subsequentes em outros FCs europeus, a Amazon se tornou símbolo global de um conflito renovado entre trabalho e capital, uma vez que os trabalhadores se posicionaram como barreira para o poder da empresa. No entanto, essa luta não é apenas simbólica. Longe disso. Levantando bandeiras que dizem "Não somos robôs" ou "Faça uma greve dura, divirta-se", trabalhadores por todo o mundo protestam contra suas condições de trabalho, e o alvo é o sistema de vigilância aos funcionários, que sustenta o armazém, bem como o ritmo do trabalho e a falta de segurança no emprego, principalmente durante a crise do coronavírus. Exigem salários e benefícios melhores, mais autonomia sobre a escala de trabalho e o fim da precarização. Em breve, é possível que comecem a questionar o escopo e o propósito da automação das tarefas de base do armazém.

De várias formas, a Amazon se tornou símbolo de uma ameaça mais ampla ao movimento trabalhista por uma razão simples: outras empresas, em uma variedade de setores, estão cada vez mais imitando as técnicas das quais a

Amazon é pioneira. A "amazonificação" bem-sucedida de outros setores da economia seria uma derrota de proporções históricas para o movimento trabalhista, porque legitimaria e disseminaria as estratégias usadas pela Amazon para controlar a força de trabalho e sugá-la, para depois descartá--la. De fato, a empresa não apenas negligencia os meios de subsistência e a dignidade dos trabalhadores; isso é uma característica comum do capitalismo. Pelo contrário, ela busca algo transformador. Ao reinventar lógicas centenárias derivadas do início do capitalismo industrial, ao incrementá-las com tecnologia digital e novas técnicas de gestão, a Amazon está construindo uma nova forma de exploração a serviço de seus objetivos econômicos. Assim, a luta contra um oponente tão poderoso tem potencial para definir uma era, transcendendo questões sobre as condições de trabalho em qualquer armazém. Assim como foi verdade para os trabalhadores industriais do século XX, as lutas lideradas por trabalhadores nos setores mais avançados do capitalismo digital de hoje provavelmente terão efeitos que definirão as relações de trabalho em outras indústrias. Como um dos "pontos de desenvolvimento" mais elevados do capitalismo, a Amazon é o lugar onde a "força subversiva da classe trabalhadora" tem potencial estratégico, para citar Panzieri.[1]

Portanto, nada mais adequado do que trabalhadores terem se apropriado de um dos *slogans* principais da Amazon, proclamando o que tenho ouvido em muitas reuniões sindicais: "Vamos fazer história, vamos lutar e vamos vencer". E uma história feita por trabalhadores seria muito diferente daquela que a Amazon está escrevendo. Uma história que vem de baixo pode revelar as relações sociais ocultas por trás da seta sorridente. Sem as mobilizações e os testemunhos dessas pessoas, a realidade do armazém permaneceria opaca. Quando comecei a pesquisar para este livro, em 2017, a Amazon mal estava no mapa político. Hoje, basta abrir um jornal para ler sobre a política trabalhista da empresa. Agora é amplamente reconhecido que o armazém da Amazon é um laboratório onde uma nova relação entre capital e trabalho está sendo testada.

A empresa usa tecnologia para privar trabalhadores do conhecimento valioso que gerações anteriores de trabalhadores de armazém utilizaram na luta contra a exploração. Ela afia as técnicas gerenciais a fim de aumentar a produtividade, incorporando estratégias psicológicas como gamificação e impondo uma cultura específica de diversão no local de trabalho. Equipa seus supervisores com um sistema invasivo de vigilância que monitora trabalhadores e pode ser usado para isolá-los, ameaçá-los e puni-los. Explora as leis trabalhistas – quiçá, abusa delas – para tornar a força de trabalho precária e facilmente substituível. Segue um manual corporativo antissindical para impedir a organização em seus armazéns. Gera uma alta rotatividade de trabalhadores, afastando as pessoas que considera obsoletas, se elas não conseguem ou não querem se conformar com exigências e ritmos. Por fim, desenvolve tecnologias novas que permitirão implementar cada uma dessas táticas de maneira mais eficiente, rápida e abrangente no armazém do futuro. Esses são os componentes de um esforço consciente por decompor a força de trabalho, isto é, individualizar os trabalhadores e impedi-los de se unirem e de reconhecerem que seus interesses coletivos são diametralmente opostos aos da Amazon.[2]

E essa ofensiva contra o trabalho não para por aí. Ao perceber que as mudanças climáticas e a degradação ambiental indicam que o capitalismo está enfrentando limites impostos pelo próprio planeta Terra, Jeff Bezos sonha com seu próprio planeta B. A Blue Origin, empresa que ele fundou, está desenvolvendo espaçonaves que Bezos espera pousar na Lua em 2024. O objetivo é criar uma estação permanentemente habitada em nosso satélite – talvez um *fulfillment center* também – e então usá-la como trampolim para um dia alcançar e colonizar Marte. O *slogan* da Blue Origin é "Gradatim ferociter", latim para "gradualmente, ferozmente", reverberando o imperativo autoimposto da Amazon: "implacável". A busca feroz de Bezos pela nova fronteira no espaço dá continuidade ao sonho de uma *terra nullius* que possa ser colonizada, onde o capitalismo possa expandir-se para sempre, sem atritos. A mesma fantasia é perseguida por Elon Musk, da Tesla. Outros bilionários do Vale do Silício, como Peter Thiel, fundador do PayPal, imaginaram construir nações insulares artificiais no oceano Pacífico, livres da interferência governamental.

No entanto, aqui na Terra, as coisas são mais complicadas.

Desafiando os esforços da Amazon para fragmentá-los, trabalhadores unem-se: vários sindicatos, coletivos e outras organizações lideradas por trabalhadores em todo o mundo estabeleceram bases nos armazéns da Amazon. Eles estão se juntando à luta por justiça distributiva, argumentando que a quantidade quase infinita de dinheiro acumulada pela corporação deve ser redistribuída. Mas não se trata apenas do dinheiro. A luta contra a Amazon é também uma luta por justiça racial e ambiental, por saúde e segurança, por democracia no local de trabalho e para trabalhadores deterem o controle dos dados gerados pelo trabalho.

As atuais condições de trabalho nos armazéns da Amazon são resultado das decisões de uma única empresa e de muito mais. Inúmeros fatores possibilitaram isso. Sem as reformas que liberalizaram o mercado de trabalho, a globalização financeira e o legado do colonialismo, a influência do poder corporativo sobre a política local e global, as práticas risíveis de responsabilidade ambiental corporativa,[3] as leis de propriedade intelectual que privatizam a inovação e os sistemas injustos de opressão que intersectam dimensões de classe, raça e gênero, a Amazon seria muito diferente – talvez nem existisse. Isso posto, as escolhas da empresa têm consequências tremendas, inclusive suas decisões em relação à tecnologia. Quando liderada pelo capital, a evolução tecnológica é impulsionada pelo desejo de aumentar a produtividade e de subjugar a força de trabalho. O armazém se esforça para tornar trabalhadores mais mecânicos, transformar seus corpos em peças sobressalentes facilmente substituíveis ou em interfaces para a máquina, ou, ainda, para transformá-los em robôs mesmo. Mas os trabalhadores resistem e subvertem a subjugação completa pela máquina. Uma relação diferente entre humanos e máquinas, entre trabalhadores e robôs, nas tarefas de base do armazém só pode ser resultado da participação ativa dos trabalhadores na configuração da própria máquina. A Amazon sonha com um fluxo de mercadoria e de dinheiro sem atritos. A resistência dos trabalhadores pode remodelar ou até mesmo interromper esse plano.

Organização sindical no armazém

A luta contra a Amazon é muito difícil. A cultura do armazém está impregnada de retórica antissindical e de uma mitologia de sucesso e fracasso individual. O fluxo de trabalho é estabelecido por técnicas que atomizam os trabalhadores e impedem a interação. Os funcionários são constantemente vigiados, em busca de qualquer sinal de atividade política, e disciplinados, quando esse comportamento é detectado. Isso não facilita as coisas para trabalhadores dispostos a entrar na briga. Como lembrou Lisa, uma das primeiras organizadoras do movimento sindical em Piacenza, em 2017, sindicalizar o MXP5 não foi fácil. Para a maioria dos poucos associados que convidaram sindicatos para o armazém, foi a primeira experiência de mobilização trabalhista: "No início era puro terror", ela disse.

> Os primeiros [membros registrados] eram considerados zumbis. Para jornalistas que perguntavam por que [ainda] não havia sindicato em uma empresa tão grande, [a gerência] dava uma resposta vinda direto da década de 1950: não é preciso um sindicato, porque somos nós que protegemos melhor os trabalhadores.

Essa retórica está em jogo além da Itália. Quando confrontada com a ameaça de sindicalização, a gerência nos *fulfillment centers* em outros países enfatizou que ter um sindicato prejudicaria a inovação e, portanto, pioraria as perspectivas dos trabalhadores. É melhor contar com o valor de uma "relação de trabalho direta" entre a megamultinacional e seus funcionários, como a Amazon expressou em vídeos de treinamento direcionados a seus supervisores.

Aliás, a empresa está constantemente trabalhando para se manter livre de sindicatos em todos os países onde opera e em todos os níveis da força de trabalho. Seattle, por exemplo, é um dos últimos redutos do movimento trabalhista estadunidense, e ainda assim a Amazon, um dos maiores empregadores da cidade, com dezenas de milhares de funcionários em seus escritórios, está completamente livre dos sindicatos. A Amazon está disposta a evitar que os sindicatos entrem nos armazéns também, custe o que custar. Ainda que as práticas de vigilância e a certeza de poder contar com a facilidade para descartar trabalhadores sazonais estejam agora bem estabelecidas, táticas mais mundanas não devem ser ignoradas. No início de 2021, enquanto os trabalhadores do BHM1, em Bessemer, Alabama, faziam campanha para a primeira eleição de sindicato em um *fulfillment center* estadunidense, a gerência criou sua própria campanha antissindical, que incluía a criação de um *site*, cartazes antissindicais até mesmo nos banheiros e a mobilização de "embaixadores" dos funcionários para expressar sentimentos antissindicais nas redes sociais.[4] Organizadores de sindicatos alegaram que a Amazon conseguiu até fazer com que a cidade de Bessemer reduzisse o tempo de um semáforo próximo ao armazém, a fim de dificultar a distribuição de panfletos para os colegas que chegam ao trabalho. Talvez seja um movimento aparentemente desesperado, mas isso representa o poder que a empresa tem de influenciar políticos locais. Em Piacenza, esse mesmo tipo de técnica como último recurso foi ainda mais evidente: em 2017, a gerência negou aos trabalhadores do MXP5 uma sala para a primeira reunião sindical, forçando-os a realizá-la nos banheiros, o que não os impediu de se organizarem e fazer a primeira greve poucos meses depois.

Fatos como esses podem aumentar a determinação dos trabalhadores e acabar tornando-se um episódio da mitologia Davi e Golias de resistência contra um oponente todo-poderoso. Nos últimos anos, os sindicatos trabalhistas estabeleceram-se nos armazéns da Amazon, na Espanha, na Alemanha, no Reino Unido, na França e em diversos outros países.[5] Mas, na Europa, funcionários da Amazon que se organizam de baixo para cima têm acesso imediato a organizações prontas para apoiá-los. Outros países estão muito atrasados. No Canadá e nos Estados Unidos, onde a sindicalização deve ser conquistada por meio de eleição, ainda não houve um esforço bem-sucedido. Muitas pessoas no mundo inteiro acompanharam de perto quando, em abril de 2021, a campanha de sindicalização do BHM1 no Alabama quase venceu, mas no fim foi derrotada – por enquanto. Poucas semanas depois, em maio, os sindicatos do MXP5 venceram uma eleição histórica e elegeram a primeira representação formal em um armazém da Amazon na Itália, ao alcançarem o quórum necessário de 50%. Independentemente da representação formal nos FCs, os sindicatos e os coletivos de trabalhadores no mundo inteiro participam de redes globais que coordenam ações contra a corporação e pesquisam sobre ela. Todos se uniram para levar a luta ao nível transnacional, único nível possível, caso se espere uma mudança ampla.[6]

Nos lugares em que a sindicalização foi bem-sucedida, trabalhadores obtiveram alguns benefícios notáveis. No MXP5, apenas uma minoria dos funcionários se uniu aos sindicatos tradicionais, tais como o CGIL e o CISL, que estão presentes no armazém.[7] Mas todos conquistaram mais controle sobre a escala e aumento salarial para os turnos noturnos. Em última análise, a presença do sindicato foi bem-sucedida no estabelecimento de uma relação formal com a empresa e na contenção de algumas das formas mais hediondas de exploração. Pelo menos para o grupo principal de funcionários em tempo integral. Embora no MXP5 as horas extras não sejam mais obrigatórias para estes, os temporários ainda não conseguem se recusar a fazê-las, porque seu contrato precário prevê horário flexível, embora, nas palavras da sindicalista Andrea,

[...] há poucos anos, até mesmo trabalhadores contratados por agências de emprego perceberam que está ficando cada vez mais difícil conseguir um emprego em tempo integral simplesmente dizendo sim para qualquer demanda gerencial. A maioria foi empregada no MXP5 quatro ou cinco vezes, mas sempre por apenas alguns meses. Eles sabem que é um trabalho precário e, portanto, começaram a recusar também as horas extras.

A desilusão em relação às promessas da empresa fez com que mais trabalhadores temporários percebessem que precisam lutar para conquistar melhorias. Por exemplo, os sindicatos recorreram ao conselho trabalhista para diminuir a prática da Amazon de contratar trabalhadores via agências de emprego – a CGIL sozinha representou dezenas desses trabalhadores temporários na disputa –, mas, no fim, a empresa não foi obrigada a contratá-los por meio de um contrato regular em tempo integral. A Amazon sabe que é difícil dominar uma força de trabalho estável. Conseguir mais proteção trabalhista e, assim, restringir o sistema de obsolescência planejada da empresa para os trabalhadores conteria seu poder sobre eles.

Mas é necessário muito mais para melhorar substancialmente as condições de trabalho. Se o armazém é a nova fábrica, talvez as táticas antigas do movimento trabalhista possam ser renovadas, como desacelerar ou interromper o processo de trabalho.[8] Sindicalistas estadunidenses têm dado nova atenção a algumas dessas táticas industriais tradicionais. Chamadas para voluntários se infiltrarem na Amazon, isto é, contratação de militantes com o objetivo específico de analisar as condições políticas no local e mobilizar a força de trabalho, têm aparecido tanto nos Estados Unidos quanto no Canadá.[9] Coletivos de trabalhadores chamados "Amazonians United" estão agitando nos armazéns dos Estados Unidos, utilizando modelos democráticos radicais de tomada de decisão e uma série de táticas que variam de paralisações a petições. Muitas vezes, os ativistas que assumem um emprego no armazém para agitar também têm como objetivo "mapear os líderes orgânicos que surgem espontaneamente no armazém e tentar mostrar o quanto a Amazon os traiu", como me contou um infiltrado trabalhando para organizar os amazonianos em um *fulfillment center* na costa oeste dos EUA. É o que os trabalhadores do MXP5 também fazem; "estamos criando uma nova geração de jovens trabalhadores que estão aprendendo, que estão interessados [...]. Agora, pela primeira vez, eles sabem que existe um grupo de pessoas que não cede", Lisa me disse, em 2021. Embora muitos funcionários de armazém não tenham experiência direta em conflitos trabalhistas ou vejam os sindicatos como resquícios de uma era diferente, a atenção da mídia, a organização no terreno e as conquistas obtidas por meio dessas táticas facilitam a politização de mais trabalhadores.

Entretanto, alcançar os trabalhadores precarizados é difícil. Se atualmente organizam dezenas de funcionários em tempo integral no MXP5, os sindicatos tradicionais têm dificuldade em incluir a outra metade da força de trabalho. Lisa admitiu que seu sindicato tem "uma incidência muito baixa entre os hiperprecarizados" trabalhadores sazonais e temporários. Eles não têm representação sindical formal no armazém. Mas o potencial está lá. Isso talvez não seja muito diferente das primeiras fábricas da Fiat da década de 1960 analisadas por Romano Alquati, que identificou o papel político dos "novos sujeitos" que chegaram como resultado de grandes ondas de migração interna do empobrecido Sul para o Norte industrializado da Itália. De acordo com sua narrativa, os sindicatos acharam impossível se comunicar com essa nova massa de trabalhadores contratados para operar as linhas de produção. Ainda assim, Alquati previu a promessa política deles, que irrompeu alguns anos depois na Fiat e além, quando a classe trabalhadora industrial ocupou o centro do palco da política revolucionária na Itália dos anos 1960 e 1970. A história se assemelha à dos sindicatos comerciais estadunidenses que se esforçavam para organizar a mão de obra migrante nos dias prósperos do capitalismo industrial do início do século XX.[10] Na Amazon, e sobretudo em um país como a Itália, isso significaria superar os desafios gerados pela diversidade interna da força de trabalho, ou seja, passar dos trabalhadores da classe trabalhadora predominantemente branca que são membros dos sindicatos tradicionais para os trabalhadores migrantes que representam uma grande parcela da força de trabalho temporária.

O sindicalismo tradicional enfrenta dificuldades para organizar trabalhadores temporários. A composição étnica desse setor da força de trabalho certamente é um problema, mas apenas quando contrastada com a homogeneidade de alguns sindicatos. Em reuniões globais de sindicatos tradicionais em Berlim e Dublin, entrei em salas que, previsivelmente, tinham paredes e cadeiras vermelhas e deparei com fileiras igualmente previsíveis de palestrantes homens brancos – eu, inclusive. É possível que isso mude em breve.

A maioria dos armazéns ao redor de Piacenza é organizada pelo SI Cobas, o sindicato independente que lidera o trabalho na indústria logística local. Algumas das mobilizações vitoriosas desse sindicato foram estruturadas por trabalhadores migrantes (na maioria do Magrebe), da Ikea ou da GLS, e jovens mulheres precarizadas, em greves bem-sucedidas no armazém da empresa sueca H&M. Suas ações, baseadas em ocupações e bloqueios, a princípio foram inspiradas pelas revoltas da Primavera Árabe, conectando a organização trabalhista ao estilo e às táticas dos movimentos sociais.

Em alguns *fulfillment centers* da Amazon, acontecem dinâmicas semelhantes. No BHM1, no Alabama, um FC cuja composição da força de trabalho é mais de 80% negra, os trabalhadores retrataram a luta pela sindicalização conduzida pelo Retail, Wholesale and Department Store Union (RWDSU), como uma luta contra a exploração de trabalhadores negros pela Amazon. Assim como os membros do SI Cobas do Magrebe, trabalhadores do BHM1 foram inspirados e estimulados por outro movimento, o Black Lives Matter. No MSP1, *fulfillment center* em Shakopee, perto de Mineápolis, as brigas contra a empresa foram lideradas pelo Awood Center, um centro de trabalhadores que organiza os amazonianos de origem leste-africana – em somali, "Awood" significa "solidariedade". Liderados por mulheres de *hijab*, fizeram paralisações e protestos contra os padrões desumanos de produtividade do armazém e a administração predominantemente branca.

Se isso se expandir para toda a força de trabalho da Amazon, uma participação mais ampla e diversificada terá potencial para conectar lutas em uma variedade de terrenos.[11] Com uma recomposição mais ampla que inclua trabalhadores casuais e migrantes, com suas demandas específicas, sua comunidade e seu estilo político, as mobilizações da Amazon podem se tornar explosivas para o futuro da indústria logística e talvez para o capitalismo digital como um todo.

Desacelerar e se demitir

Enquanto isso, trabalhadores, principalmente os temporários, precisam sobreviver ao armazém e à rotina diária dele. Com o sistema de vigilância que envolve o trabalho na Amazon, tudo o que associados fazem é monitorado, rastreado, contado e transformado em informação rapidamente disponível para a gerência. Entretanto, várias pessoas recorrem a pequenos atos individuais de resistência e sabotagem, seja desacelerando, usando truques para coletar com mais rapidez e, assim, aumentar o intervalo, estocando itens em lugares errados ou roubando. Lembra do estoquista do MXP5 que pegava uma HQ, lia e depois colocava em um lugar impossível de ela ser encontrada pela Amazon e seus algoritmos?

Outras táticas individuais são muito mais visíveis. No início da pandemia de covid-19, em março de 2020, o absenteísmo se tornou comum no MXP5 não apenas como forma de lidar com a situação, mas também como forma de, literalmente, sobreviver. A província de Piacenza, onde está localizado o MXP5, foi um dos principais epicentros da doença no início, mas era impossível manter o distanciamento social dentro do armazém. Os trabalhadores estavam assustados e as coisas ainda eram incertas; além disso, a empresa não fornecia equipamentos de proteção individual adequados. Assim, muitos associados do MXP5 começaram a sair de licença médica em massa. Embora não houvesse dúvida de que a tática não seria sustentável, muitos a viram como último recurso. Tal qual outros trabalhadores, Lisa confirmou que "muitos simplesmente não apareciam. Você chegava para trabalhar e se perguntava 'onde está aquele cara, onde está aquele outro colega', mas a gerência não dizia se eles estavam doentes, em quarentena ou se simplesmente tinham faltado". Segundo algumas estimativas, até 30% da força de trabalho não batia cartão.[12] O antropólogo James Scott chamou essas formas cotidianas de resistência que brotam mesmo nas condições mais opressivas de "armas dos fracos".[13]

A expressão individual mais definitiva de recusa é o pedido de demissão. Trabalhadores com alternativas de emprego, que se encontram extremamente esgotados com o ritmo ou o sistema de vigilância da Amazon, ou sentem que não conseguem mais lidar com a gestão pelo estresse, saem do armazém em busca de melhores oportunidades em outro lugar, uma espécie de flexibilidade de baixo para cima. Muitos trabalhadores com quem conversei enquanto escrevia este livro hoje já não estão mais no MXP5. Aqueles que fizeram isso voluntariamente não se arrependeram.

Demitir-se tem diferentes significados e efeitos que seguem linhas de privilégio; afinal, apenas algumas pessoas podem sair sem comprometer sua segurança econômica futura ou sua empregabilidade. No auge da primeira onda da pandemia de covid-19, em abril de 2020, Tim Bray, então vice-presidente do Amazon Web Service, renunciou. Ele fez isso porque "continuar sendo um VP da Amazon significaria [...] concordar com ações que eu detestava", já que "a Amazon trata os seres humanos nos armazéns como unidades fungíveis com potencial para coletar e embalar".[14] Tornou-se relativamente comum executivos das *big techs* deixarem o cargo e publicizar a razão, sobretudo após o declínio recente do mito da contribuição da tecnologia para o bem maior da humanidade. Tero Karppi e David Nieborg, teóricos da mídia, analisaram "abdicações corporativas" semelhantes no Facebook, sugerindo que devem ser compreendidas como parte de uma ampla "onda histórica de distopia tecnológica" pela qual até mesmo os executivos das empresas se sentem culpados.[15] Obviamente, não se pode equiparar a saída de executivos à de trabalhadores de chão de fábrica. Para aqueles, sair não é apenas um gesto moral, mas também uma forma de redenção – saem como um ato de autocrescimento. Michel Foucault interpretaria essas ações voltadas para o público como *performances* de redenção e purificação.[16]

Pelo contrário, não são muitos os associados do armazém que têm esse luxo, nem precisam ser purificados; eles carregam os efeitos, não a responsabilidade, da distopia tecnológica. Para muitos, demitir-se é simplesmente uma forma de fugir do esgotamento físico e mental. Mas eles também fazem o ritual de publicizar a escolha de sair. Vídeos "Why I quit Amazon" [Por que pedi demissão da Amazon], no YouTube, tornaram-se um gênero em si, juntamente com várias postagens em redes sociais e *blogs*. Ex-associados da Amazon produzem e compartilham esses vídeos como forma de resistir à internalização da responsabilidade e rejeitar a culpa por não conseguirem acompanhar o ritmo de trabalho da empresa. Eles precisam fazer isso, porque na Amazon os trabalhadores são ensinados a ser responsáveis pelo próprio fracasso. No caso das tarefas de base do armazém, isso significa que lesões ou incapacidade de atingir metas de produção são atribuídas às práticas de trabalho incorretas do trabalhador ("Por que bebeu tanta água? Por que não dormiu o suficiente entre os dois turnos seguidos de 12 horas?"). Ao se recusarem publicamente a suportar o peso do fracasso, os trabalhadores que se demitiram da Amazon têm o objetivo de compartilhar a experiência de esgotamento e colapso e desenvolver uma compreensão mútua do que deu errado.[17] Essas declarações fazem parte da necessidade geral de criar uma comunidade *on-line*. Muitos usam espaços *on-line*, tais como o Reddit ou outros fóruns e plataformas de mídia social, para encontrar uns aos outros e compartilhar experiências de trabalho. Na ausência de espaços de socialização que escapem do sistema de vigilância invasivo dentro do armazém, esses fóruns são, na prática, salas de descanso nas quais os trabalhadores se encontram e se mobilizam.[18] Tanto as declarações em vídeo quanto os fóruns podem auxiliar na construção de redes de apoio de ex-trabalhadores e ajudá-los a lidar com os efeitos psicológicos do fracasso e do colapso.

No entanto, muitas vezes, demitir-se incrementa a atomização. Mesmo quando é benéfica para o trabalhador como indivíduo, essa forma individual de recusa não gera poder coletivo. Na verdade, a rotatividade elevada representa uma barreira concreta para a atividade sindical, uma vez que muitos trabalhadores insatisfeitos saem em vez de lutar dentro da Amazon. Como o sindicalista na Costa Oeste me disse, "quando estão irritados o suficiente para se envolverem, também estão irritados o suficiente para pedir demissão". E então, ir para onde depois de se demitir? Está cada vez mais difícil encontrar alternativas para a Amazon. Em algumas áreas, a empresa se tornou o maior empregador, destruindo empregos no varejo e catalisando uma reestruturação do mercado de trabalho. Trabalhadores em Piacenza, assim como em muitas áreas semelhantes onde a Amazon tem um *fulfillment center*, podem ter mais oportunidades, mas muitas delas são para um emprego bastante similar, em um armazém de outra empresa, como Ikea, TNT ou Zalando. Por fim, sair pode jogar a favor da Amazon, uma vez que a empresa não evita a rotatividade de trabalhadores, mas, sim, trata-a como uma característica central de seu modelo de negócios, chegando a ponto de gerar obsolescência planejada dos funcionários. Para a empresa, está tudo bem se as pessoas saem em massa, desde que um exército reserva de novos trabalhadores esteja disponível para substituí-las. No longo prazo, ela planeja introduzir automação que reduza sua dependência do trabalho humano, embora talvez jamais seja capaz de ficar totalmente sem ele. A menos que seja um ato politizado e generalizado, a recusa ao trabalho permanecerá uma estratégia de autopreservação, mas sequer tocará o poder da Amazon.

Subvertendo a Amazon

O que trabalhadores organizados pretendem fazer é lutar simultaneamente dentro da Amazon e contra e além dela. Para isso, trabalhadores subvertem as características da empresa, em vez de abandoná-la.

É uma luta tanto material quanto simbólica. Questionar o mito técnico idílico da empresa, desencaixotando a realidade por traz da seta sorridente, é crucial. Não será fácil; o mito de progresso e emancipação construído pela Amazon e as técnicas gerenciais que ela usa no armazém para obter o consentimento de trabalhadores em geral são bem-sucedidos. Várias pessoas gostam de trabalhar na empresa e curtem a cultura da diversão nos FCs. Em plataformas de crítica a locais de trabalho, como a Glassdoor, a Amazon recebe notas altas de vários funcionários. Mas como um sindicalista que se esforça para sindicalizar o MXP5 comentou, é importante "contorná-la, bater onde é fraca, esse é o sorriso, a fachada. Sabemos que é falso". Por exemplo, uma delegação de trabalhadores de Piacenza viajou para Berlim, em abril de 2018, unindo-se a amazonianos de todos os cantos da Europa para protestar contra Jeff Bezos, enquanto ele recebia um prêmio anual concedido a pessoas que têm "um talento excepcional para a inovação [...] e também encaram sua responsabilidade social".[19] O padrão de responsabilidade social provavelmente estava bem baixo quando Bezos foi selecionado, os trabalhadores disseram à comissão do prêmio. Trabalhadores também derrubaram o mito ao ressignificar os próprios *slogans* da Amazon; por exemplo, "obsessão pelo consumidor". O coletivo de trabalhadores Amazon Employees for Climate Justice fez exatamente isso quando penetrou em uma reunião de acionistas, em 2019, a fim de pedir à empresa que lidasse com seu impacto ambiental. Durante a reunião, eles se apresentaram como funcionários-modelo da Amazon, dizendo aos executivos de alto escalão que, ao contribuírem com a destruição do planeta com sua grande pegada de carbono, eles não demonstravam "obsessão pelo consumidor".[20]

Mais importante, os trabalhadores da Amazon têm potencial para enfraquecer e interromper as operações, e assim deixar de cumprir a promessa da empresa de realizar rapidamente os desejos dos consumidores. De fato, o modelo flexível construído pela Amazon é vulnerável. Ele depende de alguns grandes picos de atividade, e esses picos podem ser o alvo dos esforços para a maximização dos efeitos de uma greve ou paralisação. O MXP5 entrou em greve próximo à *Black Friday*, e mesmo antes da primeira greve, em 2017, trabalhadores já haviam começado a declarar estado de agitação durante os picos, para proteger funcionários dispostos a recusar a imposição de horas extras exatamente quando a Amazon mais precisava.[21] Também em outros países, ações dos trabalhadores têm sido organizadas no *Prime Day* ou na *Cyber Monday*.

O *fulfillment center* da Amazon é organizado em torno de gargalos que são cruciais para a circulação de mercadorias; nada pode ser entregue a menos que seja coletado, embalado e enviado, saindo do *fulfillment center*. Isso pode ser aproveitado taticamente para quebrar a cadeia de suprimentos da empresa.[22] Entretanto, se a ambição é ter um efeito real nas finanças da firma, bloquear alguns FCs não é suficiente – a Amazon construiu redes redundantes de armazéns que permitem que ela desvie pedidos e evite grandes interrupções se um deles parar de funcionar. Esse problema é prontamente reconhecido pelos trabalhadores, mas eles também estão encontrando maneiras de contorná-lo. Por exemplo, em 2018, um dos sindicalistas do MXP5 chamou atenção para o fato de que

> [...] greves são muito difíceis de ser organizadas e gerenciadas. É preciso sindicalizar o máximo possível. No MXP5, fizemos um bom trabalho. Mas, e quanto a Roma e Vercelli? Se você não parar Roma, eles podem desviar os pedidos e pronto, acabou. Talvez você crie algumas dificuldades, mas não uma bagunça muito grande. Precisamos de tempo.

Além disso, graças à mão de obra flexível que contrata para suas instalações, a Amazon é capaz de trazer sua massa de trabalhadores temporários para compensar a falta de funcionários causada por manifestações trabalhistas. Dessa maneira, deve-se contender em variados locais estratégicos ao mesmo tempo, senão a Amazon encontrará modos de contornar a greve, transferindo pedidos em sua rede de FCs, ou, ainda, contando com trabalhadores precarizados que dificilmente se mobilizam.

A fim de confrontar o sistema de logística resiliente, precisa-se de uma contralogística de lutas[23] – uma organização em rede com capacidade de se erguer taticamente para superar os obstáculos organizacionais e tecnológicos criados pela corporação, de sitiar a Amazon.

A primeira tentativa nesse sentido aconteceu em 22 de março de 2021. Foi uma greve nacional organizada por sindicatos tradicionais, envolvendo toda a rede de distribuição da Amazon. Mais especificamente, exigiam-se bônus salarial aos trabalhadores que recebiam salário mínimo e um limite para o ritmo de trabalho, principalmente aos entregadores. Naquele dia, vários associados de armazém, do MXP5 e de outros *fulfillment centers*, pararam de trabalhar, mas a greve foi programada para afetar toda a estrutura de distribuição da Amazon, e de fato os efeitos principais foram gerados por interrupções nos sete pequenos centros de distribuição *last--mile delivery* que cercam o centro de Milão, bem como em outras cidades no país. Enquanto armazéns e centros de distribuição estocam e gerenciam mercadorias, são os motoristas e os entregadores das empresas contratadas pela Amazon que levam pacotes aos consumidores. Eles também entraram em greve; entre outros, centenas de entregadores que já protestavam, havia um ano, contra os longos turnos e o ritmo intenso de trabalho impostos pela Amazon. Sindicatos estimaram que apenas na Lombardia 250 mil pedidos deixaram de ser entregues naquele dia. Até mesmo o *call center* na Sardenha foi afetado. Andrea, outro sindicalista com quem conversei, observou uma outra diferença entre a greve de 2021 e a de 2017. Não apenas os poucos trabalhadores militantes do início cresceram e se tornaram um grupo bastante numeroso de funcionários do MXP5, como também os sindicatos finalmente conseguiram se fazer presentes em outros *fulfillment centers*; "agora nos comunicamos, podemos levar a greve até Vercelli e à Roma, e a Amazon já não pode mais transferir pedidos entre esses armazéns". A greve mostrou que, graças a essa solidariedade, é possível sincronizar, flexibilizar e aumentar as mobilizações trabalhistas, exatamente como acontece nos *fulfillment centers* da Amazon.

É crucial haver uma aliança por toda a cadeia de distribuição da Amazon. Mas, e quanto a mover-se para além dela para abarcar um processo mais amplo de recomposição que una trabalhadores de diferentes posições na divisão trabalhista global da empresa? Esse modelo de coalizão está florescendo, mas talvez precise ser ainda mais vasto do que o que foi mobilizado na Itália, em março de 2021. Por exemplo, formas de solidariedade interclasse entre funcionários do armazém e de entrega e os engenheiros já acontecem. Os engenheiros e os técnicos da Amazon participam de campanhas para denunciar as condições trabalhistas encaradas por associados do armazém. Comparado com o armazém, o vistoso edifício de escritórios no centro de Seattle, onde engenheiros e outros funcionários de colarinho branco trabalham, é simplesmente um outro planeta. Lá, contratam-se predominantemente pessoas brancas, paga-se um salário alto e oferecem-se benefícios e um ambiente de trabalho melhores. Ainda assim, compartilham com associados dos armazéns as mesmas preocupações em relação à natureza despótica da administração da Amazon, bem como o impacto humano e ambiental de suas operações de *e-commerce*. Organizar-se em comunidades inteiras é algo que também ajudou trabalhadores de armazéns, ao inserirem sua luta em outras mais amplas contra o sexismo, o racismo institucional e a severidade. Movimentos ambientalistas locais se opõem à construção de *fulfillment centers* novos, manifestando-se contra o uso impactante da terra e a poluição atmosférica que se impõe nas comunidades.[24] Campanhas globais reúnem alianças amplas entre ONGs, organizações trabalhistas e movimentos sociais.[25]

Funcionários da Amazon não estão sozinhos nessa luta titânica.[26] Sabem que a batalha pelo armazém não pode ser realizada isoladamente, sem os outros esforços contra o capitalismo digital global. Trabalhadores de Toronto a Jacarta mostram que as tentativas de individualizar e de separar os trabalhadores não impedem o surgimento de estruturas coletivas de solidariedade. As condições que possibilitam a organização de trabalhadores do capitalismo digital, que supostamente não podem ser organizados por serem gerenciados algoritmicamente e individualizados, já existem e já são aproveitadas por trabalhadores no mundo inteiro.[27] Levantes trabalhistas acontecem agora em diversas formas emergentes de trabalho sustentadas pela tecnologia digital, desde engenheiros se organizando nos *campi* da Google até alianças transnacionais entre entregadores de comida que trabalham para aplicativos, como Foodora ou Deliveroo, e motoristas que trabalham para empresas da indústria de compartilhamento de carros, como a Uber. Essas lutas têm provado que os movimentos trabalhistas de baixo para cima são capazes de imaginar novas formas de auto-organização adequadas aos desafios tecnológicos e políticos atuais, além de superar as limitações e os atrasos da política sindical tradicional.[28]

Coda

A Amazon ainda está no meio de uma fase de expansão. Atualmente, está construindo novos armazéns em um ritmo sem precedentes, inclusive em países onde apenas recentemente iniciou suas atividades, como na Índia. Também está passando por um ciclo inédito de acumulação tanto de capital quanto de poder. Os milhões de pessoas que a Amazon coloca para trabalhar contribuem para essa expansão, mas é exatamente porque esses funcionários mantêm tudo acontecendo que eles também têm poder para minar tudo. Também por isso, o conhecimento e a experiência de trabalhadores são tão importantes. Combater o poder corporativo da Amazon envolverá uma compreensão melhor de como essa fábrica digital tanto organiza o trabalho quanto rearranja relações sociais e de poder, a fim de garantir seu acúmulo implacável.

Ainda assim, o império do *e-commerce* da Amazon é frágil. Os custos operacionais são altos e as margens de lucro, baixas, sobretudo se comparados a outros serviços que a empresa oferece, como, por exemplo, o de computação em nuvem, AWS. A agitação trabalhista cada vez mais global que ela encara é uma ameaça fundamental à sua habilidade de sustentar seu sistema de exploração. Caso se materializem, os apelos para quebrar a Amazon por meio de leis *antitrust* poderiam afetar a capacidade da corporação de construir monopólios e a integração de computação, *e-commerce* e vigilância, bases de seu poder sobre os trabalhadores. Se negociarem ou recusarem a introdução de novas automações, ou, ainda, se exigirem o fim da vigilância no local de trabalho, trabalhadores poderão mudar o curso do caminho da Amazon de inovação da iniquidade. Mas talvez nada disso seja suficiente. Provavelmente tenhamos que dar um fim a todas as corporações do capitalismo digital como única forma de liberar a tecnologia do domínio delas.[29] Algumas pessoas sugerem que a habilidade da Amazon para planejar cadeias de produção e de distribuição globais poderia e deveria ser voltada a objetivos democráticos, ou seja, socialize-a e dê poder aos trabalhadores.[30]

O certo é que não imaginar formatos sociais novos e modos novos de trabalhar fora das relações capitalistas de produção é também o que dá poder à Amazon para fazer história do jeito que ela quer. Isso também precisa ser subvertido. Para resgatar o futuro. Para sair do armazém.

Notas

1. Panzieri, 1976.
2. Sobre decomposição, sobretudo relacionada ao uso da tecnologia e às lutas na economia digital, ver Dyer-Witheford; Kjøsen & Steinhoff, 2019.
3. Sobre as políticas ambientais da Amazon, ver, por exemplo, Caraway, 2020, pp. 65-78.
4. Ver Mak, 2021. O *site* #DoItWithoutDues ainda está disponível em <https://web.archive.org/web/20210329170825/https://www.doit withoutdues.com/>. [N. da T.: Na ocasião da tradução deste livro, o *site* já não estava disponível.]
5. Para uma análise comparativa de políticas dos sindicatos trabalhistas em diferentes países, ver alguns dos capítulos em Alimahomed-Wilson & Reese, 2020; e vários textos em Transnational Social Strike, 2019.
6. Por exemplo, a Amazon Alliance e a Amazon Workers International (ver <www.uniglobalunion.org e https://amworkers.wordpress.com>).
7. CGIL e CISL são as maiores federações sindicalistas na Itália. CGIL é o antigo sindicato comunista, e CISL, historicamente, teve ligação com o partido Democrazia Cristiana.
8. Conforme sugestão de, entre outros, Gent, 2020.
9. Ver, por exemplo, Amazon Workers Collective, 2020.
10. Ver Brecher, 2014.
11. Para experiências nesse sentido, ver Transnational Social Strike, 2019.
12. Day; Lepido; Fouquet & Munoz Montijano, 2020.
13. Scott, 1987.
14. A citação foi retirada da postagem de blog que ele usou para anunciar sua decisão. Ver Bray, 2020.
15. Karppi & Nieborg, 2020.
16. Foucault, 1978.
17. Ver Smith, 2020.
18. Conforme descrito em Adler-Bell, 2019. Para exemplos concretos, ver <www.reddit.com/r/AmazonFC>.
19. Ver <www.axel-springer-award.com>.
20. Paul, 2019.
21. Na lei italiana, uma manifestação pode ser formalmente declarada, o que resulta em proteção extra para o trabalhador durante as negociações.
22. Alimahomed-Wilson & Ness, 2018.
23. Como foi descrito, entre outras pessoas, por Bernes, 2014. Ver também material produzido pelo coletivo de pesquisa Into the Black Box em <www.intotheblackbox.com>.
24. Inclusive na Itália. Ver Gruppo Nord Est Di Inchieste Dal Basso, 2021.
25. A mais importante delas, aliança Athena. Ver <www.athenaforall.org>.
26. Sobre formas de resistência emergentes no capitalismo digital, ver, por exemplo, Huws, 2014; ou, para uma pesquisa ampla de casos, ver Delfanti & Sharma, 2020.
27. Sobre essas condições e possibilidades, ver Van Doorn, 2019.
28. Ver, por exemplo, Cant & Mogno, 2020, pp. 401-411; ou Qadri, 2020, p. 144.
29. Liu, 2020.
30. Phillips & Rozworski, 2019.

Referências bibliográficas

ABC NEWS STORY LAB. *The Amazon Race*, 2019. Disponível em <https://www.abc.net.au/news/2019-02-27/amazon-warehouse-workers-game-race/10803346?nw=0>.
ADECCO. *MOG: Monte ore garantito*, 2021. Disponível em <www.adecco.it>.
ADLER-BELL, S. "Surviving Amazon". *Logic* 8, 2019. Disponível em <www.logicmag.io>.
AGRE, P. E. "Surveillance and capture: Two models of privacy". *The Information Society*, vol. 2, n. 10, 1994.
ALI, H. "Amazon's surveillance system is a global risk to people of color". *Medium*, 25/9/2020.
ALIGHIERI, D. *Inferno*. Random House, 1982.
ALIMAHOMED-WILSON, J. & NESS, I. (org.). *Choke points. Logistics workers disrupting the global supply chain*. Pluto Press, 2018.
ALIMAHOMED-WILSON, J. & REESE, E. *The cost of free shipping: Amazon in the global economy*. Pluto Press, 2020.
ALLEN, S. *Some thoughts* [Vídeo]. *YouTube*, 31/7/2018.
ALQUATI, R. *Sulla Fiat e altri scritti*. Feltrinelli, 1975.
ALTENRIED, M. "The platform as factory: Crowdwork and the hidden labour behind Artificial Intelligence". *Capital & Class*, vol. 2, n. 44, 2020.
AMAZON. *Our workforce data*, 2020. Disponível em <www.aboutamazon.com>.
____. *Employee engagement*, 2021a. Disponível em <www.about amazon.com>.
____. *From body mechanics to mindfulness, Amazon launches employee-designed health and safety program called WorkingWell across U.S. operations*, 2021b. Disponível em <www.aboutamazon>.
____. *Our workplace*, 2021c. Disponível em <www.aboutamazon.com>.
____ *What is Amazon's Career Choice?*, 2021d. Disponível em <www. aboutamazon.com>.
AMAZON WORKERS. "Stop treating us like dogs! Workers organizing resistance at Amazon in Poland". *In*: ALIMAHOMED-WILSON, J. & NESS, I. (ed.). *Choke points: Logistics workers disrupting the global supply chain*. Pluto Press, 2018.

AMAZON WORKERS COLLECTIVE. "Workers of the world: Salt at Amazon!". *Briarpatch*, 28/10/2020.

AMERICAN CIVIL LIBERTIES UNION. *ACLU statement on Amazon face recognition moratorium*, 2020. Disponível em <www.aclu.org>.

AMNESTY INTERNATIONAL. *Public statement: It is time for Amazon to respect workers' right to unionize*, 2020. Disponível em <www.amnesty.org>.

AMOORE, L. "Data derivatives: On the emergence of a security risk calculus for our times". *Theory, Culture & Society*, vol. 6, n. 28, 2011.

ANEESH, A. "Global labor: Algocratic modes of organization". *Sociological Theory*, vol. 4, n. 27, 2009.

ANÔNIMO. "Working for Amazon: Better than sex, worse than hell (Part 1)". *Naked Capitalism*, 2017.

____. "Unfulfillment centres: What Amazon does to wages". *The Economist*, 20/1/2018a.

____. "Our new column from inside Amazon: They treat us as disposable". *The Guardian*, 21/11/2018b.

APICELLA, S. "Rough terrains: Wages as mobilizing factor in German and Italian Amazon distribution centers". *Sozial Geschichte Online*, n. 27, 2020.

APPADURAI, A. & NETA, A. *Failure*. Polity, 2020.

ARRIGHI, G. *The long twentieth century: Money, power, and the origins of our times*. Verso, 1994.

ARVIDSSON, A. "Facebook and finance: On the social logic of the derivative". *Theory, Culture & Society*, vol. 6, n. 33, 2016.

ATANASOSKI, N. & VORA, K. *Surrogate humanity: Race, robots, and the politics of technological futures*. Duke University Press, 2019.

AUGE, M. *Non-lieux. Introduction à une anthropologie de la surmodernité*. Seuil, 1992. [*Não lugares: introdução a uma antropologia da supermodernidade*. Trad. Maria Lúcia Pereira. Campinas, Papirus, 1994.]

AUTOR, D. "Why are there still so many jobs? The history and future of workplace automation". *Journal of Economic Perspectives*, vol. 3, n. 29, 2015.

BAKKER, A. B.; SCHAUFELI, W. B.; LEITER, M. P. & TARIS, T. W. "Work engagement: An emerging concept in occupational health psychology". *Work & Stress*, vol. 3, n. 22, 2008.

BARBROOK, R. & CAMERON, A. "The Californian ideology". *Science as Culture*, vol. 1, n. 6, 1996.

BENIGER, J. *The control revolution: Technological and economic origins of the information society*. Harvard University Press, 1986.

BENJAMIN, R. "Innovating inequity: If race is a technology, postracialism is the Genius Bar". *Ethnic and Racial Studies*, vol. 13, n. 39, 2016.

BENVEGNÙ, C.; CUPPINI, N.; FRAPPORTI, M.; MILESI, F. & PIRONE, M. "Logistical gazes: introduction to a special issue of Work Organisation, Labour and Globalisation". *Work Organisation, Labour & Globalisation*, vol. 1, n. 13, 2019.

BERG, P.; ISAACS, P. W. & BLODGETT, K. "Airborne fulfillment center utilizing unmanned vehicles for item delivery". *US Patent*, n. 9,305,280, 2016.

BERGVALL-KÅREBORN, B. & HOWCROFT, D. "Amazon Mechanical Turk and the commodification of labour". *New Technology, Work and Employment*, vol. 3, n. 29, 2014.

BERNES, J. *Logistics, counterlogistics and the communist prospect*, 2014. Disponível em <www.endnotes.org.uk>.

BETTIS, D.; MCNAMARA, A.; HOLLIS, B., ÉTIENNE, F.; BOYAPATI, P.; SMITH, K. J. & JONES, J. B. "Augmented reality enhanced interaction system". *US Patent*, n. 10,282,696, 2019.

BEZOS, J. *1997 letter to shareholders*, 1998. Disponível em <www.aboutamazon.com>.

_____. *2005 letter to shareholders*, 2006. Disponível em <www.aboutamazon.com>.

_____. *2006 letter to shareholders*, 2007. Disponível em <www.aboutamazon.com>.

_____. *2013 letter to shareholders*, 2014. Disponível em <www.aboutamazon.com>.

_____. *2018 letter to shareholders*, 2019. Disponível em <www.aboutamazon.com>.

_____. *2020 letter to shareholders*, 2021. Disponível em <www.aboutamazon.com>.

BIAGIOLI, M. "Celebrating garages, mythifying Silicon Valley" [Apresentação em uma conferência]. European University at St. Petersburg, 2014.

BOUSHEY, H. *Finding time: The economics of work-life conflict*. Harvard University Press, 2016.

BRADY, T. M. "Wrist band haptic feedback system". *US Patent*, n. 9,881,277 B2, 2018.

BRAR, A.; DANIEL, M. & SRA, G. "'I am scared to take a day off whether sick or not'. The voiceless warehouse workers in Peel and how Covid-19 has silenced them even more". *The Toronto Star*, 30/12/2020.

BRAUDEL, F. *The Mediterranean and the Mediterranean world in the age of Philip II*. University of California Press, 1995.

BRAVERMAN, H. *Labour and monopoly capital: The degradation of work in the twentieth century*. Monthly Review Press, 1974.

BRAY, T. *Bye, Amazon*, 2020. Disponível em <www.tbray.org>.

BRAZEAU, J. D. & MENDOLA, S. "Inventory event detection using residual heat information". *US Patent*, n. 9,767,432, 2017.

BRECHER, J. *Strike!*. PM Press, 2014.

BROPHY, E. *Language put to work: The making of the global call centre workforce*. Palgrave Macmillan, 2017.

BROWNE, S. *Dark matters. On the surveillance of blackness.* Duke University Press. 2015.

BRUDER, J. "Meet the immigrants who took on Amazon". *Wired*, 12/11/2019.

BURAWOY, M. *Manufacturing consent. Changes in the labor process under monopoly capitalism.* University of Chicago Press, 1979.

BURK, D. L. & REYMAN, J. "Patents as genre: A prospectus". *Law & Literature*, vol. 2, n. 26, 2014.

BURRELL, J. "How the machine 'thinks': Understanding opacity in machine learning algorithms". *Big Data & Society*, vol. 1, n. 3, 2016.

CANT, C. *Riding for Deliveroo: Resistance in the new economy.* Polity, 2019.

CANT, C. & MOGNO, C. "Platform workers of the world, unite! The emergence of the transnational federation of couriers". *South Atlantic Quarterly*, vol. 2, n. 119, 2020.

CARAWAY, B. "Interrogating Amazon's sustainability innovation". *In*: OAKLEY, K. & BANKS, M. (org.). *Cultural industries and the environmental crisis.* Springer, 2020.

CASILLI, A. *En attendant les robots: Enquête sur le travail du clic.* Seuil, 2018.

CASTELLINI, V. "Environmentalism put to work: Ideologies of green recruitment in Toronto". *Geoforum*, n. 104, 2019.

CHAINCREW. *ChainWorkers. Lavorare nelle cattedrali del consumo.* DeriveApprodi, 2002.

CHARAM, R. & YANG, J. *The Amazon management system.* Washington, IdeaPress Publishing, 2019.

CHASSANY, A. "Uber: A route out of the French banlieues". *Financial Times*, 3/3/2016.

CHEN, J. "Thrown under the bus and outrunning it! The logic of Didi and taxi drivers' labour and activism in the on-demand economy". *New Media & Society*, vol. 8, n. 20, 2017.

CHEN, J. Y. & SUN, P. "Temporal arbitrage, fragmented rush, and opportunistic behaviors: The labor politics of time in the platform economy". *New Media & Society*, vol. 9, n. 22, 2020.

CICCARELLI, R. *Forza lavoro: Il lato oscuro della rivoluzione digitale.* DeriveApprodi, 2018.

COHEN, N. "At work in the digital newsroom". *Digital Journalism*, vol. 5, n. 7, 2018.

COOMBE, R. *The cultural life of intellectual properties.* Duke University Press, 1998.

COULDRY, N. & MEJIAS, U. A. *The costs of connection: How data is colonizing human life and appropriating it for capitalism.* Stanford University Press, 2019.

COWEN, D. *The deadly life of logistics: Mapping violence in global trade.* University of Minnesota Press, 2014.

CRAWFORD, K. "Time to regulate AI that interprets human emotions". *Nature*, vol. 7.853, n. 592, 2021.

CRAWFORD, K. & JOLER, V. *Anatomy of an AI System*, 2018. Disponível em <www.anatomyof.ai>.

CURCIO, A. "Resisting sexism and racism in Italian logistics worker organizing". *In*: OVETZ, R. (org.). *Workers' inquiry and global class struggle*. Pluto Press, 2000.

CURLANDER, J. C.; GRAYBILL, J. C.; MADAN, U.; TAPPEN, M. F.; BUNDY, M. E. & GLICK, D. D. "Selecting items for placement into available volumes using imaging data". *US Patent*, n. 9,864,911, 2018.

DANAHER, J. "The threat of algocracy: Reality, resistance and accommodation". *Philosophy of Technology*, n. 29, 2015.

DASTIN, J. & HU, H. "Exclusive: Amazon deploys thermal cameras at warehouses to scan for fevers faster". *Reuters*, 18/4/2020.

DAY, M.; LEPIDO, D.; FOUQUET, H. & MUNOZ MONTIJANO, M. "Coronavirus strikes at Amazon's operational heart: Its delivery machine". *Bloomberg*, 16/3/2020.

DELFANTI, A.; RADOVAC, L. & WALKER, T. *The Amazon panopticon: A guide for organizers and policymakers*. UNI Global Union, 2021.

DELFANTI, A. & SHARMA, S. "Log out! The platform economy and worker resistance". *Notes from Below*, n. 8, 2020.

DOERINGER, P. B. & PIORE, M. J. *Internal labor markets and manpower analysis*. Routledge, 1985.

DOW SCHÜLL, N. *Addiction by design: Machine gambling in Las Vegas*. Princeton University Press, 2012.

DROR, Y. "We are not here for the money": Founders' manifestos". *New Media & Society*, vol. 4, n. 17, 2015.

DUFFY, B. E. & SCHWARTZ, B. "Digital 'women's work'?: Job recruitment ads and the feminization of social media employment". *New Media & Society*, vol. 8, n. 20, 2018.

DUMAINE, B. *Bezonomics: How Amazon is changing our lives and what the world's best companies are learning from it*. Scribner, 2020.

DURHAM, J. M.; DRESSER, S.; LONGTINE, J. G.; MILLS, D. G.; WELLMAN, P. S. & WILSON, S. A. "Amassing pick and/or storage task density for inter-floor transfer". *US Patent*, n. 1,0395,152, 2019.

DYER-WITHEFORD, N.; KJØSEN, A. M. & STEIN-HOFF, J. *Inhuman power: Artificial intelligence and the future of capitalism*. Pluto Press, 2019.

ELCIOGLU, E. F. "Producing precarity: The temporary staffing agency in the labor market". *Qualitative Sociology*, vol. 2, n. 33, 2010.

ELLUL, J. *The technological society*. Knopf, 1964.

ERLANGER, O. & ORTEGA GOVELA, L. *Garage*. MIT Press, 2018.

EVANS, W. "How Amazon hid its safety crisis". *Reveal*, 29/9/2020.

FERRO, E. "Licenziato da Amazon il magazziniere costretto a vivere in camper". *La Repubblica*, 10/1/2021.

FISHER, C. D. "Happiness at work". *International Journal of Management Reviews*, vol. 4, n. 12, 2010.

FIZEK, S.; FUCHS, M.; RUFFINO, P. & SCHRAPE, N. (org.). *Rethinking gamification*. Meson Press, 2014.

FLEMING, P. "Workers' playtime? Boundaries and cynicism in a 'culture of fun' program". *The Journal of Applied Behavioral Science*, vol. 3, n. 41, 2005.

FORTUNATI, L. "Robotization and the domestic sphere". *New Media & Society*, vol. 8, n. 20, 2018.

FOUCAULT, M. *The history of sexuality*, vol. I. Allen Lane, 1978.

GALLOWAY, S. *The four: The hidden DNA of Amazon, Apple, Facebook, and Google*. Penguin, 2017.

GENT, C. "How do we solve a problem like Amazon?". *Novara Media*, 27/11/2020.

GERSTEL, N. & CLAWSON, D. "Control over time: Employers, workers, and families shaping work schedules". *Annual Review of Sociology*, n. 44, 2018.

GERTLER, M. S. "Tacit knowledge and the economic geography of context, or the undefinable tacitness of being (there)". *Journal of Economic Geography*, vol. 1, n. 3, 2003.

GHAFFARI, S. & DEL REY, J. "The real cost of Amazon". *Vox*, 29/6/2020.

GILLESPIE, T. "The relevance of algorithms". *In*: BOCZKOWSKI, P.; FOOT, K. & GILLESPIE, T. (org.). *Media technologies: Essays on communication, materiality, and society*. MIT Press, 2014.

GOODWIN, H. "Jeff Bezos could give all Amazon workers $105,000 and still be as rich as pre-Covid". *The London Economic*, 10/12/2020.

GORDON, E. & MANOSEVITCH, E. "Augmented deliberation: Merging physical and virtual interaction to engage communities in urban planning". *New Media & Society*, vol. 1, n. 13, 2011.

GRAEBER, D. "Consumption". *Current Anthropology*, vol. 4, n. 52, 2011.

GREGG, M. *Counterproductive: Time management in the knowledge economy*. Duke University Press, 2018.

GREGORY, K. & SADOWSKI, J. "Biopolitical platforms: The perverse virtues of digital labour". *Journal of Cultural Economy*, 2021.

GRUPPO NORD EST DI INCHIESTE DAL BASSO. "L'offensiva di Amazon nel Nord Est". *GlobalProject*, 4/2/2021.

GUPTA, B.; AALUND, M. P. & MIRCHANDANI, J. "Method and system for tele--operated inventory management system". *US Patent*, n. 10,464,212 B2, 2019.

GURLEY, L. J. "Pregnant Amazon employees speak out about nightmare at Oklahoma warehouse". *Vice*, 7/10/2020a.

____. "Secret Amazon reports expose the company's surveillance of labor and environmental groups". *Vice*, 23/11/2020b.

____. "Amazon rebrands its brutal 'megacycle' shift to 'single cycle'". *Vice*, 11/5/2021.

GUYARD, C. & KAUN, A. "Workfulness: Governing the disobedient brain". *Journal of Cultural Economy*, vol. 6, n. 11, 2018.

HAHN, J. "I went on a propaganda tour of an Amazon warehouse". *Vice*, 27/11/2019.

HAN, B. *Psychopolitics: Neoliberalism and new technologies of power*. Verso, 2017.

HARTMAN, P.; BEZOS, J.; KAPHAN, S. & SPIEGEL, J. "Method and system for placing a purchase order via a communications network". *US Patent*, n. 5,960,411, 1997.

HARVEY, D. *A brief history of neoliberalism*. Oxford University Press, 2005.

HAUSMAN, W. H.; SCHWARZ, L. B. & GRAVES, S. C. "Optimal storage assignment in automatic warehousing systems". *Management science*, vol. 6, n. 22, 1976.

HEEL, P. *Hinterland: America's new landscape of class and conflict*. Reaktion Books, 2018.

HENLY, J. R. & LAMBERT, S. J. "Unpredictable work timing in retail jobs: Implications for employee work-life conflict". *Ilr Review*, vol. 3, n. 67, 2014.

HETHERINGTON, K. "Surveying the future perfect: Anthropology, development and the promise of infrastructure". *In*: HARVEY, P.; MORITA, A. & JENSEN, C.B. (org.). *Infrastructures and social complexity: A companion*. Routledge, 2017.

HUWS, U. *Labor in the global digital economy: The cybertariat comes of age*. Monthly Review Press, 2014.

____. "Logged in". *Jacobin*, 1/6/2016.

JACKSON, N. & CARTER, P. "In praise of boredom". *Ephemera: Theory & Politics in Organization*, vol. 4, n. 11, 2011.

JARRETT, K. "Labour of love: An archaeology of affect as power in e-commerce". *Journal of Sociology*, vol. 4, n. 39, 2003.

JEN, C. "Do-it-your-self biology, garage biology, and kitchen science". *In*: WIENROTH, M. & RODRIGUES, E. (ed.). *Knowing new biotechnologies: Social aspects of technological convergence*. Routledge, 2015.

JOHNS, A. *Piracy: The intellectual property wars from Gutenberg to Gates*. The University of Chicago Press, 2009.

JONES, J. & ZIPPERER, B. *Unfulfilled promises: Amazon fulfillment centers do not generate broad-based employment growth.* Economic Policy Institute, 2018.

KANTOR, J. & STREITFIELD, D. "Inside Amazon: Wrestling big ideas in a bruising workplace". *The New York Times*, 15/8/2015.

KANTOR, J.; WEISE, K. & ASHFORD, G. "The Amazon that customers don't see". *The New York Times*, 15/6/2021.

KARPPI, T. & NIEBORG, D. B. "Facebook confessions: Corporate abdication and Silicon Valley dystopianism". *New Media & Society*, 1461444820933549, 2020.

KIM, E. & STEWART, A. "Some Amazon managers say they 'hire to fire' people just to meet the internal turnover goal every year". *Business Insider*, 10/5/2021.

KITCHIN, R. "Thinking critically about and researching algorithms". *Information, Communication & Society*, vol. 1, n. 20, 2016.

KLEIN, N. *Shock doctrine.* Knopf Canada, 2007.

KOKA, M.; RAGHAVAN, S. N.; ASMI, Y. B.; CHINOY, A.; SMITH, K. J. & KUMAR, D. "Using gestures and expressions to assist users". *US Patent*, n. 10,176,513, 2019.

KUNDA, G. *Engineering culture: Control and commitment in a high-tech corporation.* Temple University Press, 2009.

LAGUERRE, M. "The Muslim chronopolis and diasporic temporality". *Research in Urban Sociology*, n. 7, 2003.

LAUCIUS, J. "The Amazon effect: Will Ottawa's new fulfillment centre create 'middle class' jobs?". *Ottawa Citizen*, 21/8/2018.

LECAVALIER, J. *The rule of logistics: Walmart and the architecture of fulfillment.* University of Minnesota Press, 2016.

LEE, M. K.; KUSBIT, D.; METSKY, E. & DABBISH, L. "Working with machines: The impact of algorithmic and data-driven management on human workers". *Proceedings of the 33rd Annual ACM Conference on Human Factors in Computing Systems*, USA, 2015.

LEPAK, D. P. & SNELL, S. A. "The human resource architecture: Toward a theory of human capital allocation and development". *Academy of Management Review*, n. 24, 1999.

LICKLIDER, J. C. R. "Man-computer symbiosis". *IRE Transactions on Human Factors in Electronics*, n. 1, 1960.

LIGMAN, K. *You are Jeff Bezos*, 2018. Disponível em <https://direkris.itch.io/you-are-jeff-bezos>.

LIU, W. *Abolish Silicon Valley: How to liberate technology from capitalism.* Repeater, 2020.

LOPEZ, G. E.; WALSH, P. J.; MCMAHON, J. A. & RICCI, C. M. "Fulfillment of orders from multiple sources". *US Patent*, n. 9,195,959, 2015.

MADAN, U.; BUNDY, M. E.; GLICK, D. G. & DARROW, J. E. "Augmented reality user interface facilitating fulfillment". *US Patent*, n. 10,055,645, 2018.

MAK, A. "Amazon's anti-union campaign is going to some strange places". *Slate*, 2/3/2021.

MARX, K. *O capital*, vol. 1. Penguin, 1976.

_____. *O capital*, livro 1. Trad. Rubens Enderle. São Paulo, Boitempo, 2011.

MASON, S. "High score, low pay: Why the gig economy loves gamification". *The Guardian*, 20/11/2018.

MASSIMO, F. "Spettri del Taylorismo. Lavoro e organizzazione nei centri logistici di Amazon". *Quaderni di Ricerca Sociale*, vol. 3, 2019.

_____. "Piacenza, il virus e il container". *Il Mulino*, 24/4/2020.

MCCRATE, E. "Flexibility for whom? Control over work schedule variability in the US". *Feminist Economics*, vol. 1, n. 18, 2012.

MCLUHAN, M. *Understanding media: The extensions of man*. McGraw-Hill, 1964.

MCNAMARA, A. M.; SMITH, K. J.; HOLLIS, B. R.; BOYAPATI, S. & FRANK, J. J. "Color adaptable inventory management user interface". *US Patent*, n. 10,282,695, 2019.

MOJTEHEDZADEH, S. "More than 600 Amazon workers in Brampton got Covid-19. Why were so few reported to the province?". *The Toronto Star*, 21/3/2021.

MOLLICK, E. R. & ROTHBARD, N. "Mandatory fun: Consent, gamification and the impact of games at work". *The Wharton School research paper series*, 2014.

MONTFORT, N. *The future*. MIT Press, 2017.

MOSCO, V. *The digital sublime: Myth, power, and cyberspace*. MIT Press, 2005.

MOUNTZ, M. C.; GLAZKOV, O.; BRAGG, T. A.; VERMINSKI, M. D.; BRAZEAU, J. D.; WURMAN, P. R.; CULLEN, J. W. & BARBEHENN, M. T. "Inter-facility transport in inventory management and fulfillment systems". *US Patent*, n. 8,972,045, 2015.

MURALIDHARA, G. V. & VIJAI, P. *Inside Amazon: Chaotic storage system*. IBS Center for Management Research, 2016. Disponível em <www.thecasecentre.org>.

NAKAMURA, L. "Indigenous circuits: Navajo women and the racialization of early electronic manufacture". *American Quarterly*, vol. 4, n. 66, 2014.

NAM, S. "Cognitive capitalism, free labor, and financial communication: A critical discourse analysis of social media IPO registration statements". *Information, Communication & Society*, vol. 3, n. 23, 2020.

NEWTON, C. "A boredom detector and 6 other wild Facebook patents". *The Verge*, 12/6/2017.

NICAS, J. "At Mars, Jeff Bezos hosted roboticists, astronauts, other brainiacs and me". *The New York Times*, 22/3/2018.

NOBLE, D. *Forces of production: A social history of industrial automation*. Oxford University Press, 1984.

NOBLE, S. *Algorithms of oppression: How search engines reinforce racism*. NYU Press, 2018.

ONGWESO, E. "Amazon calls warehouse workers 'industrial athletes' in leaked wellness pamphlet". *Vice*, 1/6/2021.

OPEN MARKETS INSTITUTE. *Eyes everywhere: Amazon's surveillance infrastructure and revitalizing worker power*, 31/8/2020.

ORENSTEIN, D. *Out of stock: The warehouse in the history of capitalism*. Chicago, University of Chicago Press, 2019.

PANZIERI, R. "Sull'uso capitalistico delle macchine nel neocapitalismo". *Quaderni rossi*, n. 1, 1961.

____. "Lotte operaie nello sviluppo capitalistico". *Quaderni piacentini*, vol. 29, n. 6, 1967.

____. *Lotte operaie nello sviluppo capitalistico*. Einaudi, 1976.

PARKER, C. "Amazon warehouse life' revealed with timed toilet breaks and workers sleeping on their feet". *The Sun*, 27/11/2017.

PARKER, M. & SLAUGHTER, J. "Management-by-stress: Management's ideal". *Working smart: A union guide to participation programs and reengineering*. Labor Notes, 1994.

PAUL, K. "Amazon workers demand Bezos act on climate crisis". *The Guardian*, 23/5/2019.

PETERSON, H. "Whole Foods tracks unionization risk with heat map". *Business Insider*, 20/4/2020.

PHILLIPS, L. & ROZWORSKI, M. *People's Republic of Walmart. How the world's biggest corporations are laying the foundation for socialism*. Verso, 2019.

POSTIGO, H. "The socio-technical architecture of digital labor: Converting play into YouTube money". *New Media & Society*, vol. 2, n. 18, 2016.

QADRI, R. "Algorithmized but not atomized? How digital platforms engender new forms of worker solidarity in Jakarta". *Proceedings of the AAAI/ACM Conference on AI, Ethics, and Society*, 2020.

REESE, E. "Gender, race, and Amazon warehouse labor in the United States". *In*: ALIMAHOMED-WILSON, J. & REESE, E. (org.). *The cost of free shipping. Amazon in the global economy*. Pluto Press, 2020.

REESE, E. & STRUNA, J. "'Work hard, make history': Oppression and resistance in Inland Southern California's warehouse and distribution industry". *In*:

ALIMAHOMED-WILSON, J. & NESS, I. (org.). *Choke Points. Logistics Workers Disrupting the Global Supply Chain.* Pluto Press, 2018.

RIKAP, C. "Amazon: A story of accumulation through intellectual rentiership and predation". *Competition & Change*, 2020.

ROMANO, B. "Amazon's turnover rate amid pandemic is at least double the average for retail and warehousing industries". *The Seattle Times*, 10/10/2020.

ROSENBLAT, A. & STARK, L. "Algorithmic labor and information asymmetries: A case study of Uber's drivers". *International Journal of Communication*, n. 10, 2016.

ROSSITER, N. *Software, infrastructure, labor: A media theory of logistical nightmares.* Routledge, 2017.

ROSZAK, T. *The cult of information: A neo-Luddite treatise on high-tech, artificial intelligence, and the true art of thinking.* University of California Press, 1994.

ROUAIX, F.; ANTONY, F. F.; ELLIOTT, C. L. & BEZOS, J. P. "Light emission guidance". *US Patent*, n. 9,852,394, 2017.

SADOWSKI, J. "When data is capital: Datafication, accumulation, and extraction". *Big Data & Society*, 2019.

SALE, K. *Rebels against the future: The Luddites and their war on the industrial revolution.* Basic Books, 1996.

SALZINGER, L. *Genders in productions: Making workers in Mexico' global factories.* University of California Press, 2003.

SCHREIBER, E. "Amazon Web Services offers companies new tools for spying on workers". *World Socialist Web Site*, 11/12/2020.

SCOTT, J. *Weapons of the weak: Everyday forms of peasant resistance.* Yale University Press, 1987.

SEAVER, N. "Algorithms as culture: Some tactics for the ethnography of algorithmic systems". *Big Data & Society*, vol. 2, n. 4, 2017.

SELIN, C. "The sociology of the future: Tracing stories of technology and time". *Sociology Compass*, vol. 6, n. 2, 2008.

SEMUELS, A. "Why Amazon pays some of its workers to quit". *The Atlantic*, 14/2/2018.

SHARMA, S. *In the meantime: Temporality and cultural politics.* Duke University Press, 2014.

SKEBBA, J. "It's official: Amazon is coming to Rossford". *The Blade*, 22/7/2019.

SLADE, G. *Made to break.* Harvard University Press, 2007.

SMITH, B. "Thanks Amazon for scarring me for life. Worker breakdown and the disruption of care at Amazon". *AoIR Selected Papers of Internet Research*, 2020. Disponível em <www.aoir.org>.

SOPER, S. "Amazon study of workers' Covid is faulted over lack of key data". *Bloomberg*, 6/10/2020.

SPEKWORK. *GigCo*, 2018. Disponível em <http://spek.work/>.

SPIEGEL, J.; MCKENNA, M.; LAKSHMAN, G. & NORDSTROM, P. "Method and system for anticipatory package shipping". *US Patent*, n. 8,615,473 B2, 2013.

STALLMAN, T.; BRADY, T. M.; BOCAMAZO, M. R.; BORGES, M. G.; DAVIDSON, H. S.; JOHNSON, A. R.; RODRIGUES, A. P. & TIEU, M. "Modular automated inventory sorting and retrieving". *US Patent*, n. 10,217,074, 2019.

STEINBERG, J. "Amazon creates 700 jobs in San Bernardino with new distribution center". *The Sun*, 18/10/2012.

STERNE, J. "Out with the trash: On the future of new media". *In*: ACLAND, C. (org.). *Residual media*. University of Minnesota Press, 2007.

STONE, B. *The everything store: Jeff Bezos and the age of Amazon*. Little, Brown and Company, 2013.

STUBBS, A.; VERMINSKI, M. D.; CALDARA, S. & SHYDO JR., R. M. "System and methods to facilitate human/robot interaction". *US Patent*, n. 9,889,563, 2018.

SZMIGIERA, M. "Ranking of the 20 companies with the highest spending on research and development in 2018". *Statista*, 17/3/2021.

TAPSCOTT, D. & CASTON, A. *Paradigm shift: The new promise of information technology*. McGraw Hill, 1993.

TAYLOR, B. "Why Zappos pays new employees to quit – and you should too". *Harvard Business Review*, 19/5/2008.

THOMPSON, E. P. "Time, work-discipline, and industrial capitalism". *Past & Present*, n. 38, 1967.

THOMSON REUTERS. "Amazon to introduce more automated packaging machines". *CBC*, 13/5/2019.

TRANSNATIONAL SOCIAL STRIKE. *Strike the giant! Transnational organization against Amazon*, 2019. Disponível em <www. transnational-strike.info>.

TRONTI, M. "The strategy of refusal". *Semiotext(e)*, vol. 3, n. 3, 1980.

TUBARO, P. & CASILLI, A. A. "Micro-work, artificial intelligence and the automotive industry". *Journal of Industrial and Business Economics*, vol. 3, n. 46, 2019.

TUNG, I. & BERKOWITZ, D. *Amazon's disposable workers: High injury and turnover rates at fulfillment centers in California*. National Employment Law Project Data Brief, 6/3/2020.

TURNER, F. "Burning Man at Google: A cultural infrastructure for new media production". *New Media & Society*, vol. 1-2, n. 11, 2009.

URRY, J. *What is the future?*. Polity Press, 2016.

VAN DOORN, L. "On the conditions of possibility for worker organizing in platform--based gig economies". *Notes from Below*, n. 8, 2019.

VINCENT, J. "Canon put AI cameras in its Chinese offices that only let smiling workers inside". *The Verge*, 17/6/2021.

VONNEGUT, K. *Piano mecânico*. Trad. Daniel Pellizzari. Rio de Janeiro, Intrínseca, 2020.

VOSTAL, F.; BENDA, L. & VIRTOVÁ, T. "Against reductionism: On the complexity of scientific temporality". *Time & Society*, vol. 2, n. 28, 2019.

WAJCMAN, J. *Pressed for time*. University of Chicago Press, 2014.

_____. "Automation: Is it really different this time?". *The British Journal of Sociology*, vol. 1, n. 68, 2017.

WALKER, T. "Alexa, are you a feminist? Virtual assistants doing gender and what that means for the world". *iJournal*, vol. 1, n. 6, 2020.

WARDE, A. "The sociology of consumption: Its recent development". *Annual Review of Sociology*, n. 41, 2015.

WATSON, E. & SWANBERG, J. *Rethinking workplace flexibility for hourly workers: Policy brief*. Georgetown Law, Georgetown University, 2011.

WEIDINGER, F. & BOYSEN, N. "Scattered storage: How to distribute stock keeping units all around a mixed-shelves warehouse". *Transportation Science*, vol. 5, n. 52, 2018.

WELLMAN, P. S.; VERMINSKI, M. D.; STUBBS, A.; SHYDO JR., R. M.; CLARETTI, E.; ARONCHIK, B. & LONGTINE, J. G. "Robotic grasping of items in the inventory system". *US Patent*, n. 9,561,587, 2017.

WIRED UK. "Inside Ocado's distribution warehouse" [Vídeo]. *YouTube*, acessado em 16/5/2017.

WOOD, A.; GRAHAM, M.; LEHDONVIRTA, V. & HJORTH, I. "Good gig, bad gig: Autonomy and algorithmic control in the global gig economy". *Work, Employment & Society*, vol. 1, n. 33, 2019.

WOODCOCK, J. *Working the phones: Control and resistance in call centres*. Pluto Press, 2017.

WOODCOCK, J. & JOHNSON, M. "Gamification: What it is, and how to fight it". *The Sociological Review*, vol. 3, n. 66, 2018.

WRIGHT, M. W. *Disposable women and other myths of global capitalism*. Taylor & Francis, 2006.

WRIGHT, S. *Storming heaven: Class composition and struggle in Italian Autonomist Marxism*. Pluto Press, 2017.

WURMAN, P.; BRAZEAU, J. D.; FARWAHA, P. S.; HOLT, R. A.; DURHAM, J. W.; ENRIGHT, J. J.; GLAZKOV, A. & HOLCOMB, J. B. "Rearrange stored inventory holders". *US Patent*, n. 9,452,883, 2016.

YARLAGADDA, P. K.; ARCHAMBEAU, C.; CURLANDER, J. C.; DONOSER, M.; HERBRICH, R.; O'BRIEN, B. J. & TAPPEN, M. F. "System for configuring a robotic device for moving items". *US Patent*, n. 10,099,381, 2018.

YETURU, K. & HUDDLESTON, H. L. *Image creation using geo-fence data. US Patent*, n. 10,313,638, 2019.

ZUBOFF, S. *The age of surveillance capitalism*. PublicAffairs, 2019.

ÍNDICE REMISSIVO

A
administração, *ver gerenciamento*
Agre, Philip, 63
Alexa, 24, 33-34, 55, 77, 99
Alighieri, Dante, 30
Alquati, Romano, 36, 46, 59, 136, 192
Altenried, Moritz, 45
Amazon
    como fábrica digital, 45-48, 53-54, 62-64, 67, 76; como resultado de crises, 27-30; economia da, 24, 28-30; geografia da, 30-34; modelo de negócios, 24-26; origens, 23-24; sede de Seattle, 21, 32-33, 189, 200; *slogans* e princípios, 37-38
    subsidiárias
        Amazon Flex, 33-35, 99; Amazon Go, 25, 77; Amazon Mechanical Turk, 24, 171; Amazon Robotics, 73, 153; Amazon Studios, 25; Amazon Web Services, 24-25, 28, 156-157, 201; Whole Foods, 25, 99, 174
Anistia Internacional, 26
armazém
    arquitetura, 17, 51-52, 85-87; como laboratório, 99-100, 186-187; como o centro de uma rede, 21, 31-33, 164-166, 197--198; como um *playground*, 83-88, 91--92; *fulfillment centers*: BHM1, 108, 189--190, 193; MXP3, 33; MXP5, 17-22, 29, 31-33, 39-45, 51-54, 75, 84-87, 107, 134, 158, 170-171, 185, 188-192, 197-200; PDX9, 86; YYZ4, 130; inventário, 55-56, 58-64, 71-75, 159-169, 173; na periferia, 30-34
Arrighi, Giovanni, 30
Augé, Marc, 34
automação, 21, 45-46, 55-58, 76-78, 144, 153
algoritmos, 18, 33-34, 46, 51-59, 62-72, 78, 94-95, 139, 155, 160-166, 175-179; como o prenúncio do desemprego tecnológico, 85-86, 158-159, 174-175; dataficação, 63-64, 77-78, 167; detecção de emoção, 174-175; drones, 100, 152--153, 170-171; fantasia, 52-53, 150-152, 154-157; realidade aumentada, 161-166; robôs, 33-34, 55, 72-78, 81-83, 149-164, 167-173, 175, 179-181; seres humanos como extensão dos, 165-170, 179

B
Benjamin, Ruha, 47
Bezos, Jeff, 19, 21, 23-24, 26, 32, 35, 68-69, 112, 117-119, 128, 149-152, 162, 197
    corrida espacial, 187; riqueza pessoal, 19, 28-30
Biagioli, Mario, 35
Braudel, Fernand, 30
Braverman, Harry, 76, 139
Bray, Tim, 195
Browne, Simone, 100
Burawoy, Michael, 94, 109

C

capitalismo, *ver entradas específicas*
   expansão, 27-30, 187; plano do capital, 47-48, 153-155, 181
capitalismo digital, 26, 34-38, 47-48, 76-78, 200
   empresas
      Apple, 157; Ele.ME, 124; Facebook, 18, 77, 174, 195; Foodora, 94, 124, 200; Google, 37, 77, 86, 154, 156, 181, 200; Uber, 94-95, 124, 181, 200
   mito, 35-39, 136-138, 179-180, 197; origem em garagens, 35-36
capitalismo industrial, 35-37, 42-48, 58, 76--77, 101-102, 109-110, 144-145, 185-186
   empresas
      Fiat, 36, 76, 88, 192; Ford, 74, 111--112; Olivetti, 35-36, 136
   linha de montagem, 35-37, 45-46, 67, 76-78
CCCP (banda), 44
Ciccarelli, Roberto, 21
consumo
   como desejo, 18, 20; previsão de, 176--178
Couldry, Nick, 77
Cowen, Deborah, 144
Curcio, Anna, 108

D

da Vinci, Leonardo, 151
divisão de trabalho, 33-34, 42-44, 107-108, 172-173
   embaixadores, 38, 189-190; engenheiros, 33, 100, 159, 199-200; gerentes e supervisores, 43, 81-84, 94-97, 102-108, 137; meritocracia, 137
Dow Schüll, Natasha, 94
Drucker, Peter, 111-112

E

e-commerce, 23-25, 27-29, 33-34, 177, 201
   Alibaba, 25; Ocado, 175; Tencent, 25; Zalando, 52, 134
Elcioglu, Emine Fidan, 129

Ellul, Jacques, 109
emprego, 36, 39-42, 119-120
   agências de emprego, 38, 40-41, 103-104, 107, 119-121, 126-129, 145; desemprego, 28, 38-40, 158-159; exército de reserva, 39-43, 180, 196; leis trabalhistas 41, 45, 121-122, 144-145; rotatividade, 128-136, 138-140, 145-146, 196

F

ficção
   Desculpe te incomodar (filme), 143; *Piano mecânico* (romance), 159, 181; *Sleep Dealer* (filme), 171
Fleming, Peter, 88

G

"Game of Thrones", 107
gerenciamento, 23, 27, 43, 53-60, 68-72, 81--88, 109-113, 121-123, 137, 139-141, 161--166
   AmaZen, 86; amazonificação dos trabalhadores, 112-113; *briefing*, 83-85, 87-89, 112; de natureza despótica, 78, 105-110, 137-138, 164-166; engajamento de funcionários, 111-113; escolha de carreira, 135-136; horas potentes, 92-93; incrementado pela tecnologia, 101, 109-110, 163-166; pela diversão, 83-89, 91-95, 109-113; pelo estresse, 102-107; programa Conexões, 89-90; WorkWell, 142
Gramsci, Antonio, 112
Gregg, Melissa, 112

H

Han, Byung-Chulo, 95
Huws, Ursula, 34, 40, 76

I

informação, 27, 53-59, 63-65, 193-194
   captura de dados, 58-65, 162-165, 167--168; incorporação de conhecimento em maquinário, 58-59, 76-78, 159, 162-163, 166-170

K

Klein, Naomi, 27
Kunda, Gideon, 111

L

Las Vegas, 94, 149, 171
LeCavalier, Jesse, 178-179
Licklider, J. C. R., 178-179
Liga Norte, 44

M

MARS (conferências), 149-151, 160, 179, 181
Marx, Karl, 20, 39, 76, 103, 139, 150, 162, 168
Massimo, Francesco, 54
McLuhan, Marshall, 178-179
Mejias, Ulises, 77
mercadoria, 18-20, 51-53
    como informação, 53, 65; fluxo de, 26, 30-34, 55-59, 62-65
Montfort, Nick, 150
Musk, Elon, 187

N

Nakamura, Lisa, 37
Neel, Phil, 31

O

obsolescência
    de tecnologia, 128, 139-141; de trabalhadores, 45-46, 120-121, 127-132, 136, 140-145, 170-171, 180
operaísmo, 46-47
organização de trabalhadores e sindicatos, 19-22, 27-28, 47, 70, 105-106, 108-109, 111--112, 186-190
    Amazon Alliance, 191-192; Amazon Employees for Climate Justice/Amazonians United, 123-124, 191-192; Athena, 199; Awood Center, 127, 193; CGIL, 191; CISL, 190; RWDSU, 193; SI Cobas, 44, 193

P

pandemia covid-19, 27-29, 67-68, 83-84, 98, 108, 129-131, 194-195

Panzieri, Raniero, 109, 164, 167, 186
patentes, 100, 102, 152, 154-157, 159-181
    seres humanos em, 156, 169-170, 172
Piacenza, 17-20, 29, 34-35, 38-46, 126-127, 130, 188-190, 194
    na história do capitalismo, 30-31
Poletti, Giuliano, 45
precariedade, 27-28, 34, 41-47, 103, 128-130, 143-148, 185-187, 190-193
processos trabalhistas, 45-46, 53-54, 76-78, 93-94, 102-104
    controle algorítmico, 45-46, 58-59, 66--72, 161-166; despossessão, 63-64, 74, 155, 157, 186; flexibilidade e escala, 117--123, 126-127, 143-146, 159, 190-191, 198-199; gamificação, 91-95, 99; instrumentos de trabalho, 53-61, 64-74, 96-97, 102-106; lesões e segurança, 68-70, 72, 75-76, 139-141, 195-196; ritmo de trabalho, 39-40, 66-72, 78, 117-120, 141-146, 185-186
produção de valor, 21, 45, 77-78, 94, 112--113, 140-141, 155-157

R

Renzi, Matteo, 45
resistência de trabalhadores, 185-192, 197--200
    demitir-se, 193-196; greve, 19, 29, 78, 153, 165, 185, 197-199; justiça ambiental, 19, 31, 187-188, 197; justiça racial, 43-44, 108-109, 180-181, 187-188; organização trabalhista, 105, 188-193; práticas antissindicais, 99-102, 111-112, 186-190; resistência diária, 193-194; resistência flexível, 199-200; sabotagem, 62, 194; solidariedade interclasse, 199--200; subversão, 62, 95, 105, 146, 197-198
Rikap, Patricia, 156-157
Rivera, Alex, 171
Rossiter, Ned, 32

S

Salzinger, Leslie, 108

Sanzio, Rafael, 151
Scott, James, 194
Sharma, Sarah, 144
Slade, Giles, 128
Sterne, Jonathan, 141

T
Tapscott, Dan, 112
Taylor, Frederick, 53-54, 95, 139-140
taylorismo, 53-54, 106, 167
tecnologia, 22-27, 32, 35-36, 45-47, 52-55, 58-59, 69, 71, 76-78, 82, 94, 96-102, 109-112, 120, 124, 128, 135, 137-138, 144, 146
 futuro da, 149-151, 154-157, 178-181, 188; infraestrutura tecnológica, 32, 54--55; inovação da, 25-26, 35, 47, 87, 101--102, 150, 152, 156-157; soluções tecnológicas, 47, 68, 150
Thiel, Peter, 187
trabalhadores
 agência, 53, 77-78, 143; como essenciais, 29, 54, 78, 91, 130, 186; como robôs, 69--70, 111, 153, 180, 188; composição demográfica, 42-43, 108, 193; e questões do corpo, 67-72, 144, 167-168; espaços *on-line*, 21-22, 195-196; fracasso e colapso, 111, 119-120, 131-132, 141-145, 195-196; gênero, 84-85, 107-108, 118, 140-141, 144, 155-156; mão de obra migrante, 36, 42-45, 100, 107, 127, 170-172, 192-193; narrativas, 195; raça, 31, 42-43, 65, 100-101, 107-108, 144, 181, 188; trabalho sazonal/temporário, 40-43, 64, 68, 107, 126, 134, 138, 192
Tronti, Mario, 46, 78
Turner, Fred, 110

U
União Americana pelas Liberdades Civis (American Civil Liberties Union – ACLU), 100
Urry, John, 156, 180

V
videogames sobre a Amazon
 GigCo, 158; The Amazon Race, 110; You Are Jeff Bezos, 30
vigilância, 22, 95-102, 140, 164-166, 178--181, 185-187, 201
 capitalismo de vigilância, 76; e raça, 100; no ambiente de trabalho, 76-78, 95-98, 102-104, 109-110, 164-165; panóptico, 96, 102; Rekognition (sistema), 24, 100; vigilância doméstica, 99-100
Vonnegut, Kurt, 158-159, 181

W
Wajcman, Judy, 179
Walmart, 21, 178-179
Wright, Melissa, 140-141

Z
Zuboff, Shoshana, 77

Título	Amazon
	Trabalhadores e robôs
Autoras	Alessandro Delfanti
Tradução	Bhuvi Libanio
Coordenador editorial	Ricardo Lima
Secretário gráfico	Ednilson Tristão
Preparação dos originais	Lúcia Helena Lahoz Morelli
Revisão	Luis Dolhnikoff
Editoração eletrônica	Selene Camargo
Design de capa	Estúdio Bogari
Formato	16 x 23 cm
Papel	Avena 80 g/m^2 – miolo
	Cartão supremo 250 g/m^2 – capa
Tipologia	Minion Pro / Garamond Premier Pro
Número de páginas	224

ESTA OBRA FOI IMPRESSA NA GRÁFICA CS
PARA A EDITORA DA UNICAMP EM OUTUBRO DE 2023.